Werner Rau

MOBIL REISEN
KROATIEN

Istrien,
Dalmatinische Küste
und Inseln

Rau's Reisebücher
Band 18

RAU'S REISEBÜCHER
Band 18

MOBIL **REISEN**

KROATIEN

**ISTRIEN
DALMATINISCHE KÜSTE
UND INSELN**

Mobil Reisen PLUS: DUBROVNIK CITY GUIDE

WERNER RAU VERLAG STUTTGART

Idee, Layout, Text, Fotos, Karten und Pläne (falls nicht anders gekennzeichnet): Werner Rau.
Titelfoto: Dubrovnik

1. Auflage 2003/04

Alle Rechte vorbehalten
© Werner Rau Verlag, Stuttgart

Herstellung: Druckerei Steinmeier, 86720 Nördlingen
Printed in Germany

ISBN 3-926145-26-9
GEO-Nr. 676 10127

Reproduktion in jeder Form, auch durch elektronische Medien, auch auszugsweise nur mit Genehmigung des Verlages.
Gedruckt auf chlorfrei gebleichtem Papier.

INHALT

Zum Kennen Lernen

Routen-Übersichtskarten ...... Umschlag vorne/hinten
Kurzporträt Kroatiens 8
Kunst und Geschichte – in Stichworten 10
Namhafte kroatische Persönlichkeiten 16

Anreise

Wie kommt man hin? 18
– Mit dem Auto 18
– Mit der Bahn (Autoreisezug) 19
– Mit dem Bus 20
– Mit dem Flugzeug 20
– Mit dem Schiff 21

Mobil Reisen: KROATIEN – Die Routen
Istrien

1. Durch Slowenien nach Umag/Istrien 23
2. Umag – Rovinj 33
– Poreč 36
– Rovinj 46
3. Rovinj – Pula 51
– Pula 55
4. Pula – Opatija 64

Kvarner Bucht

5. Kvarner Bucht 73
– Insel Cres 73
– Insel Lošinj 78
– Insel Krk 82
– Insel Rab 88

Dalmatinische Küste

6. Insel Rab – Velebit-Küste – Insel Pag – Zadar ... 92
– Alternative Küstenroute 93
– Nationalpark Paklenica 94
– Alternativroute über die Insel Pag nach Zadar ... 95
– Zadar 97
– Abstecher nach Nin 101
7. Zadar – Šibenik 102
– Nationalpark Kornati 104
– Abstecher zu den Krka-Wasserfällen 106
– Šibenik 108
8. Šibenik – Trogir – Split 111
– Trogir 112
– Split 117
– Insel Vis 120

INHALT

9. Split – Hvar – Korčula – Dubrovnik 121
– Insel Hvar 122
– Insel Korčula 125
– Halbinsel Pelješac 129
– Abstecher zur Insel Mljet 130
10. Dubrovnik 135
– Abstecher nach Cavtat 149
11. Dubrovnik – Omiš 150
– Insel Brač 153
– Abstecher ins Tal der Cetina 153

NP Plitvicer Seen

12. Omiš – NP Plitvička Jezera 158

Zagreb und Umgebung

13. NP Plitvička Jezera – Senj – Rijeka – Zagreb 164
– Nationalpark Risnjak 168
14. Zagreb 170
– Durch Kroatisch Zagorien 176

Praktische und nützliche Informationen von A – Z

Anschriften 179
Camping 180
– Hinweise über Angaben zu Campingplätzen 182
Deutschsprachige Rundfunksendungen 183
Einreisebestimmungen 183
– Persönliche Dokumente 183
– Einreise mit dem Auto 183
– Haustiere 183
– Zollbestimmungen 183
Essen und Trinken 184
Feste und Folklore 187
FKK 188
Gesetzliche Feiertage 188
Gesundheitsvorsorge 188
Hotels und andere Unterkünfte 189
Klima und Reisezeit 190
– Durchschnittstemperaturen 190
– Wassertemperaturen 190
Miniwortschatz – klein, aber nützlich 191
Mit dem Auto durch Kroatien 194
– Straßennetz 194
– Verkehrsregeln 195
– Tankstellen und Kraftstoffpreise 196
– Entfernungsübersicht 196
– Notrufnummern 196
Öffnungszeiten 197
Post und Telefon 197

INHALT

Reisen im Lande 198
– Mit der Bahn 198
– Mit dem Bus 198
– Mit dem Flugzeug 198
– Mit dem Schiff 198
  – Inselverkehr 199
– Mit dem Mietauto 199
Stromspannung, Steckdosen 199
Währung und Devisen 199
Wassersport 200
Wichtige Rufnummern 200
Zeitunterschied 200
Zeichenerklärung 201

Register 202
Rau's Reisebücher – Programm 204

Kurzessays

Gladiatoren 58
Ein Halstuch erobert die Welt 69
Gänsegeier 76
Gromače 80
Die Frankopani 85
Der hl. Marin 87

Karten und Stadtpläne

Routenübersicht – Nordwestteil ...... Umschlag vorne
– Südostteil .... Umschlag hinten
Tourenkarten .... vor jeder Etappe

Dubrovnik Grossraum 137
Dubrovnik Zentrum 139
Kroatien 15
Plitvicer Seen 161
Poreč 39
Pula 59
Rab 89
Rovinj 47
Split 119
Trogir 113
Zadar 98
Zagreb 171

KURZPORTRÄT KROATIENS

Die **Republika Hrvatska**, Republik Kroatien, grenzt im Norden an Slowenien und an Ungarn, im Osten an die Bundesrepublik Jugoslawien (Serbien und Montenegro) und an Bosnien-Herzegowina und im Südwesten an die Adriaküste des Mittelmeers.

Größe des Landes

Insgesamt umfasst Kroatien mit seiner großen Halbinsel Istrien und allen Inseln ein **Territorium** von 56.542 qkm.

Dem Festland sind in der Adria 1.185 größere und kleinere **Inseln** und Felseilande vorgelagert, von denen 66 bewohnt sind. Die Gesamtfläche aller Inseln beläuft sich auf rund 3.300 qkm.

Gewaltig ist der **Küstenanteil** Kroatiens, er misst 1.778 km. Mit allen seinen mehr als tausend Inseln summiert sich die Gesamtlänge der kroatischen Küste auf sage und schreibe runde 5.790 km.

Die Fläche der zu Kroatien gehörenden Küstengewässer wird mit 31.900 qkm angegeben.

Die **größten Inseln** sind Krk und Cres.

Der **höchste Berg** ist der 1.831 m hohe Dinara.

Bevölkerung

Die **Gesamteinwohnerzahl** beträgt derzeit ca. 4,4 Mio. Davon sind 78 % Kroaten, 12 % Serben, 1 % bosnische Muslime. Andere nationale Minderheiten sind Ungarn, Italiener, Tschechen und Slowenen. Mehr als die Hälfte der Gesamtbevölkerung (rund 56 %) lebt in Städten.

Die **Bevölkerungsdichte** beläuft sich auf statistische 79,2 Einwohner pro qkm (Bundesrepublik Deutschland: 230 Einw./qkm).

76,5 % der Einwohner gehören der **römisch-katholischen Konfession** an, während Minderheiten serbisch-orthodoxe Christen (11 %) und Moslems sind.

Hauptstadt ist Zagreb mit annähernd 683.000 Einwohnern (knapp 1 Mio. Einwohner im Grossraum der Stadt). Als nächstgrößere Städte folgen Split mit ca. 174.000, Rijeka mit ca. 143.500, Osijek mit ca. 91.000, Zadar mit ca. 72.000 und Pula mit ca. 60.000 Einwohnern.

Die **Amtssprache** ist Kroatisch. Man verwendet die lateinische Schrift. Englisch und Deutsch werden verstanden. Besonders in Istrien ist die italienische Sprache weit verbreitet.

Nationalfeiertag ist der 30. Mai.

Es gilt die **mitteleuropäische Zeit** (MEZ) und die europäische Sommerzeit, so dass kein Zeitunterschied besteht.

Kroatiens **Nationalflagge** trägt die Farben Rot, Weiß und Blau in drei horizontalen Feldern und mit dem Staatswappen, der „Sahovnica" in der Mitte. Das Staatswappen besteht aus 25 schachbrettartig angeordneten, abwechselnden roten und weißen Feldern. Darüber wölbt sich ein Bogen mit fünf Wappen, die sich zu einer Art Krone gruppieren.

Staatswesen und Verwaltung

Kroatien hat als Staatsform die **Präsidialrepublik** gewählt. Sie basiert auf der Verfassung von 1990, die 1999 Änderungen erfuhr.

Das **Parlament „Sabor"** ist ein Einkammerparlament, bestehend aus dem Repräsentantenhaus „Zastupnički Dom" mit 151 Abgeordnetensitzen. Das ehemals neben dem Repräsentantenhaus existierende Oberhaus „Županski Dom" mit 68 Sitzen wurde im Mai 2001 abgeschafft. Das Parlament wird alle vier Jahre neu gewählt (Verhältniswahl). Regierungschef ist der Premierminister.

KURZPORTRÄT KROATIENS

Staatsoberhaupt ist der **Staatspräsident**. Er wird alle fünf Jahre direkt gewählt.

Wirtschaftliche Schwerpunkte

Die ehemalige Teilrepublik Kroatien hatte eine aufstrebende **Wirtschaft**. Nach Ausbruch des Bürgerkrieges im Juni 1991 begann jedoch eine wirtschaftliche Talfahrt des Landes. Die Kriegszerstörungen verursachten Schäden, die sich nach Schätzungen auf über 20 Milliarden US-Dollar belaufen.

Auch dem einst so profitablen Fremdenverkehr, der Ende der achtziger Jahre mehr als 80 Prozent des Wirtschaftsaufkommens ausmachte, setzte der Krieg ein Ende. Inzwischen erholt sich dieser Wirtschaftszweig zusehends, insbesondere an der Adriaküste. Kriegswunden, wie etwa in Dubrovnik, wurden geheilt, nicht zuletzt durch Unterstützung der EU.

Eine wichtige Zäsur erlebte die alte kroatische Planwirtschaft am 28. Juni 2000. Damals erklärte der staatliche Privatisierungsfond 208 Staatsunternehmen für bankrott. Allen Unternehmungen, die nicht nachweisen konnten, dass sie tatsächlich wirtschaftlich arbeiteten und für ihre Produkte einen Absatzmarkt hatten, drohte die Streichung der staatlichen Subventionen, was für die meisten der unsicheren Unternehmungen das Aus bedeutete. Das Ziel dieser strikten Reform ist die Hinwendung zur Marktwirtschaft.

Noch beläuft sich das Handelsbilanzdefizit auf annähernd 3,3 Mrd. US-Dollar. Aus Exporten wurden zuletzt 4,37 Mrd. US-Dollar erzielt. Davon entfällt der größte Anteil, nämlich gut 30 % auf Maschinen und Transportausrüstungen. Importe schlagen mit 7,8 Mrd. US-Dollar zu Buche. Auch hier beläuft sich der Anteil an Maschinen auf mehr als ein Drittel.

Die wichtigsten Handelspartner sind Italien (Import 17,9 %, Export 17,7 %), Deutschland (Import 19,3 %, Export 16,9 %), Slowenien (Import 8,6 %) und Bosnien-Herzegowina (Export 14,4 %).

Die wichtigsten **Industriezweige** der Republik Kroatien sind Erdöl- und Erdgasindustrie, die Kohleförderung, sowie die Nahrungsmittel- und Textilproduktion. Maßgeblichen Anteil haben auch der Schiffsbau, die Metallverarbeitung und die Chemie.

Von der **Landwirtschaft** werden annährend 25 % der Landfläche genutzt. Angebaut werden in erster Linie Getreide und Südfrüchte. Außerdem wird in den dazu geeigneten Landesteilen Viehzucht betrieben.

Nach Investitionen in Milliardenhöhe (Euro) in die touristische Infrastruktur ist der **Tourismus**, nach einem neuerlichen Einbruch auf Grund des Kosovokrieges im Jahre 1999, nun wieder auf bestem Wege, zu einem der wichtigsten Wirtschaftszweige in Kroatien zu werden. Die jährlichen Zuwächse der Branche liegen im zweistelligen Bereich.

Landesnatur

Kroatien erstreckt sich von den äußersten Ostausläufern der Alpen im Nordwesten bis weit hinein in die **Panonische Tiefebene** und bis an die Donauufer im Osten. In der Mitte des sich nach Südosten ausdehnenden Landesteils dominiert das **Bergmassiv Dinara** während der südliche Teil an der langen Küste des **Adriatischen Meeres** endet.

Die einladenden Küsten Kroatiens und das vorgelagerte Labyrinth seiner Inselwelt sind es in erster Linie, die jährlich Millionen von Urlaubern an ihre felsigen, karstigen Strände mit immer noch ungemein klarem Wasser locken. Für Badeurlauber und Wassersportler, Taucher und Freizeitkapitäne ist Kroatien nach wie vor erste Wahl. Klare, saubere Meeresgestade, ansprechen-

9

de Strände, einladende Hafenstädtchen und eine schmackhafte Landesküche sind gute Gründe, in Kroatien einen erholsamen Urlaub zu verbringen.

Die **Halbinsel Istrien** bietet mit den Städten Poreč, Rovinj und Pula Anziehungspunkte besonderer Art. Entlang der **Adriaküste** sind u. a. die Städte Zadar, Šibenik, Trogir, Split und Dubrovnik besuchenswert.

Charakteristisch für einige Landschaftsgebiete ist der **Karst**, der besonders entlang der Küste mit oft undurchdringlicher Macchia bewachsen ist. Ein Großteil der Ebenen und Täler sind mit Buchen und Eichen bewachsen. Man findet über 50 geschützte Pflanzenarten. Vom Aussterben bedrohte **Tiere** wie Braunbären, Wölfe, Wiesel, Luchse und andere Wildkatzen, wilde Schafe u.v.a. bevölkern die Wälder und Wiesen abgelegener Landesteile.

Im **Inland** sind es vor allem die Wasserfälle der Krka bei Šibenik, die weltberühmten Plitvicer Seen, 27 km nördlich der Stadt Korenica nahe der östlichen Landesgrenze, und der Nationalpark Paklenica, die eine Reise lohnen.

KUNST UND GESCHICHTE – IN STICHWORTEN

Erste Anzeichen einer werdenden steinzeitlichen Kultur wurden in Krapina (Kroatien) ausgegraben. Aus der Zeit um 6000 v. Chr. stammen Funde, die man im Donaugebiet bei Lepenski Vir nahe dem Eisernen Tor machte.

Eingehender besiedelt wurde der südliche Donauraum etwa zweitausend Jahre vor unserer Zeitrechnung. Stämme, die den illyrischen und thrakischen Völkern zuzurechnen sind, machten sich in den fruchtbaren Niederungen sesshaft und gründeten im Laufe der Zeit Siedlungen von der nördlichen Adriaküste bis Griechenland. Die **Region Illyrien** entsteht.

Die ältesten Keramikfunde stammen etwa aus dem 3. Jahrtausend. Die illyrische Kultur macht sich ab 1200 v. Chr. das Eisen als Werkstoff zunutze. Die Halbinsel Istrien wird von Histrern bevölkert. Später gewinnt die ionische Kultur aus Griechenland an Einfluss. Eines der frühen Siedlungs- und Kulturzentren ist **Nesactium** bei Pula.

6. – 4. Jh. v. Chr. – Griechische Handelsfahrer gründen Kolonien an der adriatischen Küste und auf den Inseln. Um 500 v. Chr. wird von den Griechen die istrische Stadt Pula gegründet. Außerdem entstanden in jener Epoche Städte wie Trogir, Zadar, Korčula, Hvar.

3. Jh. v. Chr. – 2. Jh. n. Chr. – Der Einfluss des römischen Imperiums wird stärker. Immer mehr Küstenstädte fallen unter seine Herrschaft. Schließlich wird ganz Illyrien römische Provinz. Das Gebiet des heutigen Kroatien gehörte vom ersten bis ins 4. nachchristliche Jahrhundert zur römischen Provinz Pannonien.

1. Jh. n. Chr. – Zwischen 79 und 81 wird das römische Amphitheater in Pula vollendet.

3. – 4. Jh. n. Chr. – *Aurelian*, römischer Kaiser um 270, wird 214 in Dalmatien geboren. 243 wird im heutigen Solin bei Split (Diokletianpalast) *Diokletian* geboren. Er ist zwischen 284 und 305 römischer Kaiser. Bei der Aufgliederung des Römischen Reiches im Jahre 395 kommt Dalmatien zum Weströmischen Reich.

Kulturgeschichtlich werden die Gebiete westlich einer Linie, die etwa dem 19. Längengrad entspricht, von der lateinisch sprechenden Welt, die Gebiete östlich davon von der griechisch und mehr orientalisch beeinflussten Welt geprägt. Kunstgeschichtlich interessant aus jener Zeit sind das römische Amphitheater in Pula, der Di-

KUNST UND GESCHICHTE – IN STICHWORTEN

okletianpalast in Split und die Ausgrabungsstätten in Solin bei Split.

5. – 6. Jh. – Slawische Stämme wandern über die Donau nach Süden. Ragusa, das heutige Dubrovnik, wird gegründet. Slowenen siedeln entlang der Drava (Drau) bis an den Rand der Ostalpen und bis Ungarn. Kroaten, ein südslawisches Volk, vertreiben die Awaren und lassen sich zwischen Sava und Adria nieder. Serben siedeln östlich davon und Makedonier im Grenzgebiet zu Griechenland. Ab Mitte des 6. Jh. byzantinische Verwaltung. Ausgangs des 6. Jh. besetzen Langobarden die Halbinsel Istrien.

7. – 8. Jh. – Karolinger bringen das Christentum zu den Slawen. Der Katholizismus verbreitet sich unter Slowenen und Kroaten. Makedonien dagegen wird z. B. von der orthodoxen Glaubensrichtung beeinflusst.

9. – 10. Jh. – 852 erlässt Fürst Trpimir eine Urkunde, in der erstmals der Name Kroatien erwähnt wird. Mitte des 9. Jh. gründen die Kroaten ein eigenständiges Königreich. *Tomišlav* wird 925 in Split zum ersten kroatischen König gekrönt. Er vereint das Pannonische und das Dalmatinische Kroatien. In Bosnien entsteht im 10. Jh. unter Bogomil die religiöse Sekte der Bogomilen. Sie treten später zum Islam über.

Ebenfalls im 10. Jh. greift Venedig nach den begehrten Stützpunkten für seine Handelsflotte auf den kroatischen Adriainseln und gründet auch an der dalmatinischen Küste Handelsniederlassungen. 952 kommt Istrien als das Herzogtum Bayern.

10. – 11. Jh. – Unter Zar Samuel entsteht in Makedonien ein Reich, das aber rasch wieder von Byzanz unterworfen wird.

12. – 13. Jh. – 1102 stirbt der letzte kroatisch-stämmige König Petar Svačić ohne einen Erben zu hinterlassen. Kroatien geht darauf hin eine Personalunion mit der Stephanskrone Ungarns ein. Ende des 12. Jh. beginnen die Serben die byzantinische Herrschaft abzuschütteln. *Stefan Nemanja* schafft ein selbständiges Serbien, das unter seinem Sohn *Stefan Prvovenčani* (der Erstgekrönte) Königreich und ein Machtfaktor auf dem Balkan wird.

Zu Beginn des 13. Jh. werden unter *Enrico Dandolo*, dem Dogen von Venedig, Städte an der adriatischen Küste zerstört, darunter Zadar. 1205 wird Ragusa (Dubrovnik) eingenommen.

14. – 15. Jh. – Zar *Stefan Dušsan* schafft 1346 das großserbische Reich, das sich bis nach Griechenland ausdehnt und im Nordwesten Dalmatien mit einschließt. Unter Dušans Sohn Uroš zerfällt das mächtige Reich wieder, was die Invasion der aus Südosteuropa eindringenden Osmanen (Türken) erleichtert.

1389 Schlacht auf dem Amselfeld. Die Serben unter Fürst Lazar werden vernichtend geschlagen. Den Türken unter Sultan Murat I. steht nichts mehr im Wege, ihr Machtgebiet auszuweiten. Rasch fallen ganz Serbien, Bosnien, die Herzegowina und Teile Montenegros, Kroatiens und Ungarns unter ihre Herrschaft. Lediglich die Küstenregion bleibt zum größten Teil von türkischen Übergriffen verschont.

Venedig ist in allen wichtigen Hafenstädten die dominierende Macht. Allein die selbständige Republik Ragusa (Dubrovnik) kann sich durch eine geschickte Politik seine Unabhängigkeit bewahren.

Nicht zuletzt die regen Verbindungen mit Venedig über das Adriatische Meer bringen westeuropäische Stilrichtungen der Architektur – wenn auch etwas verspätet – auf den Balkan. Wie stark die Küstenregion vom Hinterland – durch die geographischen Gegebenheiten bedingt – getrennt war, zeigt sich auch auf dem Gebiet der Kunst. Romanik, Gotik und Renaissance beeinflussten stark die Küstenstädte (Trogir, Pula, Šibenik, Korčula, Pag, Dubrovnik, Zadar), aber kaum das Hinterland. Hin-

KUNST UND GESCHICHTE – IN STICHWORTEN

gegen wird sich später die Kunst des Islam in erster Linie im Binnenland, aber kaum an der Küste entfalten.

16. – 18. Jh. – 1526 fällt Ungarns König *Ludwig II.* in der Schlacht bei Mohács gegen die Türken, die scheinbar unaufhaltsam nach Westen vorrücken. Durch Ludwigs Tod fällt Ungarns Krone an Habsburg. Von nun an sind es die Habsburger, denen die Abwehr der vorrückenden Türken obliegt.

1527 beschließt Kroatien angesichts der drohenden Türkengefahr, dass die Habsburger Dynastie auch auf den Thron Kroatiens kommt. Die anfänglich tolerante türkische Herrschaft entwickelt sich mehr und mehr zur Tyrannei. Die Weiterentwicklung zumindest des Binnenlandes sinkt auf den Nullpunkt.

1683 stehen die Türken abermals vor Wien und werden endgültig geschlagen. Habsburger Truppen dringen nach Ungarn und nach Serbien vor. Eine Massenflucht der Serben aus dem osmanischen Südserbien in habsburgische, nördlichere Gebiete setzt ein. Albaner siedeln sich in den Tälern Südserbiens an. 1699 ist Kroatien größtenteils von der türkischen Herrschaft befreit.

19. Jh. – Die selbständige Republik Ragusa wird 1808 aufgelöst. Ein Jahr später wird Dalmatien bis zum Wiener Kongress 1814 ein Teil des napoleonischen Imperiums, um danach an Österreich zu fallen. Unter der K. u. k. Monarchie wird Pula zur Marinebasis ausgebaut.

Anfang des 19. Jh. bildet sich unter den nach Norden geflohenen Serben unter dem „schwarzen Georg" *Karadjordje* eine wachsende Nationalbewegung gegen die Türken. Konstantinopel gesteht – durch Aufstände dazu gedrängt – Serbien eine gewisse Autonomie zu. Das Nationalbewusstsein wächst und das Streben nach Unabhängigkeit innerhalb der Balkanländer wird stärker.

1847 – Das Kroatische wird Amtssprache in Kroatien.

1848 – Banus Josip Jelačić verteidigt Kroatien gegen den Versuch einer ungarischen Besetzung und vereint alle kroatischen Provinzen.

1878 – Die Türken erleiden auf dem Balkan eine erneute Niederlage. Serbien und Montenegro proklamieren für sich die Unabhängigkeit. Im Norden widersetzen sich Kroaten und Slowenen, beflügelt durch das Gedankengut der Französischen Revolution über Freiheit, Gleichheit, Brüderlichkeit, in zunehmendem Maße der Habsburger Herrschaft.

Auf dem Berliner Kongress von 1878 wird den Österreichern zugestanden, Bosnien und die Herzegowina zu besetzen.

1908 – Bosnien wird von Österreich offiziell annektiert. Ein folgenschwerer Schritt, der auch Serbien gegen die Habsburger aufbringt.

1912/1913 – Balkankriege. Montenegro, Serbien, Bulgarien und Griechenland kämpfen gemeinsam gegen die Türken und drängen sie endgültig aus Europa.

1914 – Am 28. Juni, dem Jahrestag der Schlacht auf dem Amselfeld (Kosovo), Attentat in Sarajevo. Der österreichisch-ungarische Thronfolger *Franz Ferdinand* wird von einem jungen Bosnier namens Gavrilo Princip erschossen.

Am 28. Juli 1914 Kriegserklärung der Österreicher an Serbien. Serbiens Verbündeter Russland tritt in den Krieg ein. Erster Weltkrieg.

1918 – Ende des Ersten Weltkriegs und Zusammenbruch der habsburgischen Monarchie. Kroatien wird Teil des unabhängigen „Königsreichs der Serben, Kroaten und Slowenen". König wird der Serbe Nicolas. Nach seiner Absetzung schließt sich auch Montenegro dem Königreich an. Belgrad wird Hauptstadt.

KUNST UND GESCHICHTE – IN STICHWORTEN

1929 – Dieses Königreich der vier Länder wird zum offiziellen Staat „Jugoslawien", was soviel wie „Südslawien" bedeutet. Nationalistische Tendenzen und eine Politik Belgrads, die lediglich Serbien begünstigt, führen zu Differenzen unter den vier Volksgruppen.
1929 – 1931 – Serbische Militärdiktatur
1934 – König Alexander I. wird ermordet.
1937 – 1939 – Freundschaftspakte mit Bulgarien und Ungarn. Nichtangriffsvertrag mit Italien.
1939 – Abgrenzung eines Gebiets, das den Namen Kroatien hält und dem heutigen Territorium Kroatiens entspricht.
1941 – Militärputsch in Belgrad. König Peter II. übernimmt die Regierung. Deutsche und italienische Truppen besetzen das damalige Jugoslawien. Der am 25. Mai 1892 geborene Kroate *Josip Broz Tito*, Generalsekretär der damals noch illegalen Kommunistischen Partei, organisiert den Partisanenkrieg gegen die Besatzer.
1942 – Gründung des „Antifaschistischen Rates zur Befreiung Jugoslawiens" in Bihać.
1943 – Gründung des „Nationalen Volksbefreiungskomitees". Dem König wird die Rückkehr nach Jugoslawien untersagt.
1944 – Mit Hilfe der Roten Armee gelingt es den Anhängern Titos, Belgrad einzunehmen. Im Oktober übernimmt Tito die Regierung.
1945 – Am 29. November wird die „Föderative Volksrepublik Jugoslawien" ausgerufen in der Kroatien eine föderative Republik ist.
1947 – Neue Verfassung.
1948 – Distanzierung von Moskau mit dem Ziel von Blockfreiheit und Neutralität.
1953 – Tito wird Staatspräsident.
1963 – Umbenennung in „Sozialistische Föderative Republik Jugoslawien" (SFRJ). Der sozialistische, demokratische Bundesstaat wird von den sechs gleichberechtigten sozialistischen Republiken getragen. Es sind dies Slowenien, Kroatien, Bosnien und Herzegowina, Serbien mit den autonomen Provinzen Vojvodina und Kosovo, Montenegro und Makedonien.
Vertreter der sechs Republiken und der beiden autonomen Provinzen bilden das Präsidium der SFRJ. Jährlich wird ein neuer Vorsitzender gewählt, der für den Zeitraum eines Jahres die Funktion des Staatsoberhaupts ausübt. Das Parlament besteht aus dem Rat des Bundes und aus dem Rat der sechs Republiken und der beiden Provinzen.
1974 – Neue Verfassung. Einzig zugelassene Partei ist der Verband der Kommunisten Jugoslawiens.
1980 – Tod Josip Broz Titos. Die Spannungen zwischen Kroatien und der serbisch dominierten jugoslawischen Regierung nehmen zu.
1988 – Aufstände und Streiks in Serbien und Montenegro im Oktober des Jahres.
1989 – Wegen Differenzen zwischen serbischen und albanischen Volkgruppen kommt es im Februar im Kosovo zu Streiks und Aufständen. Mit einer Verfassungsänderung beschließt Serbien am 28. März 1989 die Eingliederung des Kosovo und der Vojvodina. Die albanische Mehrheit im Kosovo fühlt sich diskriminiert. Es kommt immer wieder zu teils blutigen Aufständen.
1990 – Intensive Autonomiebestrebungen der einzelnen Teilrepubliken. Freie Wahlen in Kroatien. Die bürgerliche Opposition gewinnt die Mehrheit. Am 11. Dezember 1990 finden in Jugoslawien Parlamentswahlen statt. Präsident bleibt Slobodan Milošević von der Sozialistischen Partei.
Nach Wahlen am 26. Dezember 1990 erklärt sich Slowenien mit Präsident Milan Kučan als souveräner Staat und von Belgrad unabhängig.

KUNST UND GESCHICHTE – IN STICHWORTEN

Nur ca. 1,3 % der in den ehemaligen jugoslawischen Teilrepubliken lebenden Bevölkerung bezeichnen sich als „Jugoslawen", sondern lieber als Kroaten, Slowenen, Serben, Bosnier etc.

1991 – Anfang März 1991 erlebt Belgrad Unruhen und Massendemonstrationen gegen die serbische Regierung. Am 15. März tritt der jugoslawische Staatschef und Oberbefehlshaber der Armee, Borisav Jović, zurück. Sein Nachfolger wird Stjepan Mesić. Er sollte der letzte Staatschef des zerfallenden Jugoslawien werden.

Am 2. Mai 1991 kommt es zu Zusammenstößen zwischen Serben und Kroaten.

Nachdem das kroatische Parlament alle jugoslawischen Bundesgesetze außer Kraft gesetzt hat proklamiert es im Juni 1991 die Unabhängigkeit Kroatiens von Jugoslawien. Damit hat 47 Jahre nach der Gründung durch Josip Broz Tito die Sozialistische Föderation Republik Jugoslawien praktisch aufgehört zu existieren. Während der Unabhängigkeitsbestrebungen Kroatiens kommt es im Sommer 1991 zu Kämpfen in der ehemaligen Teilrepublik. Beginn des Bürgerkriegs.

Am 3. Juli 1991 rücken Panzerverbände von Belgrad nach Zagreb vor. Touristen werden von Pula nach Triest gebracht.

Anfang September wird nach Interventionen einer EU-Kommission ein Waffenstillstand erzielt. Stationierung von UN-Friedenstruppen zur Überwachung der Friedensvertragselemente. Trotzdem erneuter Ausbruch der Bürgerkriegskämpfe.

Ab Oktober 1991 wurde Dubrovnik von der jugoslawischen Nationalarmee belagert. Das auf der Unesco-Liste schützenswerten Weltkulturerbes stehende Dubrovnik wird in den kommenden Jahren bis 1995 fast jeden Tag mit einem mörderischen Hagel aus Granaten überzogen. Man liest, dass es Tage gegeben haben soll, an denen nicht weniger als 600 Einschläge registriert wurden. Durch den Beschuss starben in den vier Jahren alleine in Dubrovnik fast hundert Zivilisten und 129 Soldaten.

1992 – Im April 1992 wird eine neue Bundesrepublik Jugoslawien ausgerufen. Sie besteht aus Serbien und Montenegro. Slowenien, Kroatien, Bosnien-Herzegowina bekräftigen ihren Status als selbständige Staaten. Offizielle Anerkennung Kroatiens durch die EU-Staaten und ab Mai 92 Vollmitgliedschaft der Republik in der UNO.

1995 – Rückeroberung der serbisch besetzten Gebiete von Westslawonien und der Krajina. Die serbische Bevölkerung wird vertrieben.

Im Dezember Unterzeichnung des Friedensvertrages in Paris im Elysée-Palast. Unmittelbar danach beginnt die Nato-Operation „Joint Endeavour". Zunächst werden 1000 in Vicenza (Italien) stationierte US-Fallschirmjäger nach Tuzla geflogen. Insgesamt werden über 60.000 Soldaten aus 15 Nato- und fast noch einmal so vielen Nicht-Nato-Staaten im ehemaligen Jugoslawien stationiert, um für die Aufrechterhaltung des Waffenstillstands zu sorgen.

1997 – Wiederwahl des kroatischen Präsidenten Franjo Tudjman von der Kroatischen Demokratischen Gemeinschaft (HDZ).

1999 – Am 10 Dezember 1999 stirbt Präsident Tudjman. Er gilt als der große, alte Mann Kroatiens, der das Land nach seiner Unabhängigkeit – sich des Rückhalts im Militär gewiss – mit harter Hand, wenn auch nicht immer lupenrein demokratisch, regierte.

In den Reihen der Opposition, die sich aus sechs Parteien zusammensetzt, allen voran die sozialdemokratische SDP um den früheren KP-Chef Ivica Račan, wird Tudjmans Regierungsstil hart kritisiert. Bei den Parlamentswahlen nach Tudjmans Tod erleidet dessen Regierungspartei HDZ denn

KUNST UND GESCHICHTE – IN STICHWORTEN

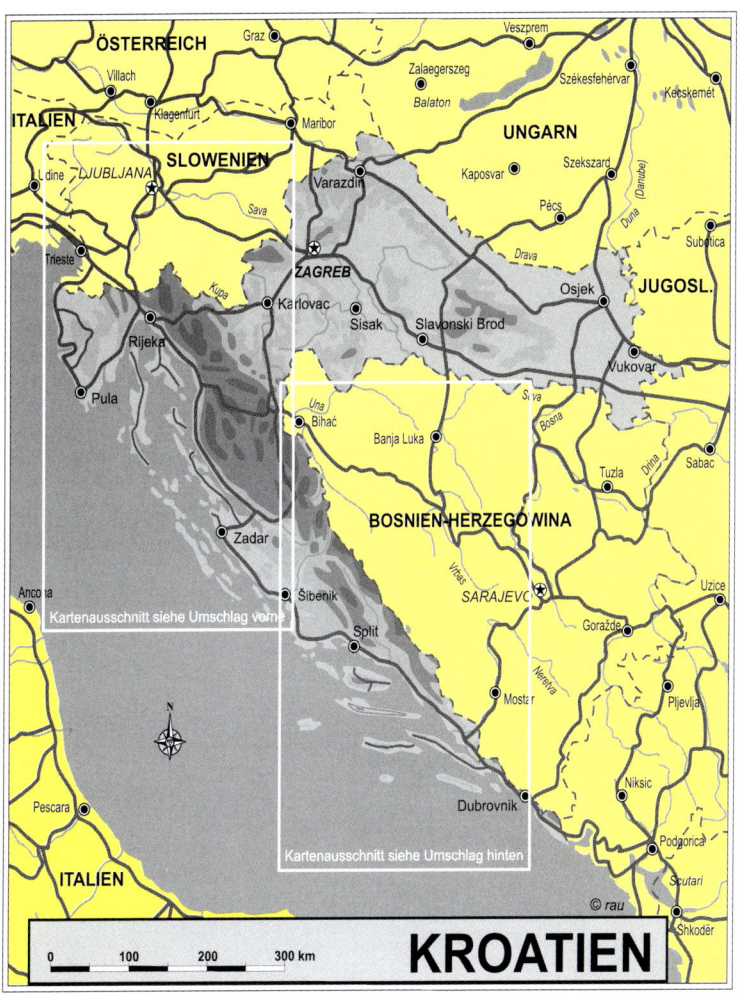

auch eine vernichtende Niederlage. Die Opposition erringt weit über 65 % der Wählerstimmen.

2000 – Im Januar 2000 wird der SDP-Vorsitzende Ivica Račan zum neuen Ministerpräsidenten und Regierungschef gewählt.

Und im Februar 2000 wird Stipe Mesić zum Nachfolger Tudjmans als Staatspräsident und zum neuen Staatsoberhaupt Kroatiens gewählt.

Die neu gewählte Regierung sagt eine enge Zusammenarbeit mit dem UNO-Kriegsverbrechertribunal in Den Haag zu.

2001 – Kroatien unterschreibt Ende Oktober 2001 einen Assoziierungsvertrag mit der EU. Drei Viertel aller Kroaten haben sich für einen Beitritt zur EU ausgesprochen.

2002 – Im Juli 2002 verweigert der stellvertretende Ministerpräsident

Dražen Budiša (Chef der sozialliberalen Partei HSLS) die Zustimmung zu dem kroatisch-slowenischen Abkommen über das Kernkraftwerk Krško, was zum Auseinanderbrechen der aus sechs Koalitionsparteien zusammengesetzten Regierung führt. Ministerpräsident Račan tritt zurück, wird aber von Staatspräsident Mesić zur Bildung einer neuen Regierung beauftragt, der Račan seit Juli 2002 wieder als Ministerpräsident angehört. Dražen Budiša und seine Partei HSLS sind an der neuen Regierung allerdings nicht mehr beteiligt.

2003 – Das Uno-Kriegsverbrechertribunal in Den Haag verurteilt im Februar 2003 die ehemalige Präsidentin der bosnischen Serben, Biljna Plavsic, zu elf Jahren Haft. Plavsic ist die bislang ranghöchste Politikerin, die sich gegenüber dem Haager Tribunal für Verbrechen gegen die Menschlichkeit gegenüber Moslems und Kroaten im Bosnien-Krieg verantwortlich und schuldig bekannt hat. In Kroatien selbst gestalten sich die Bemühungen um die Bewältigung der jüngeren Vergangenheit, um die Fragen von Kriegsverbrechen oder die Zusammenarbeit mit dem Haager Tribunal als schwierig.

NAMHAFTE KROATISCHE PERSÖNLICHKEITEN

Staatsmänner, Künstler und Erfinder

Die folgende Auflistung in alphabetischer Reihenfolge der Namen basiert auf einer Veröffentlichung der Kroatischen Touristischen Gemeinschaft *Hvratska turistička zajednica*.

Bošković, Ruđer (1811 – 1887) – Physiker, Mathematiker und Astronom, einer der Wegbereiter der modernen Physik, Gründer der dynamischen Atomistik.

Držić, Marin (1508 – 1567) – Schriftsteller und Chronist der Republik Dubrovnik (Ragusa), einer der großen Autoren von Komödien in der Zeit der Renaissance.

Generalić, Ivan (1914 – 1992) – Maler der naiven Kunst, Gründer der Hklebiner Kunstschule.

Getaldić, Marin Ghetaldus (1566 – 1606) – Mathematiker und Pionier in der Herstellung konischer Glaslinsen.

Gundulić, Ivan (1498 – 1578) – Schriftsteller, Verfasser der Erzählung „Osman", in der er den Freiheitsgeist von Dubrovnik feiert.

Klović, Julije (1498 – 1578) – gilt als einer der größten Miniaturenmaler seiner Zeit, u. a. porträtierte er den Papst und Mitglieder der Familie Medici in Florenz.

Krleža, Miroslav (1893 – 1981) – einer der großen modernen kroatischen Schriftsteller, Begründer der kroatischen Lexikographie.

Lupis, Ivan oder **Giovanni** (1813 – 1875) – Marineoffizier aus Rijeka, gilt als Erfinder des Torpedos. Der erste Torpedo wurde nach Plänen von Lupis 1866 und Robert Whitehead in der Whitehead-Fabrik in Rijeka gebaut.

Marin (4. Jh.) Steinmetz von der Insel Rab, ist in Chroniken als Gründer von San Marino zu finden, der ersten Republik in Europa.

Meštrović, Ivan (1893 – 1962), kroatischer Bildhauer, der wegen seiner Monumentalskulpturen mit nationaler Thematik bekannt wurde, lebte in den USA. Eines seiner Werke, „Die Indianer", ist in Chicago zu sehen.

Penkala, Slavoljub (1871 – 1922) – erfand 1906 den Kugelschreiber und den Füllfederhalter und baute das erste kroatische zweisitzige Flugzeug.

Polo, Marco (1254 – 1324) – Der Überlieferung nach soll Marco Polo in Korčula das Licht der Welt erblickt ha-

NAMHAFTE KROATISCHE PERSÖNLICHKEITEN

ben. Später lebte seine Familie in Venedig, von wo aus er als Kaufmann und Abenteurer nach China aufbrach, wo er Jahrzehnte (1271 – 1295) lang höchste Staatsämter bekleidete. Seine Reiseaufzeichnungen über das mittelalterliche China, die er nach seiner Rückkehr weitgehend im Gefängnis verfassen musste, wurden berühmt und 1477 erstmals ins Deutsche übersetzt.

Prelog, Vladimir (1906 – 1998) – Chemiker, arbeitete in der Schweiz, 1975 Nobelpreis.

Radić, Stjepan (1871 – 1928) – Politiker und Gründer der Kroatischen Bauernpartei Hrvatska seljačka stranka (HSS). Radić erlag in der Volksversammlung des Königreichs Jugoslawien einem Attentat.

Ružička, Lavoslov (1887 – 1976) – Chemiker und Nobelpreisträger (1939).

Schwartz, David (1852 – 1897) – Konstrukteur eines starren Luftschiffs mit einer Tragekonstruktion aus Metall. Ferdinand Graf von Zeppelin erwarb die Arbeit und entwickelte daraus die „Zeppeline".

Starčević, Ante (1823 – 1896) – Verfechter der Unabhängigkeit Kroatiens und dort auch bekannt als „Vater der Heimat", Politiker und Begründer der Kroatischen Partei des Rechts Hrvatska stranka prava (HSP).

Stepinac, Alojije (1896 – 1960) – Theologe, Kardinal und Erzbischof von Zagreb. Während des 2. Weltkrieges verfolgt und öffentlich verurteilt und nach der Machtübernahme durch die Kommunisten verhaftet. Er starb in Gefangenschaft und wurde zum Märtyrer erklärt.

Tesla, Nikola (1856 – 1953) – bedeutender Physiker und Erfinder auf dem Gebiet der Elektrotechnik, lebte in den USA. Dort projektierte er das erste Wasserkraftwerk an den Niagarafällen. Tesla schuf die Grundlage für die Herstellung von Radargeräten. Nach ihm ist die Einheit für eine Magnetinduktion benannt.

Tito, Josip Broz (1892 – 1980) – Kommunistischer Politiker, Marschall und Staatsmann, organisierte 1941 den antifaschistischen Aufstand (Partisanenbewegung) im ehemaligen Jugoslawien während des II. Weltkrieges, Begründer der Föderativen Volksrepublik Jugoslawien. 1945 bis 1953 Ministerpräsident, ab 1953 Staatspräsident. Tito bricht 1948 mit der UdSSR und versucht die Unterstützung der Westmächte zu gewinnen (Balkanpakt) und eine gewisse Eigenständigkeit Jugoslawiens mit sozialistischer Gesellschaftsordnung zu erreichen. Als „Titoismus" wurde die jugoslawische Variante des Kommunismus bekannt – politische Unabhängigkeit nach außen, Dezentralisierung und Selbstverwaltung im Inneren.

Tudjman, Franjo (1922 – 1999) – Politiker, Historiker und Mitglied der antifaschistischen Bewegung. Gründer der Partei der Kroatischen demokratischen Gemeinschaft Hrvatska demokratska zajednica, mit der er die ersten demokratischen Wahlen im Jahre 1990 gewann. Tudjman war der erste Präsident des unabhängigen kroatischen Staates.

Vrančić, Faust (1551 – 1617) – Philosoph und Erfinder diverser technischer Neuigkeiten, darunter einen Vorläufer des Fallschirms.

Vučetić, Ivan (1858 – 1925) – Erfinder der Daktyloskopie, der Methode zur Identifikation von Personen aufgrund des Fingerabdrucks.

WIE KOMMT MAN HIN?

MIT DEM AUTO

Der direkteste Anreiseweg führt auf der A8/E52 über **München** nach Salzburg. Weiter durch Österreich über die vor allem in den Ferienmonaten sehr stark frequentierte **Tauernautobahn A10/E55** vorbei an Hallein, Radstadt und **Spittal** nach **Villach**. Nicht nur der Verkehr in die Kärntner Feriengebiete und nach Slowenien und Kroatien, sondern auch der Reisestrom nach Griechenland und in die Türkei fließt zu einem großen Teil über diese Route.

Zwischen Salzburg und Spittal sind zwei Tunnels zu passieren. Die Radstädter Tauern unterquert bei Flachau der 6,4 km lange **Tauerntunnel** (mautpflichtig). Wenig später durchfährt man nach St. Michael i. Lungau den 5,4 km langen **Katschbergtunnel** (mautpflichtig) und gelangt dann über **Gmünd** ins Kärntnerland und hinunter nach Spittal. Die Mautgebühr bis 3,5 t für die beiden Tunnels beträgt EUR 9,50.

Achtung: In **Österreich** ist eine **Autobahnmaut-Vignette** erforderlich. Vignetten gibt es als Jahresvignette, als 2-Monatsvignette oder als 10-Tagesvignette. Eine 10-Tagesvignette kostete zuletzt EUR 7,60. Für Anhänger ist keine separate Vignette notwendig. Zusätzlich zu den Vignetten sind die Mautgebühren für die Tunnels zu bezahlen. Vor allem für große Gespanne oder große, mehr als zweiachsige Wohnmobile kann sich die Gesamtgebühr, Vignette plus Tunnelgebühren, zu stattlichen Beträgen summieren.

Ab Villach bieten sich zwei **Alternativrouten** zur Weiterreise nach Kroatien an:

Der direktere und wohl auch am häufigsten benutzte Weg, vor allem wenn man – wie in diesem Reiseführer vorgeschlagen – die Reise durch Kroatien in Istrien beginnt, führt von **Villach** auf der Autobahn A11 nach **St. Jakob i. Rosental**, wenige Kilometer weiter südlich bei Rosenbach durch das 7.835 m lange **Karawanken-Tunnel** nach Slowenien und weiter – die Autobahn trägt jetzt die Nr. A2/E61 – über **Jesenice** und **Kranj** nach **Ljubljana**. Lediglich zwischen Bled und Podbrezje ist die Straße auf 13 km noch nicht zur Autobahn ausgebaut.

Man umfährt Sloweniens Hauptstadt Ljubljana auf einer Umgehungsautobahn im Westen und folgt südlich der Stadt der gebührenpflichtigen Autobahn A1/E61 über **Postojna** bis hinter **Kozina** in Slowenien. Dort endet bislang noch die Autobahn. Man fährt weiter auf der Straße 10 bis **Koper/Capodistria**, von dort südwärts auf der Straße 11 zur slowenisch-kroatischen Grenze und weiter nach **Umag** in Istrien.

Will man Istrien umgehen und direkt zur Kvarner Bucht fahren, verlässt man die Autobahn bei Postojna und folgt der Straße 6/8/E-61 südwärts bis **Matulji** bei Opatija.

Die zweite Möglichkeit führt von **Villach** westwärts durch Italien und über **Udine** und **Trieste** nach **Koper** in Slowenien und von dort, wie oben beschrieben, nach **Umag** in Istrien.

Die gebührenpflichtigen Autobahnabschnitte in Slowenien und Kroatien können auch mit Euro bezahlt werden.

Campingplätze und Stellplätze für Wohnmobile entlang des Anreiseweges

Campingplätze zwischen München und Villach, die sich vor allem wegen ihrer günstigen Lage nahe der Anfahrtsroute nach Kroatien als Etappenplätze anbieten, liegen bei:

München
– Camping München-Obermenzing, Tel. 089-811 22 35, 15. März – 31.

WIE KOMMT MAN HIN?

Okt.; nahe Autobahnende A8 Stuttgart – München.

Großseeham
– **Camping Seehamer See**, Tel. 08020-1400, ganzjährig; A8 ca. 35 km südöstlich München, zwischen Autobahn und See.

Bad Feilnbach
– **TENDA Camping- u. Freizeitpark**, Tel. 08066-533, ganzjährig; A8 Ausfahrt Bad Aibling noch 5,5 km südwärts. Komfortabel ausgestattet.

Bernau am Chiemsee
– **Camping Chiemsee Süd**, Tel. 08051-95 40, Apr. – Okt.; A8 Ausfahrt Felden, zwischen Rasthaus und See.

Piding
– **Camping Staufeneck**, Tel. 08651-21 34, 1. Apr. – 31. Okt.; A8 Ausfahrt Bad Reichenhall, 3 km Richtung Bad Reichenhall. Am Fluss Saalach ansprechend gelegen und gut ausgestattet.

St. Michael im Lungau (Österreich)
– **Camping St. Michael**, Tel. 0043-6477-82 76, ganzjährig; A10/E14 Ausfahrt St. Michael und noch 3 km Richtung Tamsweg, kleiner, gut ausgestatteter Platz.

Malta
– **Terrassencamping Malta**, Tel. 0043-4733-23 40, Ende März – 31. Okt.; A10/E14 Ausfahrt Gmünd und ca. 5 km Richtung Maltatal. Schöne Lage, sehr gute Ausstattung.

Seeboden/Millstätter See
– **Seecamping Penker**, Tel. 0043-4762-812 67, 1. Apr. – 31. Okt.; A10/E14 Ausfahrt Knoten Spittal/Millstätter See, in Seeboden beschilderter Abzweig zum See, kleiner, gestufter Platzteil am See und größere, leicht geneigte Wiese zwischen Wohngebiet und Seepromenade. Gute Ausstattung. Laden, Restaurant. Ver- und Entsorgungseinrichtung für Wohnmobile.

Spittal
– **Drauflusscamping**, Tel. 0043-4762-27 23, 1. Apr. – 31. Okt.; A10/E14 Ausfahrt Spittal Ost, ab Stadtbeginn Beschilderung Goldeckseilbahn folgen, im südlichen Ortsbereich an der Drau, kleiner Platz, gute Ausstattung, Ver- und Entsorgungseinrichtung für Wohnmobile.

Stellplätze zwischen München und Villach:

– **Frasdorf**: Simsseestraße, Parkplatz in der Ortsmitte, Tel. 08052-771.
– **Frasdorf**: Lederstube 3, Tel. 08052-958881.
– **Übersee-Stegen**: Bauernhof Dusen, Stegen 4, Tel. 08642-226.
– **Piding-Kleinhögl**: Kochhof, Högler Str. 60, Tel. 08656-546.
– **Altenmarkt im Pongau (A)**: Stellplatz Kellerbauer, Palfen 7, Tel. 0043-6452-7121.

MIT DER BAHN

Eine der wichtigsten **Bahnverbindungen** zwischen Deutschland und Kroatien stellt der Eurocity „Mimara" dar, der regelmäßig auf der Strecke München – Salzburg – Villach – Ljubljana – Zagreb verkehrt. Die Fahrzeit z. B. von München nach Zagreb beträgt rund 9 Stunden.

Die meisten Züge führen bei Nachtfahrten Schlafwagen, zumindest aber Liegewagen und Speisewagen.

Der **Fahrpreis** 2. Klasse von München nach Zagreb beträgt für die einfache Fahrt ca. EUR 71,-, 1. Klasse ca. EUR 110,-, für Hin- und Rückfahrt ca. EUR 111,60 bzw. ca. EUR 171,-.

Die Bahnfahrt von München nach Rijeka kostet für die einfache Strecke 2. Klasse ca. EUR 45,-, 1. Klasse ca. EUR 68,-, für die Hin- und Rückfahrt ca. EUR 72,- bzw. ca. EUR 108,-.

Je nach Aufenthaltsdauer, Tageszeit und Personenzahl bestehen unterschiedliche Ermäßigungen, die im Reisebüro oder bei der Bahn AG zu erfragen sind.

www.bahn.de. Tel. 0800-15 07 090 oder 11861.

WIE KOMMT MAN HIN?

Autoreisezüge bis zu einem kroatischen Bahnhof gibt es leider nicht mehr. Dafür verkehren Autoreisezüge in Richtung Kroatien bis **nach Villach in Kärnten**. Gefahren wird bis Villach freitags und sonntags in den Monaten Mai bis Oktober ab Berlin, Düsseldorf, Frankfurt-Neu Isenburg, Hamburg, Hildesheim und Köln. Rückfahrtmöglichkeit besteht in dieser Zeit montags und samstags.

Befördert werden Pkws mit max. Höhe von 2,05 m, Anhänger bis 2,5 m Länge und Motorräder. (Keine Reisemobile!)

Der **Preis für die Beförderung** eines Autos bis 5 m Länge beträgt z. B. für die Strecke Köln-Villach EUR 143,- für die einfache Fahrt, Rückfahrtermäßigung 20% wird gewährt. Smarts, Motorräder und Anhänger EUR 92,-.

Ein Einzelplatz im Liegewagen kostet EUR 65,-, ein eigenes Abteil mit bis zu 5 Personen belegbar kommt auf EUR 202,-. Ein eigenes Abteil im Schlafwagen mit bis zu 3 Personen belegbar kostet EUR 236,-.

www.dbautozug.de, Tel. 01805-24 12 24, Fax 01805-12 20 00.

MIT DEM BUS

Die **Europabusse** der Busgesellschaften **Touring** und **EuroLines** verkehren ganzjährig zu vielen Städten in Kroatien.

Hier ein kurzer **Fahrstreckenauszug**:

Freitags von Frankfurt, Mannheim, Karlsruhe, Stuttgart, Ulm und München nach **Rijeka**, **Poreè**, **Rovinj** und **Pula**. Fahrzeit ca. 19 Stunden. Der Fahrpreis pro Person beträgt für die einfache Fahrt von Frankfurt nach Pula EUR 85,-.

Täglich von Bochum, Bonn, Dortmund, Köln, Düsseldorf, Duisburg, Essen, Frankfurt, Karlsruhe, Mainz, Mannheim, München, Nürnberg, Pforzheim, Stuttgart, Ulm, München nach **Rijeka**, **Novi Vinodolski**, **Senj**, **Zadar**, **Šibenik**, **Primošten**, **Trogir** und **Split**.

Fahrpreis p. P. einfach z. B. für die Strecke Düsseldorf – Split EUR 105,-, Fahrzeit ca. 26 Stunden.

Sonntags von Dortmund, Bochum, Essen, Duisburg, Köln, Bonn, Frankfurt, Mannheim, Karlsruhe, Stuttgart, Ulm, München nach **Omiš**, **Makarska**, **Ploče** und **Dubrovnik**.

Fahrpreis p. P. einfach z. B. für die Strecke Frankfurt – Dubrovnik EUR 100,-, Fahrzeit ca. 30 Stunden.

www.deutsche-touring.com, Tel. 069-79 03 50, Fax 069-79 03 219.
www.akz.hr, Tel. 01-615 7983.

MIT DEM FLUGZEUG

In Kroatien gibt es folgende Verkehrsflughäfen:

Zagreb Airport Tel. 01-6526 222, **Split Airport** Tel. 021-203 171, **Dubrovnik Airport** Tel. 020-773 377, **Rijeka Airport** Tel. 051-842 040, **Pula Airport** Tel. 052-550 900, **Zadar Airport** Tel. 023-313 311, **Brac Airport** Tel. 021-648 614 und **Lošinj Airport** Tel. 051-231 666.

Regelmäßige **direkte Verbindungen** unterhält während des Sommerflugplans die kroatische Fluglinie Croatia Airlines von Frankfurt nach Zagreb. Die Flugzeit beträgt ca. 1,5 Stunden.

Der Flugpreis für einen Weg zum Businesstarif beträgt EUR 427,- zzgl. Steuern.

Croatia Airlines fliegt auch von Frankfurt nach Split und von Düsseldorf nach Dubrovnik einmal wöchentlich im Charterverkehr.

Zusätzlich verkehrt die Charterairline Aero Lloyd von Hamburg und Stuttgart nach Dubrovnik sowie von Frankfurt nach Split einmal wöchentlich. Der Charterflugpreis für Hin- und Rückflug bewegt sich zwischen EUR 260,- und EUR 290,- inkl. Steuern.

Web: **www.lufthansa.de**, **www.croatiaairlines.hr**, **www.aerolloyd.de**.

WIE KOMMT MAN HIN?

MIT DEM SCHIFF

Autofähren der größten kroatischen Reederei **Jadrolinija** verkehren zwischen Italien und Kroatien auf folgenden Strecken: Ancona – Brbinj (Insel Dugi Otik) – Zadar; Ancona – Split und weiter über Stari Grad (Hvar) bis Korčula, sowie zwischen Bari und Dubrovnik.

Die Fahrzeit von Ancona nach Split beträgt rund 10 Stunden, die Fahrzeit von Bari nach Dubrovnik rund 8 Stunden.

Zwischen Ancona und Split bestehen in der Sommersaison (Ende Juni bis Mitte Sept.) bis zu vier Abfahrten pro Woche, ebenso zwischen Bari und Dubrovnik.

Der Fahrpreis für eine Deckspassage auf den Strecken Ancona – Split oder Bari – Dubrovnik beläuft sich pro Person in der Hochsaison auf rund EUR 49,-, ein Kabinenbett gibt es ab ca. EUR 70,- aufwärts. Für ein Wohnmobil von 5 bis 7 m Länge werden in der Hochsaison rund EUR 130,- verlangt. **Web: www.jadrolinija.hr.**

Die kroatische Fährgesellschaft **Sem Marina** unterhält regelmäßige Verbindungen von Ancona nach Split, Hvar und Vis. **Web: www.sem.hr/english.html.**

Das italienische Fährenunternehmen **Adriatica** bedient ebenfalls regelmäßig die Strecken Ancona – Split und Bari – Dubrovnik, sowie im Sommer die Strecke Grado – Triest – Umag – Rovinj - Brioni. **Web: www.adriatica.it.**

Die italienische Fährgesellschaft **Sanmar srl** unterhält regelmäßige Fährverbindungen zwischen Pescara, Giulianova und Civitanova nach Split und Hvar. **Web: www.sanmar.it.**

Mit den Auto- und Passagierschnellfähren **Croazia Jet** der Reederei **SNAV/Hoverspeed Seacat** gelangt man in nur rund viereinhalb Stunden von Ancona nach Split. Zwischen Mitte Juni und Mitte September besteht eine Abfahrt täglich, ab Ancona um 11 Uhr und ab Split um 17 Uhr. Einchecken mindestens zwei Stunden vor Abfahrt!

Der Fahrpreis für die einfache Strecke beläuft sich in der Hochsaison pro Person auf rund EUR 80,-. Für Wohnmobile werden pro Meter rund EUR 42,- plus EUR 5,50 Hafengebühr berechnet. In der Nebensaison werden attraktive Sondertarife für die Hin- und Rückfahrt an gewissen Wochentagen eingeräumt. **Web: www.snavali.com.**

☑ *Mein Tipp!* Wer in der Hochsaison rasch und bequem von Rijeka nach Dubrovnik (oder umgekehrt) reisen und dem Verkehr auf der Küstenstraße entgehen will, für den ist die Fährverbindung zwischen Rijeka und Dubrovnik, über Zadar, Split, Hvar, Korčula und Mljet – auch auf Teilstrecken – eine gute, wenn auch nicht gerade billige Alternative. Die Strecke wird von der kroatischen Schiffahrtslinie „Jadrolinija" bedient, siehe auch unter Anschriften.

MOBIL REISEN
KROATIEN
DIE ROUTEN

DOBRO DOŠLI! – WILLKOMMEN IN KROATIEN!

Rovinj

ROUTE 1: DURCH SLOWENIEN NACH UMAG, ISTRIEN

MOBIL REISEN: KROATIEN – DIE ROUTEN
1. DURCH SLOWENIEN NACH UMAG, ISTRIEN

⊙ **Entfernung:** Rund 170 km, ohne Abstecher.

➔ **Strecke:** Über die A2/E65 bis **Ljubljana** – A1/E70/61 bis Kozina – Straßen 10 und 11 bis zur slowenisch-kroatischen Grenze – Landstraße über **Savudrija** bis **Umag**.

🕓 **Reisedauer:** Mindestens ein Tag.

✺ **Höhepunkte:** Der **Bleder See** *** und der **Triglav Nationalpark** *** – ein Spaziergang durch **Ljubljanas Altstadt** * – die Tropfsteinhöhlen **Postojnske jama** *** und **Škocjanske jame** ** – das slowenische Küstenstädtchen **Piran** * – die **istrische Küste** bei Umag.

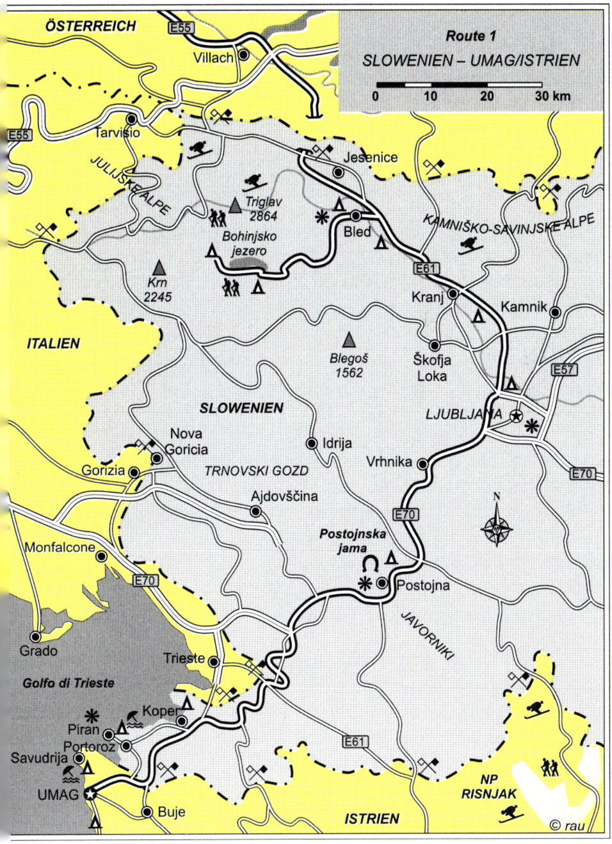

Route 1
SLOWENIEN – UMAG/ISTRIEN
0   10   20   30 km

ROUTE 1: DURCH SLOWENIEN NACH UMAG, ISTRIEN

ANREISE DURCH SLOWENIEN

➔ **Route:** Von der Staatsgrenze zwischen Österreich und Slowenien und der Mautstation für den 7.864 m langen Karawankentunnel führt die Autobahn A2/E651 bis kurz vor **Bled** Der genaue Anreiseweg über Villach, Ljubljana nach Umag ist unter der Rubrik „Wie kommt man hin?" noch detaillierter beschrieben. •

KURZPORTRÄT SLOWENIENS

Slowenien, die nördlichste der Balkanrepubliken, die sich gern auch als das „Land auf der Sonnenseite der Alpen" bezeichnet grenzt im Norden an Österreich, im Osten an Ungarn, im Westen a Italien und im Süden an Kroatien. Auf dem überaus gebirgigen Territorium Sloweniens, das rund 20.250 qkm umfasst, leben kaur mehr als 2 Mio. Einwohner. Hauptstadt ist Ljubljana mit annähern 270.000 Einwohnern.

Im Juni 1991 erklärte sich Slowenien unabhängig von der Sozialistischen Föderativen Republik Jugoslawien und bestimmt seit dem seine politischen und wirtschaftlichen Geschicke als autonomer Staat.

Trotz Jahrhunderte langer Fremdherrschaft haben sich die Slowenen – übrigens eines der kleinsten Völker Europas – ihre ursprüngliche Sprache und ihre eigenständige kulturelle Traditionen erhalten.

Touristisch gesehen ist Slowenien vor allem ein Land für Wanderlustige und Bergbegeisterte. Hunderte von Kilometern markierter Bergpfade führen durch die tierreiche Alpenlandschaft. De höchste Berg der Julischen Alpen, der 2.863 m hohe Triglav, ist hier ebenso zu finden wie die malerischen Alpenseen Blejsko jerzer bei Bled oder der Bohinjsko jezero bei Sveti Janez im Triglav Nationalpark.

Slowenien ist aber auch das Land der Höhlen und Grotten. Ei Drittel des Landes ist unterhöhlt. Und von den 10.000 bislang bekannten unterirdischen Höhlen ist erst die Hälfte erforscht. Berühmt Beispiele sind die Höhlen von Postojna (Adelsberger Grotte) un die Grotten von Skocjan (Höhlen von St. Kanzian).

Untrennbar mit Slowenien ist der Name des 400 Jahre alte Gestüts Lipica verbunden. Die rassige, schneeweiße Pferderass Lipizzaner wurde hier vor allem während der Zeit der Habsburge Monarchie für die Spanische Hofreitschule in Wien gezüchtet.

Abstecher nach Bled

Wer mit seinen Reisetagen nicht zu geizen braucht, dem emp fiehlt sich ein Abstecher in den Ferienort **Bled** und evtl. weiter bis i den **Nationalpark Triglav**. Dieses Natur- und Landschaftsschutz gebiet breitet sich um den höchsten Gebirgsstock der Julische Alpen aus, den 2.863 m hohen **Triglav**.

Der 501 m hoch gelegene Bade- und Erholungsort **Bled** gilt a der hübscheste seiner Art in ganz Slowenien. Zu verdanken hat e

ROUTE 1: DURCH SLOWENIEN NACH UMAG, ISTRIEN

dieses Prädikat seiner ansprechenden Lage am **Blejsko jezero**, dem Bleder See.

Der knapp 2 km lange und im Sommer oft über 23°C warme See ist von Bergen umgeben und weist in der Mitte eine romantische kleine Insel mit Kirche auf. In der Ferne sieht man die Gipfel der Julischen Alpen im Westen mit dem markanten Triglav und die der Karawanken im Nordosten aufragen.

Die **Burg Blejski grad** – man genießt von dort einen schönen Blick auf See und Berge – hoch auf einem Felsstock über dem Nordufer des Sees erinnert an die Zeit, als Bled ein wichtiger Sitz slowenischer Adliger war. In der Burg gibt es ein **Restaurant**, in dem Sie angesichts eines herrlichen Bergpanoramas vorzüglich essen können

Bled und Umgebung **

Ein empfehlenswerter Ausflug führt über den hübsch gelegenen Kurort **Bohinjska Bistrica** hinein in die herrliche Landschaft der Julischen Alpen bis zum 525 m hoch und sehr malerisch gelegenen See **Bohinjsko jezero (Wocheiner See)**, dem größten See in Slowenien.

Ausflug zum größten See Sloweniens

Bohinj ist Ausgangspunkt für Bergtouren zu den sieben Triglav-Seen, dem Quellgebiet des Sava-Flusses oder zum Wasserfall der Savice. Es bieten sich außerdem eine ganze Reihe von Wandermöglichkeiten durch den Triglav Nationalpark. Mit einer Kabinenseilbahn gelangt man von Ukanc am Westende des Sees bequem auf den 1.922 Meter hohen Vogel.

Praktische Hinweise – Bled und Bohinjsko jezero

Bled und Bohinjsko jezero

☎ Information: **Turistično društvo**, Cesta Svodode 15, Bled, Tel. 04-574 11 22.

🏨 Hotels: **Golf-Hotel,** 150 Zi., Cankarjeva 6, Tel. 04-579 20 00, zentral gelegenes Stadthotel, gehobene Preisklasse.

Hotels

Grand Hotel Toplice, 120 Zi., Cesta Svobode 12, Tel. 04-579 10 00, renommierte Luxusherberge am See, sehr teuer, eigenes Thermalbad.

Park, 200 Zi., Cesta Svobode 15, Tel. 04-579 30 00, gutes Haus der gehobenen Mittelklasse an der Uferpromenade, teuer, von den meisten Zimmern Seeblick, Casino, Bar, Restaurant, Schwimmbad mit Sauna.

Jelovica, 150 Zi., Cesta Svobode 8, tel. 04-579 60 00, ein angenehmes, fast direkt am See gelegenes Mittelklassehotel mit erschwinglichen Zimmerpreisen, von den meisten Zimmern Seeblick, Restaurant, Schwimmbad, Sauna. – Und andere Hotels.

Bled / Blejsko jezero

Camping

▲ – **Camping Bled**, Tel. 04-575 20 00, Fax 04-575 20 02, www.camping-bled.com; Anf. Apr. – Mitte Okt.; Wiesengelände im Wald, am Südwestende des Sees und der Bahnlinie; 2 km vom Ort entfernt; ca. 6 ha – ca. 300 Stpl.; gute Standardausstattung; Ver- u. Entsorgungseinrichtung für Wohnmobile.

Bohinjska Bistrica

▲ – **Camping Danica,** Tel. 04-572 10 55, www.bohinj.si/camping-danica; Ostern – Ende Sept.; Wiesengelände am See; ca. 2 km südwestlich Bled; ca. 4 ha – ca. 150 Stpl.; Standardausstattung.

ROUTE 1: DURCH SLOWENIEN NACH UMAG, ISTRIEN

Bohinjska Jezero
▲ **– Camping Zlatorog**, Tel. 04-572 34 82, www.bohinj.si; Ende Apr. – Ende Sept.; Waldgelände am Westende des Sees; ca. 2,5 ha – ca. 150 Stpl.; Standardausstattung.

➔ **Route:** Weiterreise auf der A2/E61 vorbei an **Kranj** (Krainburg) nach **Ljubljana** (Laibach), rund 55 km. •

Kranj (Krainburg), mit rund 38.000 Einwohner Sloweniens viertgrößte Stadt wartet mit einer bemerkenswerten **Altstadt** auf, die einen Besuch durchaus lohnt. Zu den Sehenswürdigkeiten zählt in erster Linie die im gotischen Stil Mitte des 15. Jh. errichtete **Kanzianskirche**. Im Rathaus ist ein Regionalmuseum eingerichtet. Der Dichter France Prešeren lebte zuletzt bis zu seinem Tode im Jahre 1849 in Kranj. Das Haus in dem er wohnte liegt ganz in der Nähe des Rathauses.

Ljubljana mit 270.000 Einwohnern seit 1945 Hauptstadt der Republik Slowenien und fast fünfhundert Jahre lang bis zum Ende der Donaumonarchie unter österreichischer Herrschaft, bietet in seinen nach dem Kriege rasch gewachsenen Außenbezirken das Bild einer modernen Verwaltungs- und Industriestadt.

Das Zentrum der Universitätsstadt dagegen, mit ihrer besuchenswerten Altstadt und den stattlichen Barock- und Jugendstilbauten, erinnert mehr an ein eher beschauliches Relikt aus der Zeit der k. u. k. Monarchie. Das Bild von Ljubljanas Altstadt wird vor allem durch Bauwerke des slowenischen Architekten Plečnik geprägt.

Ljubljanas Altstadt

Ljubljanas Altstadt wird überragt vom 75 m hohen **Burgberg**. Schon im 12. Jh. entstand dort die erste Festung. Die heutige Form des Kastells **Ljubljanski grad** stammt aus dem 16. und 17. Jh. Vom Burgturm hat man einen schönen Blick auf die Stadt. In der Burg ist ein archäologisch-historisches **Museum** eingerichtet (Samstag und Montag geschlossen).

Burgberg

Am Fuße des Burgberges, am Knie des Flüsschens Ljubljanica liegt der Altstadtkern mit sehenswerten Barockbauten, Renaissance und Jugendstilfassaden.

altes Rathaus

Da ist z. B. das **Mestna hiša**, das alte **Rathaus,** mit dem schönen Arkadenhof, dem Uhrturm und dem berühmten Brunnen davor. Die mächtige Brunnenschale steht auf einem Treppenrondell. In der Mitte erheben sich drei allegorische Männerfiguren, die die drei slowenischen Flüsse Sava, Krka und Ljubljanica symbolisieren. Überragt wird das Ganze, ein Werk Francesco Robbas, von einem hohen Obelisken. Das Rathaus liegt unweit südlich der alten Dreibrücke Tromostovje am zentralen **Stadtplatz Mestni trg,** der Mittelpunkt der Altstadt Ljubljanas. Hier finden Sie eine ganze Reihe einladender Cafés, Kneipen und Restaurants, wie das „Rotovž", ein eingesessenes, traditionsreiches Lokal.

Unweit östlich, vorbei am **Škofijski dvorec**, dem **Fürstbischöflichen Palais**, einem barocken Bau aus dem 18. Jh. mit sehr schö

ROUTE 1: DURCH SLOWENIEN NACH UMAG, ISTRIEN

nem Arkadenhof, und hinter der Nikolay-Kathedrale führt vom **Platz Vodnikov trg** mit seinem bunten Obstmarkt die Študentovska, eine recht steile Gasse, hinauf zum Burgberg. Von Süden her lässt sich der Burgberg auch per Auto erreichen (Parkplatz).

Ljuljana

Zu den bemerkenswerten Kirchenbauten der Stadt zählen z. B. die mit korinthischen Säulen geschmückte, beeindruckende Fassade der **Ursulinen Kirche** mit einem von Robba gestalteten Altar, ganz in der Nähe des Kongressplatzes am westlichen Ljubljanica-Ufer gelegen, weiter die **St. Jakobskirche** ein gutes Stück südlich des Burgberges und schließlich die im Barockstil auf den Resten einer von den Türken im 17. Jh. zerstörten Kirche errichtete **Nikolaj-Kathedrale** im Altstadtviertel nördlich der Burg. Sie enthält Werke des aus Italien stammenden und im 18. Jh. in Ljubljana lebenden Barockmeisters Francesco Robba sowie sehenswerte Fresken jugoslawischer und italienischer Künstler.

Ursulinenkirche
Jakobskirche
Nikolaj-Kathedrale

Die Ljubljanica wird von mehreren Brücken überspannt. Eine der historischen davon ist die gewaltige, zum Wahrzeichen der Stadt avancierte „Drei Brücke" **Tromostovje** mit ihren typischen Drachenstatuen, die auf den weiten **Platz Prešernov trg** mündet. Das Denkmal auf dem Platz erinnert an den slowenischen Dichter France Prešeren, der in der ersten Hälfte des 19. Jh. lebte.

„Drei Brücke"

Ganz in der Nähe der Brücke erhebt sich an der Nordseite des Platzes die im italienischen Barockstil des 17. Jh. erbaute **Franziskanerkirche.**

Franziskanerkirche

Bemerkenswert am Prešernov trg sind die **Jugendstilfassaden** der Häuser „Ura" und „Centromerkur".

Vom Prešernov trg führen verkehrsberuhigte Fußgängerzonen z. B. die Čopova ulica) westwärts zu kleinen Plätzen und Parks in der Innenstadt.

Vom alten Rathaus kaum 500 Meter flussabwärts liegt auf der westlichen Uferseite der Ljubljanica der **Trg francoske revolucije,** der Platz der Französischen Revolution. Die illyrische Säule dort erinnert an die Zeit Napoleons, als Ljubljana von 1809 bis 1813 Hauptstadt der illyrischen Provinzen „les provinces illyriennes" war.

Platz der Frz. Revolution

An diesem Platz liegt auch das ehemalige **Kloster Križanke.** Es entstand auf den Mauern eines Kreuzfahrerklosters aus dem 13. Jh. und ist heute Schauplatz der Ljubljaner Festspiele (Juni bis August).

Križanke-Kloster

☑ *Mein Tipp!* Übrigens: Im **Plečnikov hram**, einer Studentenkneipe in der ehemaligen Klosteranlage, isst man recht gut und darüber hinaus auch noch relativ preiswert!

Interessante Museen sind das Stadtmuseum **Mestni muzej Ljubljana** (Gosposka ulica 15) gegenüber des ehemaligen Klosters Križanke, dann das unweit westlich des Parlamentsgebäudes gelegene Nationalmuseum **Narodni muzej** (Prešernova cesta 20), mit naturhistorischer Abteilung, weiter die **Nationalgalerie** und die **Moderne Galerie** (beide Prešernova cesta) und schließlich das Film-

Museen

27

ROUTE 1: DURCH SLOWENIEN NACH UMAG, ISTRIEN

und Theatermuseum **Slovenski gledališki in filmski muzej** am östlich Ljubljanica-Ufer unterhalb des Burgberges.

Ljubljana

Praktische Hinweise – Ljubljana

☎ Information: **Turistično informacijeski center**, Adamič Lundrovo nabrežje 2, 1000 Ljubljana, Tel. 01-306 12 15.

Hotels

🏠 Hotels: **Holiday Inn,** 135 Zi., Mikošičeva 3, Tel. 01-308 11 70, Fax 01-308 10 14, zentral gelegenes, komfortables Haus der gehobenen Mittelklasse, teuer, Garage.
Grand Hotel Union, 255 Zi., Mikošičev 1, Tel. 01-308 12 70, Fax 01-308 10 15, renommiertes, sehr komfortables Traditionshotel im Stil der Jahrhundertwende, zentral Nähe Franziskanerkirche, Prešernov trg und Fußgängerzone gelegen, gepflegtes Restaurant, einladendes Café, mittlere bis gehobene Preisklasse.
Slon, 170 Zi., Slovenska 34, Tel. 01-470 11 00, sehr komfortables, alteingesessenes Haus mit langer Tradition in zentraler Lage, hervorgegangen aus der k. u. k Nobelherberge „Zum Elefanten", gehobene Preislage, einladendes Kaffeehaus.
Turist, 190 Zi., Dalmatinova 15, Tel. 01-432 23 43, Fax 01-231 92 91, ein einfaches, aber relativ preiswertes und zentral gelegenes Stadthotel garni, öffentlicher Parkplatz vis ŕ vis. – Und andere Hotels.

Camping

▲ – **Camping Ježica,** Tel. 01-568 39 08; ganzjährig; Zufahrt ab Stadtmitte 6 km Richtung Maribor; teils schattenloses Wiesengelände an der Sava, an ein Ferienzentrum grenzend; ca. 6 ha – 180 Stpl.; Standardausstattung; Laden, Restaurant; Bademöglichkeit. Mit dem Bus Nr. 6 gelangt man zur Slovenska cesta im Stadtzentrum.

➔ **Route:** Über die mautpflichtige Autobahn A1/E61 erreicht man nach 47 km südwestlich von Ljubljana die Ausfahrt **Postojna**. Man kann hier die Autobahn verlassen, durch den Ort Postojna (Adelsberg) und noch ca. 2,5 km weiter bis zur gut beschilderten **Grotte Postojnske jama** fahren. ●

Die Existenz des gewaltigen Höhlensystems der **Postojnske jama** (Adelsberger Grotte) ist schon seit dem 13. Jh. bekannt. Aber erst seit Beginn des letzten Jahrhunderts hat man begonnen, seine Besucher zu zählen. Seither haben mehr als 20 Mio. Menschen diese unterirdische Wunderwelt aus Flussläufen, Hallen, Gängen und den bizarrsten Tropfsteingebilden besucht. Erst 23 km des scheinbar nicht enden wollenden Höhlenlabyrinths sind erforscht. Fest steht, dass Verbindungen zu zwei weiteren Tropfsteinhöhlen bestehen, zur Pivka-Grotte und zur Schwarzen Grotte (Crna jama).

Touristen ist ein Teil des Höhlensystems bequem zugänglich. Eine Besichtigung mit obligatorischer Führung (in verschiedenen Sprachen, darunter auch deutsch) dauert rund eineinhalb Stunden. Da die Temperatur untertage hier nie mehr als 8 bis 9 Grad beträgt, empfiehlt sich ein warmes Kleidungsstück. Wer dies vergisst, kann an der Kasse warme Pelerinen leihen.

ROUTE 1: DURCH SLOWENIEN NACH UMAG, ISTRIEN

Der Besuch beginnt mit einer rund 3 km langen Fahrt mit einer modifizierten, offenen elektrischen Grubenbahn, die tief in die Höhle hineinfährt. Nun folgt ein etwa 45-minütiger Rundgang durch die schon seit 1883 beleuchtete Höhlen und Grotten. In einem Becken sind die seltenen, sonst in der Finsternis unterirdischer Flussläufe lebenden, blinden Grottenolme (proteus anguieus) zu sehen. Schließlich fährt man per Bahn wieder zum Ausgang. Am Ende sieht der Besucher in einem gewaltig großen Höhlendom tief unter sich den Verursacher des Ganzen – den unterirdischen Fluss Pivka dahinströmen. Viele der Höhlenräume haben enorme Ausmaße, manche eine exzellente Akustik. Der sog. „Konzertsaal" ist über 50 Meter hoch und fasst anlässlich hier gelegentlich dargebotener Konzerte bis zu 10.000 Menschen.

Postojnske jama – Adelsberger Grotte ***, Höhlenführungen in der Saison zur vollen Stunde von 9 bis 18 Uhr, Nebensaison weniger häufig. Dauer rund 1,5 Stunden. Relativ teurer Eintritt.

Stündliche Führungen jeweils zur vollen Stunde. In den Monaten Oktober bis Mai sind die Führungen weniger häufig.

Praktische Hinweise – Postojna

Postojna

☎ Information: **Turist Biro**, Jamska cesta 9, Postojna, Tel. 05-720 16 10.

🏠 Hotels: **Jama**, 145 Zi., Jamska cesta 28, Tel. 05-241 68, Fax 05-244 31, ordentliches Mittelklassehotel mit erschwinglichen Zimmerpreisen. Schwimmbad, Sauna. Größter Vorteil des Hauses ist seine Lage ganz in der Nähe der berühmten Höhle. – Und andere Hotels.

Hotels

▲ – **Camping Pivka jama**, Tel. 05-720 39 93; ganzjährig; ca. 5 km nordwestlich Postojna; Waldgelände mit befestigten Stellflächen für Caravans, bei der Pivka-Höhle; ca. 80 Pl.; Standardausstattung. Angeschlossen ist eine Bungalowsiedlung, mit Restaurant, Schwimmbad und Fahrradverleih. Ver- u. Entsorgungseinrichtung für Wohnmobile.

Camping

Predjamski Grad liegt ungefähr 9 km westlich Postojna. In die Aushöhlung eines steilen Felshanges wurde hier ein trutziges Schloss gebaut, das bis ins beginnende 15. Jh. Rittern gehörte. Nach einer Belagerung zerstört und im 16. Jh. vom Geschlecht derer von Kobenzl in der heutigen Form wieder aufgebaut. Heute Museum.

➔ **Route:** Auf der Weiterfahrt über die A1/E61 bietet sich rund 29 km südwestlich von Postojna bei Divača nochmals Gelegenheit, zu einer Höhle abzuzweigen. ●

Der Abstecher führt zur einige Kilometer östlich der Autobahn gelegenen **Škocjanske jame** mit einem tosenden, unterirdischen Fluss und atemberaubend steilen, grundlos erscheinenden Schluchten mit senkrechten, in der Dunkelheit der Tiefe verschwindenden Felswänden. Der Weg der Besucher führt auch über hoch in die Felsen gehauene, natürlich gesicherte, Galerien und schmale Brücken. Wer große Höhen nicht so gerne mag und nicht ganz schwindelfrei ist, wird an einer Tour durch die Škocjanske jame nicht die helle Freude haben.

spektakulär die unterirdischen Canyons in der Škocjanske jame *** April – Okt. tgl. 10 – 15.30, Juni – Sept. bis 17 Uhr. Im Winter nur am Wochenende. Eintritt.

29

ROUTE 1: DURCH SLOWENIEN NACH UMAG, ISTRIEN

➔ **Route:** Bis auf weiteres endet die Autobahn noch bei **Klanec**. Die Weiterführung ist die Straße 10 bis südlich von **Koper (Capodistria)**. Von dort kann man entweder über die in Küstennähe verlaufende Straße 111 und über **Izola (Isola), Piran (Pirano)** und **Portorož (Portorose)** weiterreisen oder den etwas kürzeren und direkteren Weg über die Straße 11 südwärts zur slowenisch-kroatischen Grenze bei **Sečovije (Sicciole)** nehmen. ●

Pirans Altstadt **

Das slowenische **Piran (Pirano)**, 18 km westlich Koper gelegen, lohnt einen Besuch. Es ist eines der typischen, anziehenden Küstenstädtchen an der nur knapp 50 km langen „Slowenischen Riviera". Der denkmalgeschützte Ort, einer der hübschesten seiner Art am Golf von Triest im nordwestlichsten Teil der istrischen Halbinsel, besticht durch seine hübschen Gassen und Plätze, die sich eng um einen Hügel auf einer Landzunge und einen kleinen Hafen scharen und von einem stattlichen Kirchenbau überragt werden.

Am besten parkt man sein Auto auf einem der gebührenpflichtigen Parkplätze am Stadtrand und nimmt einen der kostenlosen, von den Parkplätzen in die Innenstadt verkehrenden Pendelbusse.

Eine Stadtbesichtigung kann man z. B. am zentralen **Hauptplatz Tartinijev trg** am Hafen beginnen. Der Platz ist nach dem italienischen Musiker und namhaften Violonisten Guiseppe Tartin (Denkmal) benannt, der 1692 in Piran geboren worden war. Auf dem Platz stehen ein **venezianisch-gotischer Palast** aus dem 15. Jh. die **Petruskirche** aus dem 19. Jh. und das **Rathaus**. Zudem findet man dort neben Restaurants, dem einladenden **Hotel Tartini** und der **Hauptpost** auch das **Tartini-Museum** und ein Büro der **Touristeninformation**.

Auf der Anhöhe erhebt sich der **Georgsdom** (Sveti Jurij) aus dem 14. Jh. mit achteckiger Taufkapelle und freistehendem Glockenturm, der leicht die venezianische Vergangenheit Pirans erahnen lässt. Auf der Turmspitze erkennt man eine große Figur, die als Wetterfahne dient und den Erzengel Michael darstellt.

Auch ein Teil der alten **Stadtmauer**, die das Städtchen zur Landseite hin befestigte, ist noch zu sehen.

Ganz anders präsentiert sich das nur wenige Kilometer weiter südöstlich gelegene Städtchen **Portorož (Portorose)**, das weniger mit historischen Denkmälern als vielmehr mit einer Ansammlung moderner Hotels an einer voll erschlossenen Strandanlage aufwarten kann.

Piran

Praktische Hinweise

☎ Information: **Turistbiro**, Tartinijev trg, 6330 Piran, Tel. 05-673 02 20.

Ankaran

▲ **– Camping Adria**, Tel. 05-663 73 50, Fax 05-663 73 60, www.teni.si/adria; 1. Mai – 30. Sept.; an der Küstenstraße Richtung ital. Grenze; weitläu-

ROUTE 1: DURCH SLOWENIEN NACH UMAG, ISTRIEN

figes Wiesengelände durch zahlreiche Bäume schattig, am Meer; Sportanlagen beim angeschlossenen Hotel; ca. 7 ha – 250 Stpl. + zahlr. Dau., die das Bild des Platzes prägen; Standardausstattung, Laden, Restaurant, öffentliches Meerwasserschwimmbecken, Ver- u. Entsorgungseinrichtung für Wohnmobile.

Camping zwischen Ankaran und Portorož

Izola

▲ – **Camping Belvedere** Tel. 05-660 51 00, Fax 05-660 51 00, www.belvedere.si; Anf. Apr. – Ende Sept.; Straße 111 südlich Izola; Terrassenplatz mit Meerblick; 200 Stpl.; einfache Ausstattung.

Portorož

▲ – **Camping Lucija**, Tel. 05-690 60 00, Fax 05-690 69 00, www.metropolgroup.si; ganzjährig; südlich des Ortes beschilderter Abzweig zum Meer; steiniges Terrain vor einem Hang mit Pinien, teils eben, teils in Terrassen, am Meer, Steinmole mit Liegeflächen, neben dem Sportboothafen; ca. 6 ha – 350 Stpl. plus etwa die gleiche Anzahl an Dau.; einfache Standardausstattung; Laden, Restaurant; eher ein Übernachtungsplatz.

ISTRIEN / KROATIEN

→ **Route:** Weiterreise ab der slowenisch-kroatischen Grenze über **Savudrija (Salvore)**, dem westlichsten Punkt Kroatiens, und entlang der istrischen Westküste nach **Umag (Umago)**. ●

Umag (Umago) präsentiert sich als ein betriebsamer Ferienort, der seine Identität dem Tourismus geopfert hat. Neben dem alten Städtchen, das sich auf einer Landzunge erstreckt, früher Sommersitz des Bischofs von Triest war und später – wie alle istrischen Küstenorte – unter Venedigs Herrschaft fiel, dehnt sich der touristische Teil Umags aus, mit ausgedehntem Freizeithafen, mit Hotels, Appartementhäusern, Strandanlagen und zahlreichen Unterhaltungsmöglichkeiten.

Überragt wird Umags Altstadtkern von der Pfarrkirche Mariä-Himmelfahrt, die zudem dem hl. Peregrinus, dem Schutzpatron der Stadt, geweiht ist.

Parkplätze sind an der Mole am Nordrand der Innenstadt in Gehnähe zur Altstadt eingerichtet. Laut Beschilderung kann ein Teil des Platzes von Wohnmobilen auch von 21 Uhr bis 6 Uhr benutzt werden. Änderungen sind möglich.

Entlang der Hafenpromenade findet man auf dem Weg in die Altstadt eine Reihe einladender Lokale.

Praktische Hinweise – Umag (Umago)

☎ Information: **Turistička zajednica Grada Umaga**, Obala J. B. Tita 3/2, 52470 Umag, Tel. 052-74 13 63, Fax 052-74 16 49. E-mail: tz-grada-umaga@pu.tel.hr Web: www.istra.com/umag

Umag (Umago)

🏨 Hotels: **Kristal**, ***, 85 Zi., Obala J. B. Tita, Tel./Fax 052-70 00 00, Fax 052-70 04 99; moderner Hochbau am Ende der Altstadt-Halbinsel an der Uferpromenade, Restaurant, Parkmöglichkeit.

Hotels

ROUTE 1: DURCH SLOWENIEN NACH UMAG, ISTRIEN

Umag (Umago) Hotels

Adriatic, **, 145 Zi., Jadranska 66, Tel. 052-74 16 44, Fax 052-74 14 70, zeitgemäßes Ferienhotel an der Nordseite der Hafenbucht von Umag, Restaurant, Parkplatz, Nachtbar, Hallenbad, Sauna, Strand. – Und andere Hotels.

Camping

Savudrija

▲ – **Camping Kanegra Naturist (FKK)**, Tel. 052-73 21 86, Fax 052-73 22 12, www.istra.com/istraturist; Mitte Apr. – 30. Sept.; beschilderter Abzweig von der Küstenstraße 7 km südöstlich von Savudrija; an felsigen Buchten gelegenes, steiniges Gelände mit Pinienwald; ca. 3 ha – 150 Stpl. + Dau.; gute Standardausstattung. Supermarkt, Restaurants, Tennis, Wassersport, Ver- u. Entsorgungseinrichtung für Wohnmobile. Angeschlossen eine ausgedehnte Mietbungalowsiedlung.

– **Camping Pineta**, Tel. 052-75 95 18, Fax 052-7595 26, www.istra.com/istraturist; Ende Apr. – 30. Sept.; zwischen Savudrija und Meer rund 9 km nördlich von Umag gelegen; sehr weitläufiges Pinienwaldgelände an langer Felsküste, im Sommer häufig überlaufen; ca. 17 ha – 200 Stpl. + ca. 300 Dau.; einfache Standardausstattung; Laden, Restaurant, Fahrradverleih, Tennis. Bungalowdorf angeschlossen. Ver- u. Entsorgungseinrichtung für Wohnmobile.

Umag

▲ – **Stellplatzmöglichkeit** – Bei unserem jüngsten Besuch wies ein Schild auf dem Parkplatz am Hafen nördlich der Altstadt von Umag darauf hin, dass das Parken von Wohnmobilen dort auf einem Teil des Platzes von 21 Uhr bis 6 Uhr erlaubt ist. Änderung möglich.

– **Camping Stella-Maris**, Tel. 052-71 09 00, Fax 052-71 09 09, www.istra.com/istraturist; Mitte Apr. – Mitte Okt.; an der Küstenstraße ca. 2 km nördlich Umag; weitläufiges Gelände, teils im Pinienwald nahe dem Meer mit Felsküste; der Platz ist Teil eines riesigen Ferien- und Appartementhauszentrums, dort gibt es Restaurant, Schwimmbad, Fahrradverleih, Kinderspielplatz, Animationsveranstaltungen, 18 Tennisplätze und Freizeiteinrichtungen, die von den Campern mit benutzt werden können; ca. 6 ha – 500 Stpl. davon rund 50% Dauercamper. Ver- u. Entsorgungseinrichtung für Wohnmobile.

– **Camping Finida**, Tel. 052-75 62 96, Fax 052-75 62 95, www.istra.com/istraturist; Mitte Apr. – 30. Sept.; an der Küstenstraße ca. 6 km südlich Umag; fast ebenes Gelände mit Erdstraßen, mit Waldanteil am Meer, Felsküste; ca. 3,5 ha – 200 Stpl. + 200 Dau.; gute Standardausstattung; Laden, Restaurant, Fahrradverleih, Ver- u. Entsorgungseinrichtung für Wohnmobile.

– **Camping Ladin Gaj**, teils Textil, teils FKK; Tel. 052-75 63 03, Fax 052-75 62 30, www.istra.com/istraturist; Anf. Apr. – 30. Sept.; 8 km südlich Umag zwischen Küstenstraße und Meer; eine der größten Campinganlagen in Istrien, riesiges, bis auf ein kleines Laubwäldchen an der Straße nahezu schattenloses, leicht zum Meer geneigtes Wiesengelände mit mehreren zeitgemäßen Sanitärgebäuden. Moderner Versorgungstrakt im Eingangsbereich. Kilometerlanger Küstenanteil, meist felsig, kleine Bootsmole mit betonierten Liegeflächen; ca. 127 ha – 1.500 Stpl. + ca. 400 Dau.; gute Standardausstattung. Supermarkt, zwei Restaurants, Tennis, Sportzentrum, Fahrradverleih. Ver- u. Entsorgungseinrichtung für Wohnmobile.

Ausflüge ab Umag

Ausflüge bieten sich an zum 13 km entfernten **Buje**, dann ins 20 km entfernte, sehenswerte Künstlerdomizil **Grožnjan** oder ins 40 km entfernte **Motovun**.

ROUTE 2: UMAG – ROVINJ

2. UMAG – ROVINJ

⦿ **Entfernung:** Rund 75 km, mit Alternativroute ca. 140 km.

→ **Strecke:** Küstenstraße über **Novigrad**, **Poreč** und **Vrsar** nach **Rovinj**.

⤴ **Alternativroute** ins Hinterland (Seite 34).

🕒 **Reisedauer:** Mindestens ein Tag.

⌘ **Höhepunkte:** Das Hafenstädtchen **Novigrad** * – der alte Stadtkern von **Poreč** * – die **Tropfsteinhöhle Baredine** ** – der **Blick auf die Küste** ** von Vrsar aus – das Stadtbild und die Lage von **Rovinj** ***.

→ **Route:** 15 km südlich von Umag erreichen wir auf der recht schmalen Küstenstraße Novigrad (Cittanova). ●

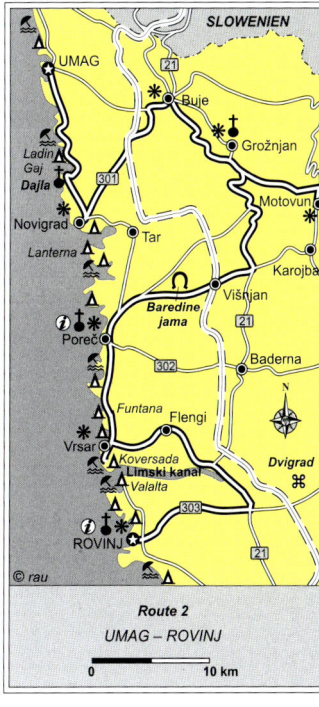

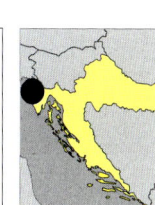

Route 2
UMAG – ROVINJ

Novigrad (Cittanova), das antike *Eumonia*, liegt auf einer Halbinsel an der Mündung des Flusses Mirna. Griechische Seefahrer errichteten auf einer Insel an der geschützten Hafenbucht eine erste kleine Handelskolonie, die von den Römern später ausgebaut und befestigt wurde.

Bereits im frühen 6. Jh. wurde Novigrad Bischofssitz. Dieses Privileg sollte die Stadt mehr als 1.300 Jahre bis 1831 behalten. Erst im 18. Jh. wurde die Insel, auf der die Stadt liegt, mit dem Festland verbunden.

Parkplätze findet man an der Promenade des hübschen Hafens von Novigrad.

Ein kurzer Bummel durch die Gassen der Innenstadt bis zur markanten Pfarrkirche am Westende der Halbinsel, die dort durch einen kleinen Park abgeschlossen wird, lohnt allemal. Dort findet man auch das Hotel Laguna.

Die Pfarrkirche, die auf einer frühchristlichen Basilika mit romanischer Krypta basiert und später im Barockstil umgebaut wurde, hat gleich drei Kirchenpatrone. Sie ist der hl. Maria und den Heiligen Maximilian und Pelagus geweiht.

Im Ortskern, der teilweise noch mit einer zinnenbewehrten Stadtmauer umgeben ist, findet man Gebäude im Stil der venezianischen Gotik wie die Reste einer Loggia oder den ehemaligen Palast Urizzi, des Barocks und der Renaissance.

Novigrad (Cittanova)

Praktische Hinweise – Novigrad (Cittanova)

Hotels

📞 **Turistička zajednica,** Porporella 1, 52466 Novigrad, Tel. 052-75 70 75, e-mail: tz-novigrad@pu.tel.hr

🏨 Hotels: **Cittar,** **, 14 Zi., Prolaz Vencija, Tel. 052-75 72 29, Fax 052-75 77 37, einladendes Haus unmittelbar hinter der Stadtmauer am Hafen, Restaurant, Parkmöglichkeit.
Emonia, *, 23 Zi., Mandrač, Tel. 052-57 71 60, Fax 052-75 73 14, geöffnet Ende März bis Ende Okt.; angenehmes Haus unmittelbar am betriebsamen Yachthafen am Rande der Altstadt gelegen, Parkmöglichkeit.
Rotonda, **, 35 Zi., Rotonda 8, Tel. 052-75 77 36, Fax 052-75 74 68; komfortables Stadthotel an der Uferpromenade am Westrand neben dem Stadtpark; Terrasse am Meer, Schwimmbad, Sauna, Restaurant, Parkplatz. – Und andere Hotels.

Camping

▲ – **Camping Mareda,** Tel. 052-73 52 91, Fax 052-73 50 35, www.istra.com/laguna-novigrad; Ende Apr. – 30. Sept.; Abzweig von der Küstenstraße bei Dajla; weitläufiges, steiniges Waldgelände mit Wiesen am Meer, teilweise parzelliert, Felsstrand mit betonierten Liegeflächen; ca. 13 ha – 400 Stpl.+ ca. 300 Dau.; gute Standardausstattung; Laden, Restaurant, Bootsslip und Anleger. Ver- u. Entsorgungseinrichtung für Wohnmobile.
– **Camping Sirena,** Tel. 052-75 71 59, Fax 052-73 50 35, www.istra.com/laguna-novigrad; 1. Apr. – 30. Sept.; östlich von Novigrad gelegen; geneigtes Gelände im Pinienwald am Meer, zahlreiche Stellplätze auch auf schattenloser Wiese; Felsstrand; komfortabler Ferienplatz; ca. 7 ha – 400 Stpl. + zahlr. Dau.; Komfortausstattung. Laden, Restaurant; Schwimmbad, Hallenbad, Sauna, Bootsslip, Fahrradverleih. Ver- u. Entsorgungseinrichtung für Wohnmobile. – Und andere Campingplätze.

ALTERNATIVROUTE INS HINTERLAND

Bei ausreichend zur Verfügung stehender Zeit lohnt ein kleiner Umweg und Abstecher ins Hinterland der istrischen Küste.

↪ **Alternativroute:** Von Novigrad auf der Straße 301 nach Nordosten. Schon nach 15 km kommt man nach **Buje (Buie)** an der Hauptstraße 21/E751 nach Pula. ●

Buje ist ein sehr malerisch auf einem Hügel gelegener Ort. Nicht auf der Hauptstraße 21, sondern über Landstraßen fahren wir weiter östlich über Triban (Tribano) nach Südosten ins rund 12 km entfernte sehenswerte Künstlerdomizil **Grožnjan (Grisignano).** Ein Spaziergang durch das lange vom Verfall bedrohte Städtchen lohnt. Immer wieder werden Sie auf Ateliers und Galerien von Malern und Bildhauern stoßen. Vor allem in der Zeit um 1965, als sich der Bild-

ROUTE 2: UMAG – ROVINJ

hauer Aleksandar Rukavina mit seiner Schule in Grožnjan niederließ, folgten viele Künstler seinem Beispiel. Und im Jahre 1969 verlegte die Kroatische Sommerschule für Musik ihren Sitz nach Grožnjan. Diese Wiederbelebung bewahrte den Ort letztendlich vor dem endgültigen Verfall.

Zu den eher bescheidenen Sehenswürdigkeiten des hübschen Ortes zählt die **Stadtloggia** mit dem Marktspeicher am Stadttor, der Barockpalast Spinotti Morteani und schließlich die **Festung**. Das Stadtbild wird aber beherrscht von den Türmen der **St. Vitus Kirche** mit sehenswertem Chorgestühl.

↪ **Alternativroute:** 4 km südlich von **Grožnjan (Grisignano)** stößt man wieder auf die Hauptstraße 21/E751 und zweigt unmittelbar danach ostwärts ab auf die Straße 44. Nach 8 km kommt man zum Abzweig nach **Motovun**, das kaum 2 km weiter südlich liegt. •

Motovun, ein mittelalterliches Städtchen in aussichtsreicher Lage, liegt wie viele Orte im Hinterland der istrischen Halbinsel hübsch auf einem Hügel, dessen Anhöhe bis vor noch nicht allzu langer Zeit über einen Treppenweg mit 1.053 Stufen zu erreichen war. In alten Legenden ist Motovun die Stadt des legendären Riesen Veli Joze. Im historischen Zentrum mit Kirchen, Rathaus und Befestigungsanlagen erinnern einige alte Stadtpaläste an die längst vergangenen Zeiten einer Feudalherrschaft.

sehenswertes Motovun

Das wohl bedeutendste Baudenkmal in Motovun ist die Renaissancekirche Sveti Stjepan, die im 17. Jh. von Venezianer Baumeistern errichtet wurde. Von dem ebenfalls aus Venedig stammenden Bildhauer Francesco Bonazzo sollen die beiden Marmorskulpturen des Hl. Stephan und des Hl. Laurentius stammen.

Der Kirchturm kann bestiegen werden. Von oben weiter, prächtiger Panoramablick.

Übernachtungsmöglichkeit bietet das einfache, preiswerte **Hotel Kaštel**, 26 Zi., trg Andrea Antića 7, Tel. 052-68 16 07, Fax 051-68 16 50, gutes Restaurant.

↪ **Alternativroute:** Von Motovun führt unser Reiseweg zurück zur Hauptstraße 21/E751. Ihr folgen wir etwa 5 km südwärts Richtung Pula. Bei Vižinada verlassen wir die Hauptstraße schon wieder und nehmen die Landstraße über **Labinći** und **Gedići** nach **Poreč**, das man nach 19 km erreicht. •

Nach etwa 13 km passiert man den Ort **Gedići**. Knapp einen Kilometer südlich des Ortes liegt bei dem Dorf **Nova Vas** die sehenswerte **Tropfsteinhöhle Baredine**. Macht man den oben geschilderten Abstecher über Buje etc. nicht, empfiehlt es sich sehr, ab Novigrad oder ab Poreč den Umweg über die Baredine Grotte zu unternehmen.

sehenswert, die Baredine Grotte **
Juli + Aug. tgl. 9.30 – 18.30 Uhr, Mai, Juni u. Sept. tgl. 10 – 17 Uhr. Apr. + Okt. tgl. 10 – 16 Uhr. Eintritt. Führungen.

Die Höhle kann auf 50 Minuten dauernden Führungen besichtigt werden. Erklärungen werden auch in Deutsch gegeben. Versehen Sie sich mit rutschfestem Schuhwerk und verstauen Sie Ihre Utensilien möglichst in einem kleinen Rucksack oder in einer Umhängetasche, damit Sie beide Hände frei haben zum Festhalten an den Seilgeländern. Wie die allermeisten Höhlen im istrischen Karst, so ist auch die Baredine Grotte eine Trichterhöhle. Das bedeutet, dass der Einstieg in die Höhle zwar über gesicherte, schmale Stahltreppen, aber steil in die Tiefe geht. In der Baredine Grotte, die 1974 geöffnet wurde und seit 1994 Besuchern zugänglich ist, steigt man über 50 m tief ins Erdinnere, bevor man die sehr schönen Stalaktiten- und Stalagmitenformationen und die wie Schleier geformten Kalksteinformationen zu Gesicht bekommt.

HAUPTROUTE

POREČ (PARENZO)

Poreč (Parenzo) gilt als das bedeutendste Touristikzentrum an der istrischen Westküste. Den sehenswerten alten Stadtkern auf einer Halbinsel mit engen, verwinkelten Gassen und einer Strandpromenade erreicht man, wenn man die ausgedehnte, vorgelagerte Neustadt durchquert.

Besuchern steht am Nordostrand der Altstadt nahe des Nordtors ein großer, gebührenpflichtiger Parkplatz zur Verfügung.

vom Fischerdorf zur hochherrschaftlichen Sommerfrische

Als Poreč 1861 istrische Hauptstadt und Sitz des von der Habsburger Donaumonarchie eingesetzten Landesparlaments wurde, begann auch die Karriere des Städtchens als Ferienort. Der österreichisch-ungarische Adel und Offizierskreise entdeckten damals Poreč als Sommerfrische. Das Renommee des Hafenstädtchens steigt beträchtlich als 1886 die Yacht „Phantasie" der österreichischen Erzherzogin Stephanie im Hafen fest macht. Schon ein Jahr später verbringen die Erzherzogin und Erzherzog Karl Ludwig einige Ferientage in Poreč. Ermuntert durch den Zuspruch der hochherrschaftlichen ersten Urlauber, entschlossen sich die Stadtoberen auf der vorgelagerten Insel Sv. Nikola das erste Strandbad zu bauen, das 1895 unter dem Namen „Bagno Partino" eröffnet wurde. Der Grundstein für die Entwicklung zum prominenten Ferienort war gelegt und wurde mit dem Bau eines Strandbades südlich von Poreč, an dem anfangs Damen und Herren noch getrennt in die Fluten stiegen, noch gefestigt.

Der steigende Zustrom von Feriengästen machte natürlich auch den Ausbau des Herbergswesens notwendig. Bis dahin gab es lediglich ein unbedeutendes Hotel und private Gästehäuser.

Eine nette Anekdote erzählt man sich über den Bau des ersten größeren Hotels in Poreč. Ein betuchter Hotelier namens F. Klein aus Opatija hatte mitbekommen, was sich in Poreč bezüglich des Fremdenverkehrs tat und entschloss sich zum Bau eines Hotels dort. Die Leute in Poreč aber, die lieber selber investieren wollten, hintertrieben listig alle Versuche des Herrn Klein, an ein Grundstück

ROUTE 2: UMAG – ROVINJ

Poreč

zu kommen. Aber Herr Klein wäre kein erfolgreicher Entrepreneur geworden, hätte er nicht einen Ausweg gefunden. Er ging nach Triest und erwarb vom Österreichischen Lloyd einen Uferzipfel am äußersten Ende der Halbinsel, auf der sich Poreč erstreckt. Dort ließ er das Meer aufschütten und gewann so eine Baufläche für sein Hotel „Riviera", das im Frühjahr 1910 rechtzeitig zu Saisonbeginn mit großem Pomp eröffnet wurde.

Heute besuchen Poreč, ein Städtchen mit kaum mehr als 17.000 Einwohnern, jährlich wieder fast eine Million Urlauber.

Als Touristenort ist Poreč ein gutes Jahrhundert alt. Die Geschichte der Stadt reicht aber über 2000 Jahre zurück. Erste Aufzeichnungen über einen kleinen Fischerhafen, sagen die Geschichtsforscher, finden sich in altgriechischen Schriften aus dem 6. vorchristlichen Jahrhundert. Eine größere Siedlung entstand dann in der Römerzeit, vornehmlich im 2. und 1. Jh. v. Chr. als Tiberius und Caligula die Kolonie *Julia Parentium* gründeten. Die Anlage des regelmäßigen Straßenrasters in der Altstadt stammt im wesentlichen aus jener Zeit.

Die Zeit des Christentums wird in Poreč mit dem Martyrium des Bischofs Mauro, der noch heute Schutzpatron der Stadt ist, eingeläutet. Im 6. Jh. wurde neben dem Versammlungsort der ersten Christengemeinde der Grundstein zu einer Basilika, der späteren Kathedrale, gelegt. Im Laufe der Zeit wurde sie um ein Baptisterium, den Glockenturm und ein Bischofspalais erweitert. Heute zählt die dem Heiligen Euphrasius geweihte Basilika zur größten Sehenswürdigkeit in Poreč, die 1997 in die UNESCO-Liste über das Weltkulturerbe aufgenommen wurde.

ROUTE 2: UMAG – ROVINJ

Poreč (Parenzo)

In der Zeit nach dem 6. Jh. sieht Istrien und damit auch Poreč viele Herren. Ostgoten unter Odoaker ziehen durchs Land, später während der Herrschaft des oströmischen Kaisers Justinian gehört Poreč zu Byzanz. Es folgen Langobarden, Franken und im ausgehenden 13. Jh. dann die Venezianer.

Nach dem Fall Venedigs kommt Istrien 1797 an Österreich. Die Herrschaft der Donaumonarchie dauert – mit Unterbrechungen während der Zeit Napoleons zwischen 1805 und 1815 – bis 1918. Danach ist Istrien bis 1943 italienisch. Es folgen zwei Jahre deutscher Besatzung bis Poreč am 30. April 1945 von Titos Partisanenarmee befreit wird.

Stadtspaziergang

Ausgangspunkt für unseren Spaziergang durch Poreč ist der große gebührenpflichtige Parkplatz am Ostrand der Altstadt. Von dort gehen wir durch die kleine **Parkanlage Olge Ban (2)** bis zur Uferpromenade Nikole Tesle, weiter am Wasser entlang und wenig später, da wo das Hafenbecken einen Knick macht, hinein in die Altstadt zum zentralen Platz der Freiheit Trg Slobode. An der Ostseite des Platzes sieht man die aus dem 18. Jh. stammende **Engelsmutter-Kirche (3)**.

Noch ein kurzes Stück weiter östlich findet man in der Straße Zagrebačka das Büro der **Touristeninformation (1)**.

alter Stadtkern von Poreč *

Vom Platz Slobode gehen wir rechts (westwärts) über die Hauptstraße Decumanus hinein in die Altstadt. Schon nach wenigen Metern sieht man am Beginn der Hauptstraße linkerhand den **Peterokutna kula (4)**, den sog. **Fünfeckigen Turm**. Er stammt aus dem 15. Jh. und bewachte bis zur Zeit der französischen Besatzung zu Beginn des 19. Jh. den östlichen Zugang zur Stadt. Oben ist an einer Seite des Turms ein Relief mit dem venezianischen Markuslöwen zu sehen.

Ein anderer mittelalterlicher Wachturm, der **Okrugla kula (5)** der sog. **Runde Turm** (Terrassencafé) liegt einen Straßenzug weiter südlich am Platz Narodni Trg, ganz in der Nähe der Hafenpromenade und des Stadttheaters, das aus dem 19. Jh. stammt.

Wir gehen weiter über die Decumanus. Haus Nr. 5 links ist ein altes venezianisches Stadtpalais, das als **Gotička kuća, Gotisches Haus (6)**, bekannt ist.

Stadtmuseum (7)
tgl. 9 – 12, 18 – 22 Uhr.

Kurz darauf passiert man das **Barockpalais Sinčić (7)**, Haus Nr. 9. Es stammt aus dem 18. Jh. und beherbergt heute das Stadtmuseum Zavičajni muzej. Das interessante Museum wurde bereits 1884 als „Heimatmuseum der Poreština" gegründet und gilt als ältestes Museum Istriens. Die Sammlungen und Ausstellungen dokumentieren Kulturepochen von der Frühzeit, über die Antike und das Mittelalter bis zur Gegenwart. Spezielle Abteilungen befassen sich mit Volkskunde oder mit der Zeit der Befreiungskriege.

Schräg gegenüber vom Stadtmuseum folgen wir der Gasse Sv Eleuterija bis zur Straße Eufrazijeva und zur **Eufrazijeva bazilika Euphrasius-Basilika (8)**, der Kathedrale von Poreč.

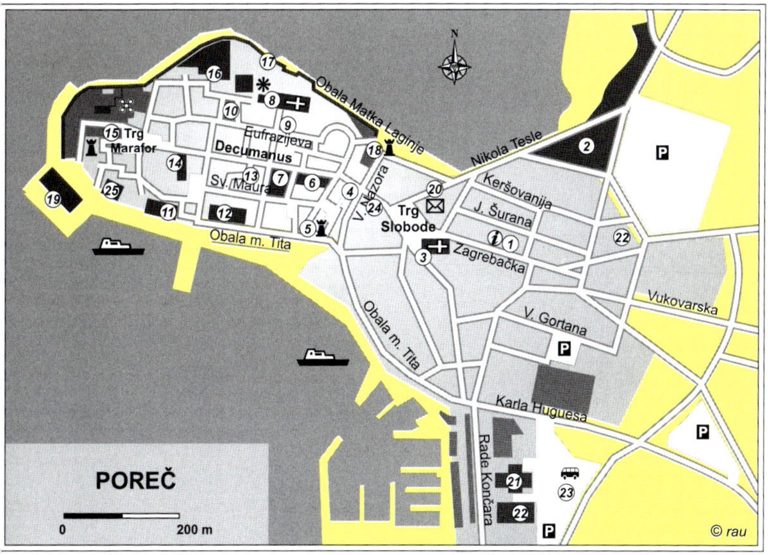

ROUTE 2: UMAG – ROVINJ

Poreč – **1** Information – **2** Olge Ban Park – **3** Engelsmutter-Kirche – **4** Fünfeckiger Turm Pete-rokutna kula – **5** Runder Turm Okrugla kula – **6** Gotisches Haus Gotička kuća – **7** Palais Sinčić, Stadtmuseum – **8** Euphrasius-Basilika, Baptisterium, Turm – **9** Kanoniker Haus – **10** Park Jurja Dobrile – **11** Hotel Parentino – **12** Hotel Neptun – **13** Haus der Zwei Heiligen – **14** Romanisches Haus – **15** ehem. Forum, Tempelreste – **16** Istrischer Landtag – **17** Stadtmauer – **18** Nordost-Turm – **19** ehem. Hotel Riviera – **20** Postamt – **21** Hotel Poreč – **22** Markt – **23** Busbahnhof – **24** Café Bar Cotton Club – **25** Hotel Jadran

Die dreischiffige Euphrasius-Basilika, deren Anfänge ins 6. Jh. zurückreichen, ist das größte und bedeutendste Kulturdenkmal aus der bewegten, über 2000-jährigen Vergangenheit der Stadt.

Schon im 3. Jh. hatte sich in Poreč eine frühchristliche Gemeinde zusammengefunden, die an der Stelle, an der sich heute die Basilika erhebt, ihre Versammlungsstätte hatte. Ihr erster Bischof war der Hl. Maurus, der unter Kaiser Valerian Mitte des 3. Jh. den Märtyrertod starb. Im Jahre 313, so die Chroniken, wurde das Versammlungshaus in eine erste Kirche umgewandelt, in die später die Reliquien des Hl. Maurus überführt wurden. Im 5. Jh. dann wurde an der selben Stelle die sog. Voreufrasianische Basilika erbaut. Von diesem Kirchenbau sind Reste herrlicher Bodenmosaiken erhalten, die heute unter dem jetzigen Kirchenboden verborgen liegen. Im 6. Jh. schließlich ließ Bischof Eufrasius „um sein Ansehen zu stärken" wie es heißt, die alte Basilika abreißen und an ihrer Stelle die dreischiffige Basilika errichten, die man heute sieht.

Beachtung verdienen die unterschiedlich gearbeiteten Kapitele der Säulen, die den Kirchenraum in drei Schiffe gliedern.

Von großer kunstgeschichtlicher Bedeutung aber sind die sehenswerten byzantinischen **Mosaiken** in der Altarapsis. Über dem

die Mosaiken in der Euphrasius-Basilika *** (8)
Basilika, tgl. 7 – 19 Uhr. Eintritt frei.
Turm tgl. 10 – 19 Uhr. Eintritt.
Museum Mai – Sept. tgl. 10 – 19 Uhr. Eintritt.

Poreč (Parenzo)
Stadtspaziergang

Triumphbogen ganz oben sieht man Christus den Erlöser in der Mitte, flankiert von jeweils 6 Aposteln.

An der Innenseite des Apsisbogens sieht man eine Reihe runder Medaillons mit Portraits der Jungfrau Maria und von Märtyrern. Das Hauptmotiv innen in der Wölbung der Halbkuppel schließlich zeigt die Muttergottes auf der Himmelssphäre sitzend mit dem Jesuskind auf dem Schoß. Rechts und links wird Maria von Erzengeln flankiert. Über dem Haupt der Maria erkennt man eine Hand, die Hand Gottes des Vaters, die Maria den Kranz ewigen Ruhmes reicht. Rechts der Muttergottes (links aus der Sicht des Betrachters) sieht man neben dem Erzengel drei Gestalten in wallenden Gewändern - ganz außen Erzdiakon Claudius (CLAVDIVS ARC), der Bruder von Bischof Eufrasius, in einer weißen Tunika, daneben sein kleiner Sohn Eufrasius, neben diesem, in der dunklen Tunika, der Erbauer der Basilika, Bischof Eufrasius, der ein Model des Kirchenbaus hält und neben ihm schließlich sieht man den Märtyrer Maurus (SCS MAVRVS), erster Bischof von Poreč.

An den Wänden der Apsis sieht man das Mosaik mit dem biblischen Motiv „Mariä Verkündigung" und „Maria bei Elisabeth".

Durch das **Atrium**, einem säulenumstandenen Vorhof an der Westfassade der Basilika, kommt man zur **Taufkapelle** oder Baptisterium. Dort führen Treppen auf den **Campanile** (Eintritt). Der Glockenturm stammt aber größtenteils aus der Zeit um 1522. Oben genießt man vom Turm einen weiten **Panoramablick** über die Stadt und die Buchten.

In einem Gebäudeteil nördlich des Atriums, dem ehemaligen Bischofssitz, ist ein Museum eingerichtet, in dem u. a. diverse Mosaiken zu sehen sind.

Am Eingangsportal zum Komplex der Euphrasius-Basilika - daneben (Eufrazijeva Nr. 22) liegt das **Kanoniker Haus (9)**, ein romanisches Gebäude aus dem 13. Jh. – halten wir uns rechts und folgen der Straße Eufrazijeva nach Westen. Schon wenig später passiert man den linkerhand gelegenen kleinen **Park Jurja Dobrile (10)**. Kurz nach dem Park gehen wir links durch die Gasse Cardo Maxima zurück zur Hauptstraße Decumanus.

Würde man geradeaus weitergehen, käme man am Park M. Gupca vorbei zum Platz Trg M. Gupca und zum Hafen. Dort liegt rechts das **Hotel Parentino (11)** und links das **Hotel Neptun (12)**.

Wer sich sehr für die alte Stadtarchitektur in Poreč interessiert, geht auf der Decumanus ein kurzes Stück zurück und rechts zum Trg Grabara. Unweit östlich des Platzes findet man in der Sv. Maura Straße das **Haus der Zwei Heiligen, Kuća Dva sveca (13)**, ein kleines einstöckiges Gebäude, das im romanischen Stil errichtet ist und aus dem 14. Jh. stammt. Seinen Namen hat das Haus von den beiden Steinreliefs mit Heiligenbildnissen an den Fenstern.

Wir gehen auf der von Besuchern immer dicht bevölkerten Hauptstraße Decumanus stadtauswärts weiter nach Westen und kommen zum **Romanička kuća**, dem **Romanischen Haus (14)**, das auf der linken (südlichen) Straßenseite liegt. Das Haus aus dem

ROUTE 2: UMAG – ROVINJ

13. Jh. fällt durch seine Freitreppe und durch seinen großen, fast um das ganze Haus laufende Holzbalkon unter dem Dach auf.

Aber auch aus der Römerzeit und später der venezianischen Epoche sind Zeugen vorhanden. So z. B. Reste eines Neptun- und Marstempels. Einige Häuser stehen noch, wie zur Römerzeit üblich, ohne Fundament unmittelbar auf dem Pflaster des Forums.

Kurz darauf endet die Hauptstraße Decumanus auf dem **Trg Marafor**. Den Platz gab es schon zu Zeiten, als sich die Römer hier niedergelassen hatten. Damals war es das **Forum Romanum (15)** und der Mittelpunkt des antiken Poreč.

Gebäude und Tempelreste aus römischen Tagen findet man noch etwas weiter westlich in einem kleinen Park. Dort sind Fragmente eines dem Meeresgott Neptun geweihten Tempels, sowie Mauerreste des sog. Großen Tempels (1. Jh.) zu sehen.

Euphrasius-Basilika, Poreč

Vom Trg Marafor gehen wir durch die Lj. Gaja nordwärts zur Uferstraße Obala Matka Laginje. Kurz vor dem Durchgang durch die Stadtmauer sieht man linkerhand das Gebäude des **Istrischen Landtages Istarska sobornica (16)**. Im 13. Jh. vom Franziskanerorden als Kirche genutzt, diente der Bau später und bis ins vergangene Jahrhundert hinein dem Landtag von Istrien als Tagungsstätte. Heute wird das Anwesen für Kunstausstellungen, Chorfestivals oder während öffentlicher Feierlichkeiten genutzt.

Die Uferstraße Obala Matka Laginje führt außerhalb der Stadtmauer zurück zur Nikole Tesle. Dort gehen wir den bekannten Weg zurück zum Parkplatz.

Bei ausreichend zur Verfügung stehender Zeit lohnt ein **Bootsausflug** ab dem Porečer Hafen zur vorgelagerten **Insel Sveti Nikola** (Hotel Fortuna).

Praktische Hinweise – Poreč

☏ Information: **Turistička zajednica**, Zagrebačka 9, 52440 Poreč, Tel. 052-45 12 93, e-mail: ticporec@hotmail.com. Web: www.istra.com/porec

Gasfüllstation Mario, Poreč-Vranići, Ročka 37 a, tgl. 8 bis 20 Uhr. Füllt auch Gasflaschen für den Campingbedarf.

Poreč

Gasfüllstation

ROUTE 2: UMAG – ROVINJ

Poreč
Feste, Folklore

❖ Feste, Folklore: **Stadtfest „Tag der Stadt Poreč"**, am 30. April.
Mavrova, am 21. November, Volksfest mit religiösem Hintergrund zu Ehren des Heiligen Mauro, dem Schutzpatron der Stadt.

Restaurants

✂ Restaurants: **Istra**, Milanovića 30, ein gemütliches Restaurant mit gutbürgerlicher Küche, das außer den üblichen Fischgrilladen und Pasta mitunter auch regionale Spezialitäten auf der Karte hat. Überdachte Terrasse.
Barilla, Eufrazijana 26, ganz in der Nähe der berühmten Basilika, mit Terrasse, italienische Küche, Pizza, Pasta etc.
Nono, Zagrbačka 4, sehr beliebte und relativ preiswerte Pizzeria. – Und andere Restaurants.

Hotels

🛏 Hotels: **Jadran**, *, 22 Zi., Obala maršala Tita, Tel. 052-43 12 36, Fax 052-43 13 51; kleines, einfaches Mittelklassehotel an der Uferpromenade an der Südseite der Altstadt gelegen, Restaurant, Parkmöglichkeit.
Neptun, **, 145 Zi., Obala maršala Tita 15, Tel. 052-45 17 11, Fax 052-43 13 51; angenehmes, komfortables Stadthotel in neuzeitlichen Gebäuden mit Mittelklassekomfort, an der Uferpromenade an der Südseite der Altstadt, einige Zimmer mit Balkon und Meerblick; Restaurant, Parkmöglichkeit.
Parentino, **, 18 Zi., Obala maršala Tita 17, Tel. 052-43 19 25, Fax 052-43 13 51; direkt an der Promenade des Porečer Hafens gelegenes, einfaches Mittelklassehotel, Grillrestaurant mit Terrasse, Café, Parkmöglichkeit.
Poreč, **, 54 Zi.; Rade Končara 1, Tel./Fax 052-45 18 11, Fax 052-45 17 30; komfortables Mittelklassehotel in einem modernen Gebäude gegenüber der Marina südöstlich der Altstadt, ganz in der Nähe liegen Busterminal, Taxistand, Supermarkt und öffentlicher Parkplatz. Restaurant, Bar, Parkplatz.
Riviera, **, 84 Zi., Tel. 052-45 14 22, Fax 052-45 13 87; einladendes, alteingesessenes Haus mit einfacherem Komfort, aber in ansprechender Lage am Ende der Altstadt, in der Nähe betonierte Liegeflächen zum Sonnen und Baden, Restaurant, Café, Grillterrasse, Bootsanleger, Parkmöglichkeit. Änderung der Funktion als Hotel möglich! – Und andere Hotels.

Camping zwischen Novigrad und Funtana

Tar - Lanterna
▲ – **Camping Lanternacamp**, Tel. 052-40 45 00, Fax 052-40 45 91, www.riviera.hr, 1. Apr. – 15. Okt.; zwischen Novigrad und Poreč beschilderter Abzweig; sehr weitläufiges, von Steineichen, Pinien und Laubbäumen bestandenes, zum Meer hin geneigtes Gelände, das sich entlang einer weiten Bucht mit Sandstrand und auf einer langen Landzunge mit Fels- und Kiesstrand erstreckt, der Untergrund der Stellplätze, die teilweise durch Hecken parzelliert sind, ist oft erdig und steinig, auf einem Platzteil gilt Hundeverbot; ca. 60 ha – 3000 Stpl., rund ein Drittel davon Dauercamper; Komfortausstattung, umfangreiches Service- und Sportangebot, Restaurants, Supermärkte, Kioske. Ver- u. Entsorgungseinrichtung für Wohnmobile.
– **FKK-Camping Solaris**, Tel. 052-40 40 00, Fax 052-40 40 91, www.riviera.hr; Anf. Apr. – Anf. Okt.; zwischen Novigrad und Poreč beschilderter Abzweig; Teil einer riesigen FKK-Ferienanlage mit Appartement- und Bungalowsiedlung; kilometerlanger Kies- und Felsstrand; ca. 65 ha – ca. 850 Stpl. + ca. 600 Dau.; gute Standardausstattung; Fahrradverleih, div. Sportmöglichkeiten. Ver- u. Entsorgungseinrichtung für Wohnmobile

Poreč
▲ – **Naturist-Center Ulika**, **FKK**, Tel. 052-63 23 25, Fax 052-43 63 52, www.plavalaguna.hr; Mitte Apr. – Anf. Okt.; 5 km nördlich Poreč; ausgedehnt, mit Busch- und Baumgruppen; langer Felsstrand; ca. 26 ha – ca. 1000 Stpl. + 120 Dau.; Standardausstattung; Sportmöglichkeiten. Ver- u. Entsorgungseinrichtung für Wohnmobile

ROUTE 2: UMAG – ROVINJ

- **Camping Zelena Laguna**, Tel. 052-41 07 00, Fax 052-41 06 01, www.plavalaguna.hr; Anf. Apr. – Mitte Okt.; 2 km südlich Poreč beschildert; von Pinienwäldern umgebenes Wiesengelände an einer Felsbucht; bei der gleichnamigen Hotelanlage; 15 ha – ca. 700 Stpl. u. 250 Dau.; Standardausstattung; div. Sportmöglichkeiten. Ver- u. Entsorgungseinrichtung für Wohnmobile.
- **Camping Bijela Uvala**, Tel. 052-41 05 01, Fax 052-41 06 00, www.plavalaguna.hr; Anf. Apr. – Mitte Okt.; 3 km südlich Poreč beschildert; unebenes Gelände mit Laubbäumen und Wiesen, teils auf Terrassen, auf einer Landzunge; 45 ha – ca. 1500 Stpl. + 400 Dau.; Standardausstattung; Fahrradverleih, div. Sportmöglichkeiten. Ver- u. Entsorgungseinrichtung für Wohnmobile.

Camping zwischen Novigrad und Funtana

Funtana

▲ – **Camping Puntica**, Tel. 052-44 52 70, Fax 052-44 52 70, www.plavalaguna.hr; Anf. Apr. – 30. Sept.; in Funtana beschildert; im Pinienwald auf einer Halbinsel, teils betonierte und gemauerte Strandflächen; 4,5 ha – ca. 130 Stpl. + 120 Dau.; Standardausstattung. Ver- u. Entsorgungseinrichtung für Wohnmobile.
– **Camping Istra Naturist Funtana**, FKK, 052-44 51 23, Fax 052-44 53 06, www.riviera.hr; Anf. Apr. – Mitte Okt.; in Funtana beschildert; riesiges Gelände auf bewaldeter Halbinsel, schön gelegen; Sand- und Felsstrand; ca. 45 ha – ca. 800 Stpl. + 220 Dau.; Komfortausstattung, Restaurants, Supermarkt; Fahrradverleih, div. Sportmöglichkeiten, Bootsslipanlage. Ver- u. Entsorgungseinrichtung für Wohnmobile.

Vrsar ist ein hübsch auf einem Hügel gelegenes Städtchen mit Hafen an der Nordseite der Einfahrt des weit ins Land reichenden Limfjords.

Parkmöglichkeiten findet man vor allem am Südrand der Stadt neben dem Busbahnhof und dem Supermarkt an der Straße zum Hafen. Am Hafen und in den Gassen dahinter findet man auch eine ganze Reihe von Restaurants.

Lange war Vrsar nicht viel mehr als ein kleines Fischerdorf mit einer Handvoll, vornehmlich aus Italien stammenden Einwohnern. Als Istrien 1943 dann zu Jugoslawien bzw. Kroatien kam, entschlossen sich viele Bewohner zurück nach Italien zu gehen. Dafür siedelten sich nun in und um Vrsar Familien aus Dalmatien vornehmlich von der Insel Brač an. Geblieben aber ist, wie in nahezu allen istrischen Küstenstädtchen, dass Italienisch für viele annähernd 2.500 Einwohner nach wie vor Alltagssprache ist.

Interessant ist die Deutung, die Heimatkundler der Herkunft des Namens „Vrsar" geben. In alten Tagen war es Brauch, dass sich die Seefahrer an den küstennahen Quellen zwischen Funtana und Vrsar mit Trinkwasser versorgten. Mit der Zeit bürgerte sich für die Gegend der Name *Ursaria, Orsaria, Vrsarium* ein. Und das alte Wort „ur", so erfährt man aus den Stadtchroniken, das in den Ortsbezeichnungen enthalten ist, bedeutet nichts anderes als „Quelle".

Funde in Höhlen an den Ufern des Limfjords belegen, dass die Gegend schon in vorgeschichtlicher Zeit besiedelt gewesen sein muss.

Interessant ist es, ein paar Worte über den geschichtlichen Werdegang Vrsars zu verlieren, da er identisch ist mit dem der meis-

43

ROUTE 2: UMAG – ROVINJ

Vrsar

ten istrischen Städte. Erste Grundsteine für eine kleine Hafen- und Handelssiedlung wurden während der Römerzeit gelegt. Im 4. nach christlichen Jahrhundert wird Vrsar zu einem frühchristlichen Zentrum und kommt, wie ganz Istrien, Mitte des 6. Jh. ans Byzantinische Reich.

Später ziehen Langobarden und Franken durch Istrien, bis Vrsar auf Geheiß von Rom dem Einflussbereich der Bischöfe von Poreč zugesprochen wird. Sie haben in Vrsar bis ins 18. Jh. das Sagen, was einen Herrn namens Giacomo Casanova aber nicht davon abhält, in Vrsar im 18. Jh. wiederholt Quartier zu nehmen. Vermutlich war der legendäre Frauenheld aus Venedig wieder einmal auf der Flucht vor Gläubigern oder rachsüchtigen Ehemännern.

Ab der zweiten Hälfte des 18. Jh. weht die Markusfahne Venedigs über dem Hafen von Vrsar, allerdings nicht sehr lange, denn schon bald wird Istrien von Österreich beherrscht. Nach dem Zusammenbruch der österreichisch-ungarischen Monarchie wird Istriens Teil des Königreichs Italien. Dies bleibt so bis Jugoslawien 1941 von deutschen Truppen und Verbänden Mussolinis besetzt wird. 1945 wird Vrsar von Partisanen befreit. Istrien schließt sich der Republik Kroatien an.

Es lohnt sich einen Spaziergang hinauf zur **St. Martinskirche** zu unternehmen. Die auf dem höchsten Punkt de Ortes gelegene Kirche entstand erst zu Beginn des 19. Jh. und konnte erst 1935 fertig gestellt werden. Der freistehende Glockenturm wurde gar erst 1991 erbaut.

Wesentlich älter ist dagegen das neben der St. Martinskirche gelegene **Kastell**. Es entstand im 12. Jh. an der Stelle einer römischen Befestigung und diente bis ins 18. Jh. den Bischöfen von Poreč als mit Türmen und Mauern befestigter Palast.

Links von der St. Martinskirche findet man einen hübschen Aussichtspunkt, der einen weiten **Blick auf die Inseln**, die Küstenlandschaft und Bootshäfen freigibt.

Ein paar Gassen weiter Richtung Hafen findet man am Südrand des Ortskerns ein altes romanisches **Stadttor** aus dem 12. Jh. und ganz in der Nähe die **Kirche des Heiligen Anton von Padua** mit kleiner Säulenvorhalle aus dem 17. Jh.

Am Westrand des Hafens trifft man auf ein interessantes Baudenkmal, die **Basilika Sv. Marija od Mora**, ein der Heiligen Maria von der See geweihtes, einfaches Kirchlein, das aus dem frühen 8. Jh. stammt und somit einer der ältesten Sakralbauten der Gegend sein dürfte.

Vrsars Skulpturenpark
tgl. a. Mo. 9 – 11, 18 – 21 Uhr.

Unweit westlich der kleinen Kirche liegt der alte **Steinbruch von Montraker**, der einstmals das Material für viele Monumentalbauten z. B. in Ravenna oder Venedig lieferte. Heute wird der Steinbruch im Sommer von Freizeitsteinmetzen wiederbelebt, wenn die alljährliche „**Internationale Sommerschule für Bildhauer**" statt findet. Wer sich für moderne Skulpturen interessiert, findet unweit

ROUTE 2: UMAG – ROVINJ

Vrsar

...ördlich von Vrsar im Ortsteil St. Valkanela einen **Skulpturenpark**. ...u sehen sind hier in erster Linie Arbeiten des kroatischen Künst...ers Dušan Džamonja. Džamonja wurde 1928 in Strumica, Mazedo...ien, geboren. Zwischen 1945 und 1951 studierte er an der Kunst...kademie in Zagreb. Heute lebt und arbeitet der Künstler in Brüs...el und in Vrsar.

Praktische Hinweise – Vrsar

Vrsar

☎ **Turistička zajednica,** R. Končara 46, 52450 Vrsar, Tel./Fax 052-44 11 87.

❖ **Feste, Märkte:** In den Monaten Mai, Juni, Juli, August und September findet jeweils an einem Tag des Monats (die Termine variieren) ein **Fischerfest** am Hafen statt.
Am 11. November feiert man den **Tag des hl. Martin**, es ist gleichzeitig das größte Stadtfest von Vrsar.

Feste, Folklore, Märkte

Restaurants: **Dvi Palme**, Dalmatinska 12, Tel. 052-44 12 03, Mittagspause 15-17 Uhr; Hausspezialitäten sind gemischte Meeresplatten, Grillgerichte und Pizzas. – Und andere Restaurants.

Restaurants

Hotels: **Panorama**, *, 151 Zi., Tel. 052-44 13 46, Fax 052-44 11 22; modernes Mittelklassehotel ca. 500 Meter südöstlich des Ortes, 100 Meter zum Fels- und Kiesstrand; Restaurant, Bar, Schwimmbad, Fahrradverleih, Tennisplatz, Parkplatz.
Pineta, **, 99 Zi., Tel. 052-44 11 31, Fax 052-44 11 22; angenehmes Mittelklassehotel neueren Stils, Zimmer mit Balkon, oberhalb des Hafens, 50 Meter vom Felsstrand entfernt gelegen; Restaurant, Hallenbad, Fahrradverleih, Tennis, Bootsverleih, Parkplatz.
– Und andere Hotels und Appartement- und Bungalowsiedlungen.

Hotels

ROUTE 2: UMAG – ROVINJ

Vrsar Camping

▲ – **Camping Turist Vrsar**, Tel. 052-44 13 30, Fax 052-44 10 10; www.riviera.hr; Anf. Apr. – ca. Mitte Okt.; nördlich Vrsar; durch öffentliches Strandbad zweigeteilt, teils in engen Terrassen in altem Steinbruch, teils au leicht abfallenden Wiesen; ca. 20 ha – ca. 650 Stpl. + 200 Dau.; Standard ausstattung. Ver- u. Entsorgungseinrichtung für Wohnmobile.
– **Camping Valkanela**, Tel. 052-44 52 16, Fax 052-44 53 94, www.anita.hr Mitte Apr. – Anf. Okt.; nördlich Vrsar; hügeliges, weites Gelände, teils terras siert, mit Laubbäumen gut schattig; langer Strand mit Sandbuchten und betonierten Flächen; ca. 40 ha – ca. 750 Stpl. + 200 Dau.; Standardausstat tung, Fahrradverleih, div. Sportmöglichkeiten. Ver- u. Entsorgungseinrichtung für Wohnmobile.
– **Camp Koversada**, **FKK**, Tel. 052-44 13 78, Fax 052-44 17 61 www.anita.hr; 15. Apr. – 15. Okt.; am südlichen Ortsrand von Vrsar beschil dert; größte (150 ha) und älteste FKK-Anlage Kroatiens mit vielfältigem Sport und Unterhaltungsangebot, teils schattenloses Wiesengelände, teils schat tig durch Niedergehölz; langer, zerklüfteter Felsstrand mit Naturstein- und Betonliegeflächen; 120 ha – ca. 1.500 Stpl. + ca. 1.000 Dau.; gute Stan dardausstattung mit Restaurants, Supermarkt; Fahrradverleih, Sportmög lichkeiten. Ver- u. Entsorgungseinrichtung für Wohnmobile.

➔ **Route:** Auf der Weiterfahrt führt die Straße nu landeinwärts und auf schöner Strecke hoch über dem türkis farbenen **Limski zaljev**, dem Limski Kanal oder Limfjor entlang. Die Gewässer des Meeresarms werden zur Austern zucht genutzt. Unten am Wasser liegt ein bekanntes Austern lokal.
Wir stoßen auf die Hauptstraße 21, folgen ihr rund 5 km, zwe gen bei **Brajkovići** westwärts ab und fahren hinaus zur Küst nach **Rovinj**. ●

Rovinjs historisches Stadtbild***

ROVINJ

Rovinj ist ein malerisches, altes Fischerstädtchen, das mit Fu und Recht als hübschestes aller istrischen Küstenstädtchen be zeichnet werden kann. Es liegt auf einer ehemaligen Insel, die ers vor rund 200 Jahre mit dem Festland verbunden wurde.

Am Nordrand der Stadt findet man unmittelbar an der Zufahrts straße größere, gebührenpflichtige Parkplatzareale am Hafen. Vo dort ist die Altstadt zu Fuß bequem zu erreichen.

Das Häuser- und Dächermeer der Altstadt, die von schmale schattenkühlen Straßenschluchten durchwoben ist, gruppiert sic malerisch um einen Hügel, der stolz überragt wird von der mächt gen Kathedrale Sveta Eufemija mit ihrem schlanken Turm auf de Hügelspitze, der genauso gut nach Venedig passen würde. Das **his torische Straßenbild** ist seit Jahrhunderten unverändert erhalte geblieben. Die oft vier und mehrstöckigen Häuserfronten am überau fotogenen Nordrand der Stadt z. B. sind bis unmittelbar ans Me gebaut. Keine Balustrade, kein Gehweg trennen die Häuser vo Wasser.

ROUTE 2: UMAG – ROVINJ

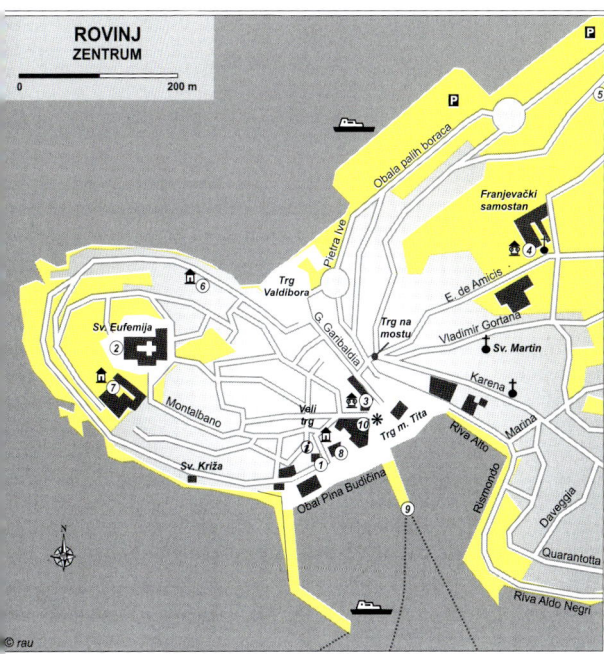

ovinj – **1** Information – **2** Kathedrale Sveta Eufemija – **3** Kulturhistorisches Museum – **4** Franziskanerkonvent, Museum – **5** Aquarium – **6** Hotel Villa Angelo d'Oro – **7** Hotel Rovinj – **8** Hotel Sol Adriatic – **9** Boote zu den Stränden und Inseln – **10** Balbi-Bogen

Sehr reizvoll ist ein **Spaziergang** durch die engen Gassen der Stadt, ab und zu unterbrochen von Treppen und kleinen Plätzen bis hinauf zur **Kathedrale Sveta Eufemija (2)**. Der imposante, das Stadtbild beherrschende venezianisch-barocke Kirchenbau mit seinem 60 m hohen, frei stehenden Campanile stammt aus dem 18. Jh. Auf der Turmspitze sieht man eine große, als Wetterfahne gestaltete Statue der Heiligen Euphemia, die den zahlreichen Seglern schon von weitem die Windrichtung signalisiert.

Im Inneren der Kirche ist in einer der Seitenkapellen der Sarkophag mit den Reliquien der Heiligen Euphemia zu sehen. Die Schutzpatronin wird von den Gläubigen hoch verehrt. Jedes Jahr am 16. September findet zu ihren Ehren eine feierliche Wallfahrt statt.

Neben der Kathedrale zählt vor allem das **Kulturgeschichtliche Museum (3)** am zentralen Platz Trg Maršala Tita zu den Sehenswürdigkeiten der Stadt. Das Museum ist in einem Barockbau im Stadtzentrum untergebracht. Neben wechselnden Ausstellungen zeitgenössischer Künstler sieht man Werke alter Meister aus der Zeit vom 15. bis zum 19. Jh., umfangreiche archäologische Sammlungen mit Funden aus der Gegend um Rovinj, darunter an-

Regionalmuseum * (3)
Sommersaison
Mo. – Sa. 9.30 – 12.30, 18 – 21.30 Uhr. Eintritt.

ROUTE 2: UMAG – ROVINJ

Rovinj

tike Gräberfunde aus Veštar und Exponate aus der verlassenen Stadt Dvigrad, weiter die Bibliothek „Stancoviciana", bestehend aus einer interessanten Sammlung von Druckraritäten aus der Zeit vor 16. bis ins 19. Jh. Breiten Raum nehmen Sammlungen zeitgenössischer kroatischer Kunst mit einer Sammlung von Werken des Malers Vilko Šeferov ein. Außerdem sieht man Trachten, Werkzeuge etc.

In unmittelbarer Nähe des Museums liegt der barocke **Balbi Bogen (10)** aus dem 17. Jh. Der Bogen mit dem venezianischen Markuslöwen über dem Portal ist nach der Familie Balbi benannt und markiert heute den wichtigsten Zugang in die malerische Altstadt von Rovinj. Früher stand an dieser Stelle das äußere Stadttor, das wichtigste von einstmals sieben Stadttoren.

Museum im Franziskanerkonvent (4)

Kunstinteressierte sollten dem **Franziskanerkonvent Franjevački samostan (4)**, das weiter nordöstlich liegt und über die Ulica de Amicis zu erreichen ist, einen Besuch abstatten. Kirche und Kloster stammen aus den Anfängen des 18. Jh. Sie wurden im barocken Stil errichtet. Zu den Sehenswürdigkeiten zählt die **Klosterbibliothek** mit kostbaren Buchraritäten sowie ein Museum mit sakralen Kunstgegenständen, Gemälden und Skulpturen. Konvent, Kirche und Ausstellungen waren zuletzt allerdings nur an Sonntagen während und nach der hl. Messe zugänglich.

Aquarium von Rovinj * (5)
Sommer tgl. 9 – 21 Uhr, Frühjahr und Herbst 10 – 17 Uhr. Eintritt.

Bei längerem Aufenthalt oder bei ausreichend zur Verfügung stehender Zeit lohnt ein Besuch im **Aquarium von Rovinj (5)** sehr. In den Bassins und Aquarien, die im traditionsreichen Zentrum für Meeresforschung des Instituts „Ruder Bošković" in der Straße Obala Giordana Paliage 5 am Nordwestrand der Stadt untergebracht ist, können Flora und Fauna der Nordadria sowie die gesamte Vielfalt der adriatischen Unterwasserwelt bestaunt werden.

Vor allem an einem schönen Abend ist ein Bummel entlang des malerischen Bootshafens an der Südseite der Stadt empfehlenswert. Hier findet man eine ganze Reihe von Restaurants und man hat von dort einen sehr schönen Blick auf die ansteigende Altstadt, die sich besonders im Nachmittagslicht als sehr fotogen erweist.

Unweit östlich des Südhafens liegt am Platz Trg na Lokvi die **Taufkirche der Hl. Dreifaltigkeit.** Der siebeneckige Bau stammt aus dem 13. Jh. und gilt als bedeutendstes Beispiel der romanischen Kirchenarchitektur in Rovinj.

Falls Sie Zeit für einen Spaziergang haben, gehen Sie vom Südhafen immer weiter am Wasser entlang nach Süden, vorbei am Anleger der Fähren zu den Inseln Crveni Otok und Sveta Katarina und dem Schwimmbad, vorbei am Hotel Sol Park und am Yachthafen bis zum **Naturpark „Zlatni rt"** (Punta Corrente), was soviel wie „Goldenes Kap" bedeutet. Die überwiegend felsige Küste ist hier mit schönen alten und exotischen Bäumen (Aleppo-Kiefern, Zedern, Zypressen etc.) bestanden, die mit dazu beitragen, dass dieses Fleckchen Erde als eines der schönsten in Istrien gilt. Hier können Sie baden, zu den vorgelagerten Klippen schwimmen oder einfach den Herrgott einen guten Mann sein lassen. Ursprünglich angelegt

Rovinjes Altstadt wird überragt vom Campanile der St. Euphemia Kirche

Das römische Amphitheater in Pula

Der Augustustempel auf dem ehem. Forum im Zentrum Pulas (rechts)

Rabac und sein Strand

Küste und Inseln vor Vrsar

mit dem Taxiboot kommt man in die schönsten Badebuchten

Hotelvilla in Opatija

malerisch, Rovinjes Altstadt

die Hafenpromenade in Rovinj (links)

die Felsenküste bei Poreč

die Fähre von Drvenik nach Sućuraj auf der Insel Hvar

ROUTE 2: UMAG – ROVINJ

Rovinj

wurde der Park übrigens Ende des 19. Jh. von Baron Hütterodt, einem Admiral aus der Zeit der Donaumonarchie, der auf der Insel Sv. Aandrija sein Schloss hatte.

In der Stadt Rovinj selbst findet man keinen Strand. Wer baden will, fährt besser mit den regelmäßig ab dem **Südhafen (9)** verkehrenden Booten auf eine der vorgelagerten Inseln, z. B. zur **Insel Sveta Katarina**, die in kaum fünf Minuten zu erreichen ist, oder zur **Insel Sv. Andrija** (Schlosshotel, ursprünglich Benediktinerabtei aus dem 6. Jh., dann ab dem 15. Jh. Franziskanerkloster, später ab dem 19. Jh. Schloss des Barons Hütterodt, heute Hotel) oder zur **Insel Maškin** mit FKK-Strand.

Mit dem Ausflugsboot zu den Badeinseln (9)

Praktische Hinweise – Rovinj

Rovinj

☎ **Turistička zajednica**, Obala Pina Budičina 12, 52210 Rovinj, Tel. 052-81 15 66. E-Mail: tzg-rovinj@pu.tel.hr.

✂ Restaurants: **Veli Jože**, Svetoga Križa 1, Tel. 052-81 63 37; am Südrand der Altstadt, ein einladendes Lokal mit guter istrischer Küche zu relativ erschwinglichen Preisen, man kann auch im Freien sitzen, eine der Spezialitäten ist z. B. Stockfisch (Kabeljau) in Weißweinsauce. – Und andere Restaurants.

Restaurants

◰ Hotels: **Villa Angelo D'Oro (6)**, ****, 24 Zi.; Via Vladimir Svalba 38 – 42, Tel. 052-84 05 02, Fax 052-84 01 12; komfortables, einladendes Haus der gehobenen Mittelklasse mit entsprechend hohen Preisen, stilvoll eingerichtet in einem ehemaligen Bischofspalais aus dem 17. Jh. am Nordrand der Altstadt, lauschiger Hotelgarten, hoteleigenes Taxiboot zu den Stränden, Sauna, Solarium, Restaurant, Parkmöglichkeit lt. Hotelangabe.

Hotels

49

ROUTE 2: UMAG – ROVINJ

Rovinj
Hotels

Hotel Sol Adriatic (8), ***, 27 Zi., trg. M. Tita, Tel. 052-81 50 88, Fax 052-81 35 73; 1912 erbautes Traditionshotel direkt im Ortszentrum am Hafen, geräumige, renovierte Zimmer; im Restaurant wird nur Frühstück serviert.
Hotel Sol Park, ***, 207 Zi., Tel. 052-81 10 77, Fax 052-81 69 77; First-classhotel am südlichen Ortsrand mit allen für einen angenehmen Aufenthalt erforderlichen Einrichtungen. Restaurant, Bar, Frei- und Hallenbad, Sauna, Fitnessraum, 300 Meter entfernter Badestrand. Parkmöglichkeit. – Und andere Hotels.

Camping

▲ – **Naturist Camping Valalta**, FKK, Tel. 052-80 48 00, Fax 052-82 10 004, www.valalta.hr; Mitte Apr. – Ende Sept.; von Rovinj rund 7 km nach Nordwesten; ausgedehntes Wiesengelände und auf Terrassen mit viel Buschwerk auf einer Halbinsel, langer Fels-, Sand- und Kiesstrand; ca. 70 ha – ca. 1.000 Stpl. + 500 Dau.; Komfortausstattung mit Restaurants, Supermarkt; Bootsslipanlage, div. Sportmöglichkeiten. Ver- u. Entsorgungseinrichtung für Wohnmobile.
– **Naturist Camping Monsena**, FKK, Tel. 052-81 30 44, Fax 052-81 33 54, www.istra.com/jadranturist; Anf. Apr. – 30. Sept.; ca. 3 km nördlich Rovinj; ebenes Wiesengelände mit lichtem Baumbestand, langer Küstenanteil mit Liegewiesen und Betonflächen sowie Bade- und Bootssteg; angeschlossene Bungalowsiedlung; 12 ha – 650 Stpl.; Standardausstattung, Sportmöglichkeiten. Ver- u. Entsorgungseinrichtung für Wohnmobile.
– **Camping Valdaliso**, Tel. 052-81 50 25, Fax 052-81 15 41, www.rovinjturist.hr; Anf. Apr. – Anf. Okt.; nördlich Rovinj in Richtung Valalta und noch 2 km; durch Hotelanlage zweigeteiltes Gelände im Pinien- und Laubwald, langer Felsküstenanteil mit einigen Betonflächen; 9 ha – ca. 300 Stpl.; Komfortausstattung mit Restaurant, Supermarkt, Bootsslipanlage, Fahrradverleih, div. Sportmöglichkeiten. Ver- u. Entsorgungseinrichtung für Wohnmobile.
– **Camping Porton Biondi**, Tel. 052-81 35 57, Fax 052-71 15 09, Mitte März – Ende Okt.; 1 km nordwestlich von Rovinj; unebener, felsiger Berghang in einem Pinienwald; 8 ha – 400 Stpl.; Standardausstattung mit Restaurant und Laden.
– **Camping Polari**, Textil und FKK, Tel. 052-80 15 01, Fax 052-81 13 95, www.istra.com/jadranturist; Mitte Apr. – 30. Sept.; 3 km südlich Rovinj; ausgedehntes Wiesengelände mit südländischer Vegetation; Felsstrand mit FKK-Teil; 60 ha – ca. 1.000 Stpl. + ca. 500 Dau.; Standardausstattung, Fahrradverleih, Sportmöglichkeiten. Ver- u. Entsorgungseinrichtung für Wohnmobile.
– **Camping Veštar**, Tel. 052-82 91 50, 052-82 91 51, www.istra.com/jadranturist; Mitte Apr. – 30. Sept.; 5 km südlich Rovinj; überwiegend naturbelassenes Wiesen- und Hügelgelände mit niederem Bewuchs; 15 ha – ca. 550 Stpl. + ca. 100 Dau.; langer Kies- und Felsstrand mit FKK-Teil; Standardausstattung mit Restaurant, Supermarkt, div. Sportmöglichkeiten, Bootsslipanlage. Ver- u. Entsorgungseinrichtung für Wohnmobile.

Rovinj

3. ROVINJ – PULA

⊙ **Entfernung:** Rund 110 km.

➔ **Strecke:** Über die Straße 303 bis **Kanfanar** – Abstecher auf Landstraßen nach **Dvigrad** – Straße 3 über **Žminj** bis **Pazin** – Straße 48 nach **Beram** und zurück nach **Pazin** und weiter bis **Gračišče** – Landstraße bis **Žminj** – Straße 3 über **Svetvinčenat** bis **Vodnjan** – Straße 21 bis **Pula**.

⇔ **Bootsausflug** zu den **Brijuni-Inseln** (Seite 63).

🕒 **Reisedauer:** Ein Tag.

⌘ **Höhepunkte:** Die **Burg in Pazin** – der **Freskenzyklus von Beram** ** – **Pula** und sein **Amphitheater** ***.

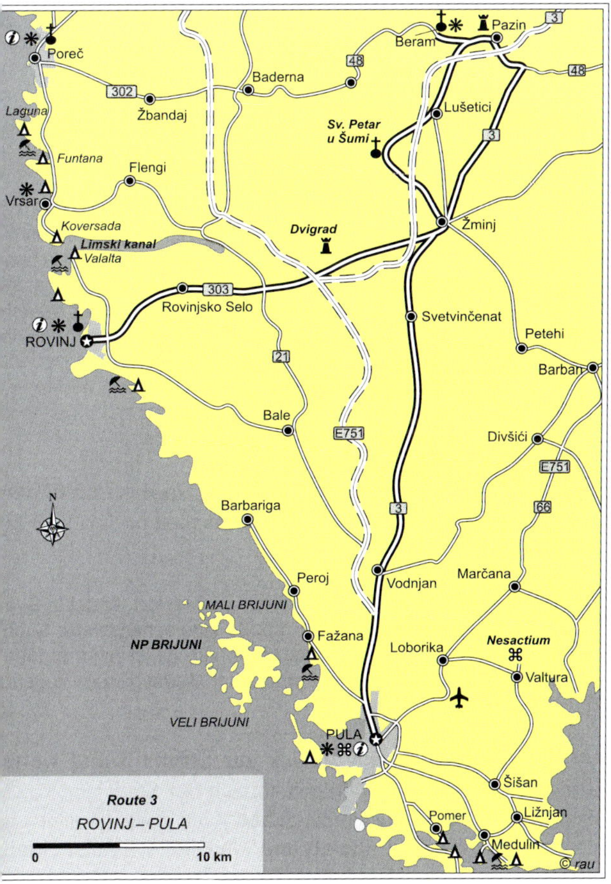

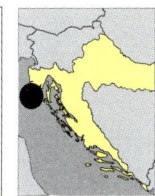

Route 3
ROVINJ – PULA

ROUTE 3: ROVINJ – PULA

→ **Route:** Weiterreise auf der Straße 3 landeinwärts Richtung Pazin. In **Kanfanar** verlassen wir die Hauptstraße und fahren rund 3 km nordwestwärts bis zum Ruinendorf **Dvigrad**. ●

In **Kanfanar**, einem kleinen Ort mit Bahnstation, wird jedes Jahr am 25. Juli, dem Tag des Hl. Jakob, das **Fest „Jakovlja"** gefeiert. Dieses Volksfest bietet dem Besucher gute Gelegenheit, noch ursprüngliche istrische Musik mit dem „Mih", einer Art Sackpfeife oder Dudelsack, und der „Roženice" zu hören. Nach alter Tradition wird anlässlich dieses Festes auch ein großer Ochsenmarkt abgehalten.

Die Reste von **Dvigrad**, die in einem abgeschiedenen Taleinschnitt liegen, werden von einer trutzigen Burgruine dominiert. Besucher konnten zuletzt noch auf eigene Gefahr um einen Teil der Mauerreste herumgehen. Ein Zugang der recht baufällig wirkenden Ruinen ist nicht möglich. Dvigrad wurde 1630 wegen einer lange währenden Pestepidemie verlassen und danach nicht wieder besiedelt. Seitdem ist der Ort dem Verfall preisgegeben.

→ **Route:** Von Dvigrad zurück bis **Kanfanar** und auf der Straße 3 nordostwärts ins 6 km entfernte Städtchen **Žminj**. ●

Žminj liegt hübsch auf einem Hügel. In Žminj wird seit über hundert Jahren schon jedes Jahr am letzten Samstag im August zu Ehren des Hl. Barholomäus das **Fest „Bartulja"** gefeiert, das von einem großen Viehmarkt begleitet wird. Bekannt ist das Fest für sein reiches Angebot an Speisen und Getränken. Berühmt berüchtigt ist die sog. „Istrische Supa", eine in der „Bukaleta", einem irdenen Trinkkrug, angesetzte Weinspezialität. Temperiertem Rotwein der Sorte Teran oder Borgonja werden Zucker, Olivenöl, Pfeffer und auf dem Holzkohlegrill stark getoastete Brotscheiben beigegeben. Löffel rein, umrühren, fertig zum Trinken und Löffeln.

→ **Route:** Ab Žminj folgen wir der nach Nordwesten führenden Straße nach **Sveti Petar u. Šumi,** das man nach rund 5 km erreicht. ●

Wer sich sehr für Kirchenarchitektur interessiert, findet in **Sveti Petar u. Šumi** unmittelbar an der Straße eine sehenswerte Kirche mit Rokokoaltar. Bei unserem Besuch konnte leider nicht ermittelt werden, ob die Kirche auch außerhalb der Gottesdienste zugänglich ist.

→ **Route:** Wir fahren zurück zur Straße 3 und weiter nordwärts bis **Pazin** und folgen südlich der Stadt der Straße 48 westwärts Richtung Poreč. Schon nach etwa 4 km zweigt man von der Hauptstraße ab und fährt auf schmaler Straße hinauf in das kleine Kirchdorf **Beram**. Noch vor dem Kirch-

ROUTE 3: ROVINJ – PULA

Platz führt am Ortsrand bei dem hohen Steinkreuz ein schmale, einspurige Straße scharf links hinab. Sie endet nach gut einem Kilometer vor der **Friedhofskirche von Beram**. ●

auch Istriens Hinterland ist eine Reise wert wie hier bei Gračišće

Die kleine, unscheinbare Friedhofskirche **Sv. Marija na Škrilinah** bei **Beram** weist in ihrem einschiffigen, bescheidenen Inneren eine Reihe ganz bemerkenswerter **Fresken** auf. Sie stammen aus der zweiten Hälfte des 15. Jh. von einem Meister namens Vincento aus Kastav. Dieser spätgotische Freskenzyklus, der zu den bedeutendsten Freskenmalereien in ganz Istrien und darüber hinaus gilt, ist der Grund für den Abstecher hierher. Die Motive und Bildfolgen zeigen Szenen eines sog. Totentanzes an der westlichen Wand im hinteren Teil des Kirchenraumes, weisen auf der einen Seite Szenen aus dem Leben Mariäs und auf der anderen Seite Bilder aus der Apostelgeschichte auf.

die Fresken in der Kirche von Beram *

→ **Route:** Zurück nach **Pazin**. ●

Pazin ist die Verwaltungshauptstadt der Region Istrien. Istriens Wappentier ist übrigens die Ziege.

Pazin, Istriens Verwaltungshauptstadt

Urkundlich erwähnt wird Pazin schon im Jahre 963 in einer Urkunde König Ottos II. Dort erscheint die Stadt als *Castrum Pisinum*.

Das für den durchreisenden Besucher Auffälligste am altertümlichen Pazin ist dessen **Kastell**, das hoch auf einem Felsstock liegt und das lange die Geschichte der Stadt bestimmte. Von hier aus wurde die Grafschaft Pazin verwaltet, die bereits 1374 von der österreichischen Dynastie der Habsburger übernommen wurde. Die stark befestigte Burg mit ungleichmäßigem Grundriss und Innen-

53

ROUTE 3: ROVINJ – PULA

hof erhielt ihr gegenwärtiges Aussehen im wesentlichen im 15. und 16. Jh. Zu Zeiten ihrer größten Ausdehnung umfasste sie ein Viereckturm, Teile der Stadtmauer, einige der umliegenden Häuser und einen halbkreisförmigen Turm mit dem Zugang zum unteren Teil der Anlage. Etwa ab dem 19. Jh. begann der Niedergang der stolzen Burg von Pazin. Bollwerke und Türme werden ganz oder teilweise abgerissen, die Burggräben zugeschüttet, größere Fensteröffnungen bringen mehr Licht in die Hallen und Säle, die Burg öffnet sich zur Stadt hin.

Nach dem Zweiten Weltkrieg wurden im Kastell das **Ethnographische Museum Istriens** und das **Museum der Stadt Pazin** eingerichtet. Bemerkenswert ist eine große Sammlung alter Kirchenglocken, die während des 1. und des 2. Weltkrieges vor dem Einschmelzen bewahrt werden konnten.

Eine weitere Sehenswürdigkeit ist ein gotisches Sanktuarium aus der Zeit um 1266 in der Pfarrkirche von Pazin.

die Grotte von Pazin diente Jules Verne als Romanvorlage

Unterhalb der Felsen, auf der sich die Festung erhebt, verschwindet das Flüsschen Pazin gurgelnd in den dunklen, geheimnisvollen Tiefen des istrischen Karsts. Es haben sich Grotten gebildet und Höhlenforscher entdeckten unterirdische Seen und Galerien. Teils fallen die Felsen hundert Meter senkrecht ab. Und bei Regen bildet sich um den Grotteneingang ein großer See. Dieses Naturphänomen steht unter Naturschutz.

Übrigens, die Stadt Pazin ist eng verbunden mit dem Schriftsteller phantastischer Romane, **Jules Verne**. Es gibt sogar einen Jules Verne Verein, der sich um die Pflege dieser einstigen Verbindung kümmert. Es heißt, Jules Verne habe sich durch die Burg und die Grotte von Pazin zu gewissen Szenen in seinem Roman „Mathias Sandorf" inspirieren lassen. Bei der Schilderung der Burg und der Grotte soll er sich an einer Fotografie, die er vom damaligen Bürgermeister von Pazin erhalten hatte, orientiert haben.

Bei ausreichend zur Verfügung stehender Zeit kann man von Pazin auf der Straße 48 ein Stück ostwärts Richtung Labin fahren. Nach ca. 3 km bietet sich Gelegenheit einen Abstecher hinauf nach **Lindar** zu unternehmen. Die sehr enge Ortsdurchfahrt endet an der schön restaurierten **Ortskirche**.

Gut 5 km weiter östlich liegt recht schön zwischen Weinfeldern der Ort **Gračišče,** dessen Silhouette von nicht weniger als vier Kirchen geprägt wird.

➔ **Route:** Der weitere Verlauf unseres Reiseweges durch Istrien führt von Pazin durch bäuerlich geprägtes Hügelland über Žminj an der Straße 3 zunächst bis Svetvinčenat. ●

beeindruckend, das Stadtschloss von Svetvinčenat

Der kleine Ort **Svetvinčenat** wird von einem gewaltigen, alles beherrschenden **Stadtschloss** dominiert. Direkt am kleinen Stadtplatz mit Postamt, Markt (Markt ist jeden zweiten Mittwoch im Monat) und Steindenkmal erheben sich die stolzen, zinnenbewehrten

54

ROUTE 3: ROVINJ – PULA

und teils schön restaurierten Ecktürme und die Schlossmauern.

Auf einem kurzen Spaziergang um das Stadtschloss hat man den beschaulichen Ort, der vom Tourismus bislang ziemlich verschont geblieben ist, seine beiden Kneipen, den Brunnen und die alten, morbiden, vermodernden Charme ausstrahlenden Stadthäuser, die an eine glanzvollere und offensichtlich längst vergangene Zeit in Svetvinčenat erinnern, auch schon gesehen.

→ **Route:** Weiterreise auf der Straße 3 südwärts bis **Vodnjan (Dignano)** und über die Straße 21 schließlich nach **Pula**, das nach rund 45 km (ab Pazin) erreicht wird.

Verzichtet man auf den Umweg über Pazin, fährt man von Rovinj nach Südosten, trifft man bei **Bale** (Reste der Stadtbefestigung, Tore und Türme, bemerkenswerte Pfarrkirche, Volksfest „Nacht von Bale" am ersten Samstag im August) auf die Hauptstraße 21 und erreicht über **Vodnjan**, einer alten Stadt, in der in früheren Zeiten die äußeren Häuserreihen die Stadtmauer ersetzten, wenig später **Pula**. ●

PULA

Pula, eine wichtige Hafen- und Industriestadt mit annährend 60.000 Einwohnern, ist heute das wirtschaftliche Zentrum und die heimliche Hauptstadt Istriens. Das war keineswegs immer so in der bewegten Vergangenheit Pulas.

Die Gründung der Stadt **Pula** verliert sich im mystischen Nebel von Sagen und Legenden. So wird in der Argonautensage über die Gründung einer Fluchtburg namens *Polai* berichtet: „Am Fluss Illyria ließen sich nieder die Ruderer zur Rast am Grabstein der weißhaarigen Schlange Harmonia ... Eine Stadt wurde gegründet, die sie in ihrer Sprache Polai nannten ...".

Die Sage erzählt vom Schiff „Argo", dessen Besatzung das legendäre Goldene Vlies geraubt hatte und auf dem Rückweg nach Kolchis verfolgt wurde. Während der Kämpfe mit den Verfolgern fiel der Sohn des Königs von Kolchis. Die Überlebenden der „Argo" befürchteten nun, dass sie bei ihrer Rückkehr in Kolchis vom König für den Tod des Prinzen verantwortlich gemacht und bestraft würden. Aus Angst vor den zu erwartenden Repressalien verzichteten die Argonauten auf die Rückkehr und ließen sich dort nieder, wo der Prinz gefallen war und gründeten die Siedlung Polai, die Keimzelle der Stadt Pula, wie kein geringerer als der große griechische Geograph Strabo (63 vor bis 26 nach Chr.) behauptet. Er meinte, dass aus jener vor etwa 3.000 Jahren gegründeten Siedlung der Hafen von Pula entstanden ist.

Bis zur Ankunft der Römer in Istrien war Pula nicht viel mehr als ein „Vorort" der nicht weit nordöstlich gelegenen antiken Stadt *Nesactium*. Zur Zeit des römischen Imperiums dann erlebte Pula, das damals als *Pietas Julia* bekannt war, eine glanzvolle Epoche.

ROUTE 3: ROVINJ – PULA

Pula

Die großen Sehenswürdigkeiten der Stadt stammen aus jener Zeit. Mit dem Untergang des Römischen Reiches verblasste auch der Stern Pulas. Die Stadt konnte weder unter byzantinischer, noch später unter fränkischer Herrschaft wieder an die goldenen Zeiten anknüpfen.

Unter der Republik Venedig sank das Ansehen und die Wirtschaftskraft der Stadt zur Bedeutungslosigkeit herab, obwohl Pula schon 1150 einen Treuepakt mit der Dogenrepublik geschlossen hatte. Darin wurden Pula aber mehr Pflichten als Rechte auferlegt, z. B. die Abgabe von Steuern, der Bau und die Ausrüstung von Schiffen und die Unterstützung Venedigs in Kriegszeiten. Schließlich besetzten venezianische Truppen Pula im Jahre 1331. Die Herrschaft der Republik Venedig sollte bis 1797 andauern. Diese Jahrhunderte prägten das Gesicht der Stadt. Auf den Resten römischer Gebäude entstanden neue Stadtbauten im Stil der jeweiligen Epoche, von der Romanik über die Gotik bis hin zur Renaissance. In jener Zeit arbeiteten und wirkten Künstler wie Michelangelo oder Dante in Pula.

Über die Jahrhunderte sah sich Pula immer wieder feindlichen Attacken ausgesetzt, Genuesen, Kroatien-Ungarn und schließlich die Truppen der Habsburger Monarchie tauchten vor ihren Mauern auf. Die Bevölkerung der Stadt litt aber nicht nur unter den Angreifern, sondern wurde im 15. und 16. Jh. auch durch Pest-, Malaria-, Typhus- und Pockenepidemien dezimiert.

Nach dem Niedergang Venedigs wurde die Istrische Halbinsel an Österreich abgetreten. Die neuen Herren walteten hier allerdings zunächst nur sechs Jahre lang. 1805 wurde Istrien nämlich als Provinz Illiricum dem napoleonischen Reich einverleibt. In Pula lebten damals wenig mehr als 1.000 Menschen.

Erst als Pula Mitte des 19. Jh. Hauptkriegshafen des Habsburger Kaiserreiches wurde, erlebte die Stadt eine neue Blütezeit. Innerhalb von nur 50 Jahren stieg die Einwohnerzahl auf weit über 40.000. Unter dem Habsburger Protektorat – in Pula war damals Deutsch Amtssprache, Umgangssprache aber blieb nach wie vor Italienisch – wurde aus dem verschlafenen Küstennest eine aufblühende, wohlhabende Hafenstadt.

Während des Zweiten Weltkrieges tat sich Pula als anitfaschistische Hochburg hervor. Und nach dem Partisanen- und Widerstandskampf gegen die deutschen Besatzungstruppen kam Pula unter Anglo-Amerikanische Verwaltung und 1947 endlich an Kroatien.

Übrigens: Der irische Schriftsteller *James Joyce* (Roman „Ulysses", 1922) lebte von 1904 bis 1905 in Pula und verdiente dort seinen Unterhalt mit Englischunterricht.

Sehenswertes in Pula

Amphitheater ** (2)

Größte Sehenswürdigkeit ist das römische **Amphitheater (2)** im nördlichen Stadtbereich, das man bei der Einfahrt in die Stadt linkerhand, ganz in der Nähe des Hafens, liegen sieht. Es gibt gebührenpflichtige **Straßenparkplätze** an den Zufahrtsstraßen zum Amphitheater und unterhalb davon.

ROUTE 3: ROVINJ – PULA

Pulas imposantes Amphitheater

Begonnen wurde mit dem Bau des römischen Amphitheaters von Pula im 1. Jh. unter Kaiser Vespasian. Es entstand eine 132,5 m lange, 105 m breite und bis 30 m hohe ellipsenförmige Arena. Sie war neben dem Kolosseum in Rom, das zur gleichen Zeit entstand, die bedeutendste **Gladiatorenkampfbahn** der damaligen Zeit. Bis zu 23.000 Zuschauer, die teilweise unter riesigen Sonnensegeln, velum genannt, saßen, für deren Bedienung eigens eine Mannschaft von sog. Arenamatrosen, den *classiarii*, zuständig war, fanden auf den steil ansteigenden Rängen Platz. Viele der Sitzplätze waren von reichen Römern fest abonniert und mit ihren in den Stein gemeißelten Initialen versehen. Der Platz des gemeinen Volkes war ganz oben in der um die ganze Arena verlaufende Bogengalerie, die von außen durch die rechteckigen Fenster erkenntlich ist.

Zentrum des Amphitheaters war die Arena. Sie maß rund 68 m in der Längs- und etwa 42 m in der Querachse, war durch eine drei Meter hohe Mauer und einen 1,16 m breiten Gang von den Zuschauerrängen getrennt und mit Sand gefüllt.

Die Arena war der zentrale Kampfplatz der Gladiatoren, die durch große Tore an den langen Enden des Ovals einmarschierten. Durch diese Tore wurden auch die wilden Tiere (Löwen, Tiger, Stiere, Bären, Panther) in die Arena getrieben, gegen die die Gladiatoren zu kämpfen hatten. Aber auch Verbrecher und Christen wurden völlig unbewaffnet mit den Bestien konfrontiert, was das sichere Todesurteil für die Verurteilten bedeutete. Eine andere Volksbelustigung in den Arenen der damaligen Zeit war der Kampf wilder Tiere gegeneinander.

Der Name Gladiator leitet sich übrigens ab von dem römischen Kurzschwert, dem *gladius*, mit dem die Gladiatoren bewaffnet wa-

ROUTE 3: ROVINJ – PULA

> **Gladiatorenspiele**, riesige Spektakel und ein Staatsmonopol, zu denen die Zuschauer nicht nur aus der Stadt, sondern auch von weit her kamen und die gewöhnlich zu Triumphfeiern oder zu Ehren des Imperators abgehalten wurden, begannen immer mit einem Wagenrennen. Danach signalisierten Fanfarenstöße den Beginn der blutigen Kämpfe – Gladiatoren einzeln oder in Gruppen gegeneinander, Gladiatoren gegen wilde Tiere, Tiere gegen Tiere, unbewaffnete Christen oder Verbrecher gegen Tiere. Verwundete Gladiatoren konnten den Kaiser oder die Zuschauer um Begnadigung bitten, die mit Handzeichen Daumen nach oben gewährt oder, Daumen nach unten – man hat die Bilder einschlägiger Monumentalstreifen aus Hollywood vor Augen – verweigert wurden. Ob ein toter Gladiator auch wirklich tot war, wurde mit glühenden Eisen überprüft. Gladiatorenkämpfe wurden bis ins 5. nachchristliche Jahrhundert durchgeführt. Erst 404 wurden sie durch ein Dekret von Kaiser Honorius endgültig verboten.

ren. Gladiatoren waren meist gefangen genommene Krieger fremder Heere, aber auch Verbrecher oder Aufständische, die nicht römische Bürger waren. Einer der legendärsten rebellischen Gladiatoren ist Spartakus, der 79. v. Chr. einen gewaltigen Aufstand anführte, den Rom nur mit größter Mühe und brachialer Gewalt beenden konnte. 70.000 Sklaven und Arme hatten sich damals Spartakus angeschlossen.

In späteren Jahrhunderten diente das Amphitheater von Pula als Steinbruch willkommen, weil fertig behauenem Baumaterials. Endlich wurde den Stadtoberen von Pula dieses Treiben zu dumm. Ausgangs des 13. Jh. stellte man das entfernen von Steinen aus dem Amphitheater unter Strafe. Später hatten sich die Venezianer gar in den Kopf gesetzt, das Monument Stein für Stein abzutragen und in ihrer Heimat wieder aufzubauen. Dass der ernsthaft beschlossene Plan der Venezianer nicht durchgeführt wurde, ist einem Senator namens Gabriele Emo zu verdanken, der seiner offenbar nicht geringen Einfluss geltend machte und den Beschluss wieder zu Fall brachte. Die Bürger von Pula dankten es ihm mit einer Gedenktafel, die man oben am nordwestlichen Turm noch sieht. Die lateinische Inschrift auf der Tafel lautet: „Die ganze Bevölkerung von Pula dankt Gabriele Emo, dem Sohn von Peter, dem berühmten und erhabenen venezianischen Senator, für das ewige Bestehen des altstädtischen Amphitheater-Denkmals, 1587".

Heute dient die erstaunlich gut erhaltene Ruine des imposanten Amphitheaters mit immer noch 5.000 Sitzplätzen als Kulisse für das alljährliche Filmfestival und für Konzerte.

In unterirdischen Gewölben und Katakomben unter dem Theater befindet sich ein **Museum** über die Wein- und Ölproduktion zu Römerzeit.

Pula Stadtspaziergang

Man kann nun weiterfahren zum Parkplatz am Südwestrand der Innenstadt, oder vom Amphitheater aus zu einem etwas längeren Stadtspaziergang starten.

58

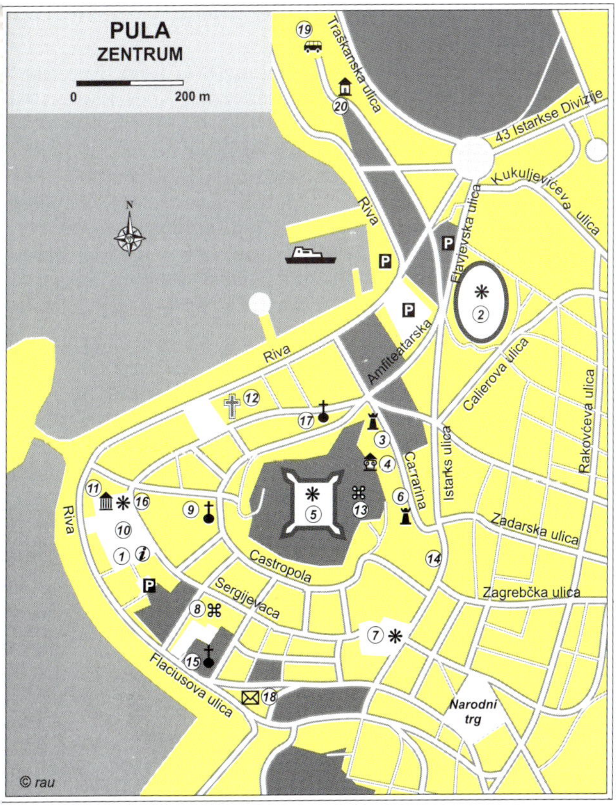

ROUTE 3: ROVINJ – PULA

PULA ZENTRUM

PULA

1 Information
2 Amphitheater
3 röm. Stadttor Porta Gemina
4 Archäol. Museum
5 Festung
6 Herkulestor
7 Triumphbogen der Sergier
8 Rimski Mosaik
9 Franziskanerkirche
10 Forum
11 Augustustempel
12 Marienkathedrale
13 Kleines römisches Theater
14 Giardini Park
15 Kapelle Marije Formoze
16 Rathaus
17 Kirche Sv. Nicole
18 Postamt
19 Bahnhof
20 Hotel Riviera

Geht man vom Amphitheater über die Amfiteatarska Ulica nach Süden durch den Park Pobjede auf den alten Stadtteil zu, stößt man auf die nach links (ostwärts) abzweigende Carrarina Ulica in die wir einbiegen. Kurz darauf sieht man auf der rechten Seite das **Doppeltor Dvojna Vrata** oder **Porta Gemina (3)**, das Teil der römischen bzw. mittelalterlichen Stadtmauer war. Ein Stück der alten Stadtmauer, die, nach dem sie unnütz geworden war, zu Beginn des 19. Jh. größtenteils abgetragen wurde, ist zwischen dem Doppeltor und dem Giardini Platz noch erhalten. Einstmals führten zehn Tore in die Stadt, von denen einige auf dem Wege unseres Stadtspaziergangs liegen.

Stadtspaziergang

röm. Stadttor Porta Gemina (3)

Hinter dem Doppeltor, das aus dem 2. nachchristlichen Jahrhundert stammt, liegt das Archäologische Museum.

Das **Arheološki Muzej Istre**, das **Archäologische Museum Istriens (4)**, das im Gebäude des früheren Deutschen Gymnasiums untergebracht ist, wurde 1902 ins Leben gerufen und 1930 hierher verlegt. Ausgestellt sind in erster Linie Funde, die bei der Erforschung des Amphitheaters, des Augustustempels und des

Archäol. Museum (4)
Mo – Sa 9 – 20 Uhr, So. 10 – 15 Uhr, im Winterhalbjahr Mo – Fr 9 – 16 Uhr. Eintritt.

ROUTE 3: ROVINJ – PULA

Pula Stadtspaziergang

Forums in Pula sowie bei Ausgrabungen in Nesactium gemacht wurden.

Hinter dem Museum gelangt man durch einen Skulpturengarten zu den Resten des **Malo Rimsko Kazalište**, des „**Kleinen Römischen Theaters**" (13).

Von dort kann man hinauf zu den Festungsmauern der Zitadelle, der um 1630 zum Schutze der Stadt und des Hafens angelegten **Festung (5)** von Pula, gehen. In den Gemäuern ist das **Movijesni Muzej Istere**, das **Historische Museum Istriens**, untergebracht. Auch wenn die Exponate des Museums, das sich hauptsächlich mit der Seefahrtgeschichte der Stadt befasst, nicht sonderlich spektakulär sind, so kann der Blick auf die Stadt den Weg hierher lohnen.

Pulas Festung (5)
tgl. 9 – 19 Uhr,
Winterhalbjahr
Mo – Fr 9 – 17
Uhr. Eintritt.

Vom Kastell geht es entweder westwärts direkt hinab zum Forum oder zurück zum Doppelbogen und von dort über die Carrarina Ulica, vorbei am **Herkulova Vrate**, dem **Herkulestor (6)** und an der Parkanlage **Giardini (14)** bis zur Laginjina Ulica. Dort sieht man rechts den **Slavoluk Sergijevaca**, den **Triumphbogen der Sergier (7)**. Das monumentale Portal wurde zwischen 29 und 27 v. Chr. von Mitgliedern der Sergier-Familie zum Ruhme von drei Mitgliedern des Familienclans errichtet, der damals in Pula wichtige öffentliche Ämter innehatte. Bemerkenswert ist, dass nur die der Innenstadt zugewandte Westseite des Portals reich dekoriert ist.

Wir gehen durch den Triumphbogen, der auch als Goldenes Tor bekannt ist, hindurch und über die Haupt- und Geschäftsstraße Ulica Sergijevaca hinein in die Altstadt.

Kurz bevor man den weiten Platz des Forums erreicht, sollte man eine der Gassen links (südwärts) gehen. Nur unweit vom Parkplatz am Westrand der Innenstadt findet man dort, völlig unzureichend beschildert, in einem staubigen, unaufgeräumten Hinterhof und versteckt unter einem vergitterten Überbau das **Rimski Mozaik (8)**. Das Motiv des wunderschönen Bodenmosaiks aus Römertagen zeigt „Die Bestrafung der Dirke".

völlig versteckt, aber sehenswert, das Rimski Mozaik * (8)

Nur ein kurzes Stück weiter sieht man die kleine **Kapelle Marije Formoze (15)**. Die byzantinische Kapelle ist der bescheidene Rest eines Benediktinerklosters, das seit dem 6. Jh. lange Zeit hier existierte. Die kostbaren Mosaiken, welche die Kirche zierten, sind heute im Archäologischen Museum zu sehen.

Wir gehen zurück zur Hauptstraße Ulica Sergijevaca und links (westwärts) weiter. Schon wenig später kann man einen kurzen Abstecher zum **Franjevački Samostan**, der **Kirche des Franziskanerklosters (9)** machen, die in einer Seitenstraße unweit nördlich der Ulica Sergijevaca liegt. Beachtenswert ist das romanische **Portal** mit schöner Fensterrosette.

Franziskanerkirche (9)

Die Straße Ulica Sergijevaca endet schließlich auf dem weiten **Forum (10)**, heute Trg Republike, Platz der Republik, dem wichtigsten Stadtplatz Pulas und Zentrum der Altstadt. Dort findet man das Büro der **Touristeninformation (1)**, das **Rathaus** oder **Stadtpalast Gradska Palača (16)** mit seinen markanten Arkadenbögen und links

Forum (10)

ROUTE 3: ROVINJ – PULA

daneben den säulengeschmückten **Augustov Hram,** den römischen **Augustustempel (11),** aus dem 1. Jh. n. Chr., der zu Ehren von Kaiser Augustus errichtet worden war. Nach dem Niedergang des Römischen Imperiums, als die Verehrung der römischen Imperatoren obsolet geworden war, nutzte man den Tempel als christliches Gebetshaus. Später diente der Bau als Getreidespeicher und im 19. Jh. zeitweise als Ausstellungshalle antiker Steinmonumente. 1944 wurde der antike Tempel durch eine Bombe fast vollständig zerstört, nach dem Krieg aber wieder rekonstruiert. Heute beherbergt der Säulenbau eine kleine Ausstellung antiker Bronze- und Steinskulpturen.

Zu Römerzeit standen auf dem Forum noch zwei weitere Tempel. Einer stand mitten auf dem Forum und war Jupiter, Juno und Minerva geweiht und ist längst verschwunden. Der andere lag neben dem Augustustempel und glich diesem aufs Haar. Wahrscheinlich war dieser Tempel, von dem Reste im alten Rathaus verbaut wurden, der Göttin Diana geweiht.

der Sergiusbogen in Pula

Vom Forum kann man über die nach Nordosten weiter führende Kandlerova Ulica zurück zum Ausgangspunkt des Rundgangs am Amphitheater gehen. Unterwegs passiert man in Hafennähe die sehenswerte **Marienkathedrale (12)**. Mit dem Bau des Gotteshauses wurde schon im 4. Jh. begonnen. Sein heutiges Aussehen erhielt der Kirchenbau allerdings vornehmlich im 14. Jh. als die Bodenmosaiken geschaffen und die Fassade neu gestaltet wurde. Der frei stehende Kirchturm kam erst in der zweiten Hälfte des 17. Jh. hinzu. Zum Bau wurden Steine aus dem Amphitheater verwendet.

Kathedrale (12)

Praktische Hinweise – Pula

Pula

📞 Information: **Turistička zajednica**, Forum 3 (trg Republike), 52100 Pula, Tel. 052-21 29 87. E-Mail: tz-pula@pu.hinet.hr. Web: www.gradpula.com/tourist

Offizielle Vertretung des **Kroatischen Automobilclubs HAK**, Stigli Ceva 4, 52000 Pula, Tel./Fax 052-54 09 67.

Automobilclub

Flughafen Pula, Valtruskop polje, p. p. 89, 52100 Pula, tel. 052-55 09 00. Der Flughafen liegt rund 7 km östlich von Pula. Es bestehen Busverbindungen von und nach Pula, Fahrtdauer etwa 10 Minuten.

Flughafen

❖ Feste, Folklore: **Melodien Istriens**, Lieder- und Folklorefestival, im Juni. **Filmfestspiele** in der Arena, im Juli.

Feste, Folklore

61

ROUTE 3: ROVINJ – PULA

**Pula
Restaurants**

🍴 Restaurants: **Jupiter**, Castropola 38, Tel. 052-21 43 33; serviert werden die besten Pizzas der Stadt und leckere Nudelgerichte, täglich von 11 Uhr bis Mitternacht geöffnet.
Vela Nera, Pjescana uvala, Tel. 052-21 92 09; ausgezeichnetes Lokal mit schöner Terrasse am Meer. Die Spezialität des Hauses: Seebarsch in Salz, es werden aber auch Wildgerichte serviert. – Und andere Restaurants.

Hotels

🏨 Hotels: **Riviera**, ***, Splitska ulica 1, Tel. 052-21 11 66, 1908 erbautes, elegantes Stadthotel mit alter Tradition, mit Blick über den Hafen, geräumige Zimmer mit Bad und WC, jedoch kein TV. Schattige Terrasse. Restaurant, Bar; zum Strand ca. 2 km.
Omir, *, Dobricheva 6, tel. 052-21 81 86, am Ostrand der Altstadt nahe des Parks Giardini.
Scaletta, **, Flavijevska 26, Tel. 052-54 15 99, verkehrsgünstig am Nordrand der Innenstadt in der Nähe des Amphitheaters gelegen.
Zahlreiche weitere Ferienhotelanlagen findet man südlich der Stadt auf der **Halbinsel Verudela**.

Camping bei Pula

▲ – **Camping Stoja**, Tel. 052-38 71 44, Fax 052-38 77 48, www.arenaturist.hr; Anf. Apr. – 15. Okt.; 3 km westlich Pula; hügeliges Pinienwaldgelände auf einer Halbinsel mit kilometerlangem Felsstrand, teils Steilküste; 14 ha – ca. 900 Stpl.; Standardausstattung.
– **Camping Puntižela**, Tel. 052-51 74 90, Fax 052-51 73 99, www.puntizela.hr; Anf. Apr. – 31. Okt.; nordwestlich von Pula Richtung Fažana abzweigen; unebenes Gelände um einen bewaldeten Hügel, teils im Pinienwald, Fels- und Kiesstrand; 25 ha – ca. 400 Stpl.; Standardausstattung mit Restaurant und Laden in der Hochsaison.

Fažana, ca. 7 km nordwestlich von Pula

▲ – **Camping Bi-Village,** Tel. 052-38 07 00, Fax 052-38 07 11, www.bivillage.com; Mitte Apr. – 15. Okt.; ca. 300 m südlich Fažana an der Straße nach Pula, Campinganlage neueren Datums am Meer, weitläufiges, überwiegend naturbelassenes, durch Erdwege und größere Stellplatzfelder unterteiltes Gelände, teils noch schattenlos, teils mit dichten Baumgruppen und einzelnen Pinien bestanden, nummerierte Stellplätze, jeder Platz mit Strom- und Wasseranschluss; ca. 45 ha – ca. 1000 Stpl.; Komfortausstattung, mehrere zeitgemäße Sanitärgebäude; Supermarkt und Schwimmbad im Eingangsbereich teils im Pinienwald, Restaurant am Meer. Langer, steiniger Kiesstrand. Ver- u. Entsorgungseinrichtung für Wohnmobile.

Banjola, ca. 8 km südlich von Pula
▲ – **Camping Indije**, Tel. 052-57 30 66, Fax 052-57 32 74, www.arenaturist.hr; 9 km südöstlich von Pula Richtung Premantura, naturbelassenes Pinienwald- und Wiesengelände, teils steil abfallender, über Treppen begehbarer Felsstrand; 5 ha – 300 Stpl.; Mindestausstattung, Restaurant, Laden. Ver- u. Entsorgungseinrichtung für Wohnmobile.

Prematura, ca. 9 km südlich von Pula
▲ – **Camping Stupice**, Tel. 052-57 51 11, Fax 052-57 54 11, www.arenaturist.hr, Anf. Mai – 28. Sept.; im Ort beschildert, ausgedehntes Gelände im Pinienwald und schattenlose Wiese auf einer Halbinsel, langer Felsstrand mit Kiesbuchten; 28 ha – ca. 600 Stpl. + 380 Dau.; Mindestausstattung mit Restaurant, Laden, Mobilhomes, Bootsslipanlage, Fahrradverleih. Ver- u. Entsorgungseinrichtung für Wohnmobile.
– **Camping Tašalera**, Tel. 052-57 55 55, Fax 052-57 55 33, www.medulin.hr; 1. Apr. – 30. Sept.; geneigtes Wiesen- und Pinienwaldgelände am Meer; ca. 10 ha – 200 Stpl.; Mindestausstattung.

ROUTE 3: ROVINJ – PULA

der Augustustempel (links) und das Rathaus auf dem ehem. Forum in Pula

– **Camping Runke**, Tel. 052-57 50 22, Fax 052-57 50 22, www.arenaturist.hr, Mitte Mai – Mitte Sept.; Pinienwaldgelände am Meer; ca. 4 ha – 150 Stpl.; Mindestausstattung, zahlreiche Mietcaravans.

Pomer, ca. 7 km südöstlich Pula

▲ – **Camping Pomer**, Tel. 052-57 31 28, Fax 052-57 30 62, www.tiengoholidays.com; 15. Apr. – 30. Sept.; Terrassengelände mit Pinien und schattenlosen Flächen auf einer Halbinsel; 8 ha – 180 Stpl.; Mindestausstattung mit Restaurant, Supermarkt, Bootsslipanlage.

Medulin, ca. 11 km südöstlich Pula

▲ – **Camping Kažela**, Textil und FKK (dieser auf separatem Platzteil), Tel. 052-57 60 50, Fax 052-57 60 50, www.kampkazela.com; Ende Apr. – 30. Sept.; riesiges, nahezu schattenloses, abfallendes Wiesengelände, mit Bungalowdorf; langer Kies- und Felsstrand; ca. 100 ha – 1500 Stpl.; Standardausstattung mit Restaurant und Laden, Bootsslip, div. Sportmöglichkeiten. Ver- u. Entsorgungseinrichtung für Wohnmobile.
– **Camping Medulin**, Tel. 052-57 28 01, Fax 052-57 60 42, www.arenaturist.hr, Anf. Apr. – Anf. Okt.; ausgedehntes Pinienwaldgelände auf Insel und auf einer Halbinsel, die mit einem Damm miteinander verbunden sind, kilometerlanger, teils steiler Fels- und Kiesstrand mit Sandbuchten; ca. 25 ha – 1200 Stpl.; einfache Standardausstattung, Restaurant, Supermarkt, Bootsslip, Fahrradverleih. Ver- u. Entsorgungseinrichtung für Wohnmobile.

AUSFLUG ZUR INSEL VELI BRIJUNI

Die **Brijuni-Inseln**, in der Antike als *Pullariae* bekannt, eine Gruppe aus zwei großen, Veli Brijun und Mali Brijun, und 12 kleineren Inseln vor der Westküste Istriens nordwestlich von Pula wurden 1984 zum **Nationalpark** erklärt.

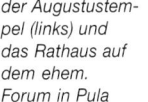

ROUTE 4: PULA – OPATIJA

Ausflug zur Insel Veli Brijuni

Bemerkenswert sind die mediterrane Vegetation, das Wildgehege und die landschaftliche Schönheit der Inseln ebenso wie die erhaltenen antiken Kulturdenkmäler in Form von Resten einer römischen Villa in der Bucht von Verige und Ruinen eines byzantischen Castrums, einer Befestigungsanlage, bis hin zum Inselmuseum mit archäologischen und kulturhistorischen Sammlungen, Kopien istrischer Freskomalereien, glagolitischen Inschriften in der Kirche St. German und eine Fotoausstellung zum Thema „J. B. Tito auf Brijuni".

Nach dem Zweiten Weltkrieg bis zu seinem Tode im Jahre 1980 hielt sich Staatspräsident Marschall Tito jedes Jahr viele Monate in seinen Sommerresidenzen – Tito hatte mehrere Villen hier – auf Veli Brijuni auf. Eine weitere Privatvilla nannte der Marschall auf der kleineren Insel Krasnića sein Eigen. Auf Brijuni empfing der Staatschef nicht nur Präsidenten und Könige aus aller Welt, sondern auch Stars aus der Filmwelt Hollywoods und Roms, wie Elizabeth Taylor und Richard Burton, Gina Lollobrigida und Sophia Loren.

Die Einrichtungen werden zwar noch heute anlässlich von Staatsbesuchen benutzt, dennoch können die Inseln, oder besser gesagt Teile davon, heute von Besucher besichtigt werden. Am besten schließt man sich einer Bootstour zu den Brijuni-Inseln an, die ab Fažana starten. Die Ausflugsboote legen auf der Hauptinsel Veli Brijuni beim Hotel Istra-Neptun an. Von dort startet eine dreistündige Rundfahrt zu den oben erwähnten Sehenswürdigkeiten.

4. PULA – OPATIJA

◉ **Entfernung:** Rund 120 km.

➔ **Strecke:** Über die Straße 66/E751 bis **Loborika** – Abstecher auf Landstraßen über **Valtura** bis **Nesactium** – Straße 66/E751 bis Abzweig nach **Labin** – Landstraße bis **Rabac** und zurück – Straße 66/E751 über **Mošćenička** und **Lovran** bis **Opatija**.

⏱ **Reisedauer:** Mindestens ein Tag.

✼ **Höhepunkte:** Das antike **Nesactium** – das Bergbaustädtchen **Labin** * und seine Lage – **Rabac** und sein Strand – das Seebad **Opatija** *.

➔ **Route:** Ab Pula auf der Straße 66/E751 nordostwärts vorbei am Flughafen von Pula, Richtung Rijeka. Nach rund 8 km verlassen wir bei **Loborika** die Hauptstraße, um auf Landstraßen ostwärts nach **Valtura** zu fahren. ●

In **Valtura** weist eine Beschilderung rechts der gelben Kirche zur archäologischen Stätte von **Nesactium**, die nur knapp zwei Ki-

ROUTE 4: PULA – OPATIJA

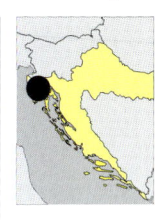

Route 4
PULA – OPATIJA
0   10 km

ometer nördlich des Ortes egt. Ihre Blütezeit erlebte die edeutende römische Siedlung Nesactium während der Regentschaft des histrischen Königs Eupulon um das zweite vorchristlichen Jahrhundert. Heute sind lediglich einige Fundamentsreste und restaurierte Grundmauern erhalten geblieben, die dem Besucher heute noch die Anlage der wichtigsten Gebäude, darunter eine Basilika und eine Taverne skizzieren.

Historikern und Archäologen war aus antiken Aufzeichnungen des römischen Historikers und Geographen Titus Livius schon lange bekannt, dass im südlichen Istrien bedeutende römische und frühchristliche Städte existiert haben mussten. Von Mutila, Faveria und eben von Nesactium war da die Rede. Nur wusste man nicht, wo man suchen sollte. Die in den alten Texten gemachten Angaben waren so allgemein, dass sie auf viele Gegenden passen.

Im Jahre 1900 schließlich begann man nördlich von Valtura mit ersten Grabungen und wurde tatsächlich fündig.

Nur um welche Stadt es sich handelte wusste man immer noch nicht. Erst als man auf einen Monumentsockel stieß, der zu Ehren von Kaiser Gordianus III. errichtet worden war, er regierte um des Jahr 238, war man sich sicher, auf das antike Nesactium gestoßen zu sein. Als letzter Beweis galt die Inschrift auf dem gefundenen Sockel, in der von der „R P NES" (res publica nesactium), der Volksgemeinschaft der Nesactianer, die Rede ist.

Bei unserem jüngsten Besuch war der Eintritt in die archäologische Stätte noch frei. Im Haus des Aufsehers auf dem Gelände ist ein kleines Museum eingerichtet, in dem einige Funde ausgestellt sind. Alle wichtigen Ausgrabungsstücke sind aber im Archäologischen Museum in Pula zu sehen. Es sind auch interessante Broschüren mit geschichtlichen Hintergründen über das antike Nesactium zu erwerben.

das römische Nesactium
tgl. 9 – 12, 16 – 20 Uhr.

ROUTE 4: PULA – OPATIJA

➔ **Route:** Zurück zur Hauptstraße 66/E751, die durch Agrarland weiter nach Norden führt. Ab **Barban** geht es in weiten Kehren hinab ins bewaldete, weite, ebene **Raša-Tal**. Rund 10 km danach bietet sich Gelegenheit, einen Abstecher ostwärts hinauf nach **Labin** und weiter zur Küste und zum Feriensträdtchen **Rabac** zu unternehmen. •

Labin war bis zur Stillegung der Minen und Gruben im Jahre 1980 ein wichtiges Bergbauzentrum. Die sehenswerte, noch von Stadtmauern bewehrte **Altstadt** erhebt sich auf einem 320 m hohen Hügel.

Labin ist ein uraltes Städtchen, das seinen Namen von einer keltisch-illyrischen Siedlung herleitet, die schon im 4. Jh. entstand und als *Albona* bekannt war. Albona bedeutet soviel wie „Stadt auf dem Hügel" oder „hohe Siedlung". Später schreibt der römische Historiker und Geograph Titus Livius, dass die Bewohner von *Albonessium* ihren Lebensunterhalt vor allem als Seeräuber bestritten hätten.

Eine wirtschaftliche Blütezeit begann für Labin und seine Bevölkerung zu Beginn des 19. Jh. als nach einem Dekret Eugen Bonapartes, seines Zeichens Vizekönig in Italien, im April 1807 die Ausfuhr von Steinkohle erlaubt wurde. Zwar waren die reichen Steinkohlevorkommen schon seit dem 17. Jh. bekannt, was durch ein Dokument belegt ist, das, vom Venezianischen Rat der Zehn 1626 ausgefertigt, einem Unternehmer namens Filippo Veranzi die Kohleförderung erlaubt. Aber erst durch Bonapartes Ausfuhrgenehmigung lebte der Bergbau richtig auf und brachte Geld in die Stadt.

Das kleine Provinzstädtchen Labin verfügte schon bald über ein eigenes Theater, über eine Musikschule, einen Lesesaal und es gab eine deutsche Schule, in der nicht nur die Sprösslinge der deutschen Bergbauingenieure Unterricht erhielten. Und seit 1836 konnte man sogar auf eine eigene Blaskapelle stolz sein. Bahn- und Straßenverbindungen wurden angelegt, um die Steinkohle über den Hafen im Mündungstrichter des Raška-Flusses verschiffen zu können. Das Geschäft blühte. Und unter den Mineneigentümern und Großaktionären tauchten Namen wie Salomon M. Rothschild, der Wiener Bankier, und später auch der Automobilkonzern FIAT auf. 1942 erreichte die Kohleförderung einen Rekordwert von 1,15 Mio. Tonnen.

Labin ist der Geburtsort von Matthias Flacius Illyrikus, einem protestantischen Kirchenhistoriker, Verfechter der Reformationsbewegung und Mitstreiter Martin Luthers. Illyrikus wurde am 3. März 1520 in Labin geboren worden, studierte in Venedig und befasst sich bald engagiert mit dem aufkommenden Protestantismus. Illyrikus studierte deshalb in Basel, Tübingen und Wittenberg weiter, wo er Martin Luther kennen lernte. Seine kämpferische Natur und seine unverhohlene Gegnerschaft zu Papst und Kaiser machten ihn zu einem bei der Obrigkeit wenig gelittenen Zeitgenossen. Illyrikus musste immer wieder ausweichen und fliehen, von Jena nach Re-

ROUTE 4: PULA – OPATIJA

lohnt einen Besuch, das Stadtmuseum in Labin

ensburg, von da nach Antwerpen und Strasbourg und schließlich ach Frankfurt am Main, wo er am 11. März 1575 starb.

Für den Besucher von Labin gestaltet sich das Parken in dem ngen Städtchen etwas schwierig. Die Altstadt ist für Autos sowieso abu. Einige wenige Parkplätze findet man am kleinen Stadtplatz itov trg am Stadttor und Zugang zur Altstadt. Ein weiterer, größeer Parkplatz findet sich am Südrand der Stadt.

Wir gehen durch besagtes Stadttor und über Treppengassen inauf in die verwinkelte **Altstadt**. Man passiert den aus dem 18. h. stammenden barocken **Adelspalast der Battiala-Lazzarini,** in em heute das **Stadtmuseum** eingerichtet ist. Ein Besuch des Mueums mit seiner umfangreichen archäologischen Abteilung und einer Ausstellung über die Epoche des 2. Weltkriegs in der Region ohnt allemal. Vor allem der Gang durch einen sehr realistisch nachebauten **Bergbaustollen** aus der Zeit der Jahrhundertwende ist echt interessant.

Labins Altstadt Stadtmuseum *
Sommer 9 – 13, 17 – 20 Uhr, Rest des Jahres 10 – 13, 16 – 18 Uhr. Eintritt.

Beachtung verdient weiter, falls geöffnet, die **Kirche Marias ieburt**. Der dreischiffige Kirchenbau stammt aus der Mitte des 14. h. An der Westfassade mit schöner Fensterrosette sieht man über em Eingangsportal den venezianischen Markuslöwen. Bei genauerem Hinsehen erkennt man, dass der Löwe einen Ball im Maul hat, in Symbol für die Anerkennung der Herrschaft Venedigs über Lain. Im Inneren der Kirche werden in einem der sechs marmornen eitenaltäre die Reliquien des Hl. Justus aufbewahrt.

Das Palais rechts der Kirche war der Stadtpalast der einflussaichen Patrizierfamilie Scampichhio.

ROUTE 4: PULA – OPATIJA

Camping bei Labin

Sveti Marina

▲ – **Camping Marina**, Tel. 052-87 90 58, Fax 052-87 90 44, www.rabac-hotels.com; 15. Apr. – 30. Sept.; rund 10 km südöstlich von Labin; weitgehend schattenloses, erhöht gelegenes Wiesenplateau in abgeschiedener ruhiger Lage auf einer Halbinsel mit zerklüftetem Felsstrand; ca. 5 ha – 250 Stpl. + Dau; einfache Standardausstattung.

Im östlichen Ortsbereich von Labin führt die Straße steil bergab ans Meer und ins rund 6 km entfernte **Rabac**. Rabac ist ein hübscher, jedoch recht beengter Ferienort, der sich – umgeben von Wohn- und Hotelbauten – eng an die Steilhänge einer Bucht schmiegt.

Camping bei Rabac

Rabac

▲ – **Camping Oliva**, Tel. 052-87 22 58, Fax 052-87 22 58, www.maslinicarabac.com, Anf. Apr. – 30. Sept.; ebenes Wiesengelände mit einigen Schattenbäumen an einer Bucht gegenüber dem kleinen Hafen; Kiesstrand; ca. 800 Stpl.; Standardausstattung.

Wer einen wirklich einsamen, ruhig gelegenen Campingplatz sucht, fährt ab Labin rund 20 km südwärts Richtung **Koromačno**. Etwa zwei Kilometer davor zweigt man in **Viškovići** rechts ab und kommt nach rund 3 km zum Campingplatz Tunarica.

Camping südöstlich von Labin

Koromačno

▲ – **Camping Tunarica**, Tel. 052-29 03 10, Fax 052-85 68 11, www.marina-tunarica; Anf. Mai – Mitte Sept.; nur zum Teil erschlossenes, unebenes Buschwaldgelände mit sehr schöner Felsbucht an einem längeren, verschwiegenen Meereseinschnitt des Raša-Fjords; ca. 200 Stpl.; Mindestausstattung mit Restaurant, Laden, Bootsslipanlage.

➔ **Route:** Weiterreise von Labin zurück zur Hauptstraße 66 E751 und weiter nordwärts über **Mošćenička Draga**, **Lovran** und **Ičići** nach **Opatija**. ●

Blick aufs Kvarner Meer

Man erreicht bei **Plomin,** einem kleinen Dorf, das sich hübsch um einen Hügel gruppiert, wieder die Küste. Die Reise führt nun hoch über dem Kvarner Meer entlang und auf sehr kurvenreicher, aber gut befahrbarer Straße Richtung Opatija. Immer wieder bieten sich von der von Zypressen gesäumten Straße schöne Ausblicke bis hinüber zur Insel Cres.

Autofähre nach Cres

Die **Autofährstation nach Porozina** auf der Insel Cres befindet sich unten in **Brestova**. Siehe nächste Etappe.

Mošćenicka Draga, Hotels

🏨 Hotels: **Mediteran,** **, 50 Zi., Trg Slobode 1, Tel. 051-73 76 22, Fax 051-73 75 38; modernes Haus am Strand gelegen. Restaurant, Café. – Und andere Hotels.

Camping

▲ – **Autocamp „I",** Tel. 051/73 75 23, Fax 051-73 73 39, www.croatia.net/autocamp-i, Anf. März – Ende Okt.; im Ortsbereich unterhalb der Küstenstraße; gestufte, ansteigende Baumwiese, ca. 2 ha – 200 Stpl. + ca. 60 Dau.

ROUTE 4: PULA – OPATIJA

Ein Halstuch erobert die Welt

Die Krawatte oder der Weg vom Söldnerkragen zum Modeartikel

Söldner früherer Tage kleideten sich offenbar weniger zweckmäßig als vielmehr schön bunt und farbig, damit im Kampfgetümmel Freund und Feind besser zu unterscheiden waren.
Kroatische Krieger des 17. Jh. z. B. trugen gerne ein buntes Halstuch. Aber wie in Militärkreisen üblich, rang- und standesgemäß und qualitativ schön unterschiedlich. Der Offizier konnte sich Seide leisten, der gemeine Soldat nur grobes Leinen. Allen gemeinsam aber war, wie sie dieses Halstuch mit einem kunstvollen Knoten banden.
Während des Dreißigjährigen Krieges war König Ludwig XIII. auf der Suche nach Verstärkung für seine Truppen. Überall in Europa warb des Königs Premierminister Kardinal Richelieu Söldner an. Unter anderen kamen über 6.000 Soldaten aus Kroatien.
Nun waren die französischen Kriegsherren nicht nur strategische Experten, sondern offenbar auch sehr modebewusst. Jedenfalls fanden sie rasch Gefallen an den schick gebundenen Halsbinden der kroatischen Soldaten und imitierten sie. Und es dauerte nicht lange, bis man nicht nur bei Hofe sondern „tout le monde" das Halstuch „á la croate" trug. Umgangssprachlich redete man bald von „la cravate". Und das ursprünglich kroatische Halstuch konnte als Modeartikel Krawatte seinen Siegeszug um die Welt beginnen.
Wie zu erfahren war, hat man auch in Kroatien selbst die nationale „Errungenschaft" wieder entdeckt und erhob besonders feine Krawattenexemplare gar zum Präsent für Staatsgäste.

einfache Standardausstattung, nebenangelegenes Hotel-Schwimmbad kann gegen Gebühr mitbenutzt werden.

Ab **Mošćenička Draga** beginnt die sog. „Riviera von Opatija", in 30 km langer, teilweise malerischer Küstenabschnitt mit reicher ubtropischer Vegetation.

Medveja

Camping

▲ – **Camping Medveja**, Tel. 051/29 11 91, Fax 051-29 24 71, www.liburnia.hr; Anf. Apr. – Mitte Okt.; im Ortsbereich; schattiges Wiesengelände in bewaldeter Talmulde, zu einer Kiesbucht über die Straße; ca. 8 ha – 320 Stpl. + 130 Dau.; Standardausstattung mit Restaurant und Laden.

Lovran ist ein Bade- und Winterkurort mit etwas verblühter Vilnpracht und zahlreichen Hotels. Der Beton-, Fels- und Kiesstrand n einer Promenade reicht fast bis Opatija.
Im alten Stadtzentrum von Lovran sind Reste einer mittelalterlichen Befestigungsmauer und die Pfarrkirche mit gotischer Decke nd einem Freskenzyklus aus dem 15. Jh. zu finden.

Ičići

Camping

▲ – **Camping Opatija**, Tel. 051/70 43 87, Fax 051-70 40 46, Anf. Apr. – Anf. Okt.; im Ortsbereich; Terrassengelände mit schönem Baumbestand,

ROUTE 4: PULA – OPATIJA

teilweise Meerblick; ca. 5 ha – 400 Stpl.; einfache Standardausstattung, Mietcaravans- und Hütten.

➔ **Route:** Über **Ika** und **Ičići** erreichen wir **Opatija**.

Opatija ist eines der ältesten und nach wie vor sehr beliebte und renommiertes Seebad an der nördlichen Adriaküste. Im Sommer platzt das hübsche Städtchen aus allen Nähten. Ihren Namen leitet die Stadt von einer dem Hl. Jakob geweihten Benediktiner Abtei ab, die 1453 erstmals urkundlich erwähnt wird.

Der Aufstieg zum Ferienzentrum begann, als sich 1844 ein wohlhabender Kaufmann aus Rijeka namens Iginio Scarpa hier für seine Frau Angiolina eine Villa bauen ließ. Das machte Schule in betuchten Kreisen. Weitere prächtige Villen und Palais entstanden, wie die Villa Esperia, Villa Madonna und andere.

Zunächst wurde Opatija wegen seines milden Klimas vornehmlich als Winterkurort geschätzt. 1884 entstand das erste Hotel. Das Kvarner, das Imperial, das Bellevue oder das Astoria entstanden, alles stattliche Nobelherbergen, die im Renaissance-Barock oder im Neoklassizistischen Stil errichtet wurden. Opatija wurde im 19. Jh. zum Stelldichein des europäischen Adels. Gäste aus dem mondänen Umfeld des Wiener Kaiserhofs machten Opatija dann zum exklusiven Seebad.

Im Goldenen Gästebuch der Stadt aus jener Epoche tauchen die Namen von gekrönten Häuptern, Künstlern und Würdenträgern aus ganz Europa auf. Kaiser Franz Josef I. von Österreich hat sich dort ebenso verewigt wie der Kronprinz Franz Ferdinand, der Erzherzog Ferdinand Maximilian, auch Kaiser Wilhelm II., die belgische Prinzessin Stephanie, König Edward von England, König Vittorio Emanuele III. von Italien, die Ballerina Isadora Duncan, der Komponist Gustav Mahler, die Schauspielerin Simon Signoret und viele andere mehr.

Mittlerweile ist der heute etwas betulich wirkende Ferienort am Fuße des bewaldeten Berges Učka (1.396 m) mit seinen schönen Parkanlagen, Luxushotels, alten Belle-Époque-Villen, Alleen und Strandpromenaden, Spielkasinos, Nachtclubs, Kabaretts, Festivals, seinen Einrichtungen für Seewasserheiltherapien und mit einer Klientel, die vornehmlich der gesetzteren Altersgruppe anzugehören scheint, aber dabei, seine einstige Exklusivität dem Massentourismus zu opfern.

Badegästen steht das öffentliche **Strandbad „Slatina"** mit großen betonierten Liegeterrassen, Restaurant, Sonnenschirm- und Liegestuhlverleih an der Uferpromenade mit mehreren großen Meerwasserschwimmbecken zur Verfügung.

Ein schöner **Promenadenweg** führt angesichts einladender Hotels und stattlicher Villen vom Strandbad weiter am Meer entlang.

Ausgedehnte Spaziergänge können Sie auf der 12 km langen **Uferpromenade Lungomare** zwischen Opatija und Lovran unternehmen.

ROUTE 4: PULA – OPATIJA

Opatijas Strandbad

Beachtung unter den zahlreichen, vielfach einen vergangenen Charme verströmenden Stadtpalais und Villen aus der großen Zeit Opatijas während der Donaumonarchie verdient z. B. die hübsche **Villa Angiolina** im Botanischen Garten oder die **Kaiservilla Amalia** daneben.

Eines der führenden Häuser am Platz ist das traditionsreiche **Hotel Kvarner,** das am 27. März 1884 erstmals öffnete und als ältestes Hotel an der Adria gilt. Und direkt am Strandbad findet man das **Hotel Mozart**, das durch seine adrette Jugendstilfassade auffällt.

Praktische Hinweise – Opatija

Opatija

📞 Information: **Turistička zajednica**, Vladimira Nazora 3, 51410 Opatija, Tel. 051-27 17 10. E-Mail: tzgr.op@ri.tel.hr. Internet: www.opatja-tourism.hr

❖ Feste, Folklore: **Festival der Unterhaltungs- und Volksmelodien**, im Juli und August.

Feste, Folklore

🍴 Restaurants: **Bevanda**, Obala M. Tita 62, Tel. 051-70 14 11, bestes Fischrestaurant der Stadt am östlichen Stadtrand gelegen, Spezialitäten des Hauses: Gegrillte Kalamares und frische Fischgerichte. – Und andere Restaurants.

Restaurants

🛏 Hotels: **Hotel Millenium**, ***, 83 Zi., M. Tita 109, Tel. 051-20 20 00, Fax 051-20 20 20; sehr komfortables Firstclass Hotel in schöner Lage direkt am Park Sv. Jakov und in unmittelbarer Nähe des öffentlichen Strandbades. Restaurant, Hallen- und Freibad, Sauna, Fitnessraum. Parkplatz, Garage.
Hotel Belvedere, **, 94 Zi., I. Kaline 7, Tel. 051-27 10 44, Fax 051-27 14 84; Mittelklassehotel direkt am Meer gelegen, nebenan das Casino Rosalia.

Hotels

ROUTE 4: PULA – OPATIJA

Opatija Hotels

Restaurant, Bar, Sommerterrasse über dem Meer, Wellnesseinrichtungen mit beheiztem Meerwasserhallenbad. Parkplatz.
 Hotel Palace-Bellevue, **, 211 Zi., M. Tita 144/146, Tel. 051-27 18 11, Fax 051-27 19 64; traditionsreiches, komfortables Haus der gehobenen Mittelklasse direkt gegenüber dem öffentlichen Strandbad. Restaurant, Café mit Terrasse, Sommer-Tanzterrasse. Hallenbad, Sauna. Begrenzte Parkmöglichkeit.
 Hotel Imperial, **, 125 Zi., M. Tita 124/3, Tel. 051-27 16 77, Fax 051-27 28 48; verkehrsgünstig direkt an der Hauptstraße und ganz in der Nähe des öffentlichen Strandbades, das alteingesessene Haus im Zuckerbäckerstil beherbergt seit 1885 Gäste, begrenzte Parkmöglichkeit. – Und andere Hotels.

Abstecher in die bewaldete Gebirgslandschaft des **Nationalparks Risnjak** siehe unter Route 13 (NP Plitvička Jezera – Zagreb) bei Rijeka.

Übrigens: Sollte es Sie in der Zeit so um Mitte Januar bis Ende Februar in die Gegend verschlagen, können Sie in den Dörfern um Kastav nordöstlich von Opatija noch einem uralten Brauch beiwohnen. In dieser Zeit nämlich ziehen die **Zvončari** durch die Straßen und treiben ihr Unwesen. Die jungen Männer der Gegend verkleiden sich dann mit Schafsfellen und furchterregenden Masken mit Hörnern in grimmige Gestalten, die ihren Schabernack mit den Leuten treiben und mit ihren umgehängten Schellen während ihrer Umzüge einen fürchterlichen Lärm vollführen. Das Ganze erinnert irgendwie an die Umzüge und an die Figuren, Hästräger und Masken unserer alemannischen Fassnacht. Der Brauch geht zurück auf ein vorchristliches Ritual, mit dem die Bauern und Landleute in freudiger Erwartung der wärmeren Jahreszeit den Winter und die bösen Geister, die in den Köpfen der Leute in langen Nächten herumspukten, austreiben wollten. Seit altersher kündigten die Zvončari eine neue, freundlichere Jahreszeit an. Auch bei den großen internationalen Karnevalsumzügen in Opatja und Rijeka nehmen Zvončari teil.

Zvončari vertreiben den Winter

in Motovun

ROUTE 5: KVARNER BUCHT

5. KVARNER BUCHT
INSELN CRES, LOŠINJ, KRK UND RAB

⊙ **Entfernung:** Rund 165 km Inseln Cres und Lošinj, 90 km Insel Krk, 25 km Insel Rab.

➔ **Strecke:** Fähre nach **Porozina/Insel Cres** – Straße 100 über **Cres** bis **Osor** – Straße 100 über **Mali Lošinj** bis **Veli Lošinj** und zurück über **Cres** bis **Merag** – Fähre nach **Valbiska/Insel Krk** – Straße 104 bis **Krk** – Straße 102 und Landstraße nach **Vrbnik** – Landstraße über **Dobrinj** bis **Rudine** und zurück bis **Punat** – Straße 102 bis **Baška** – Fähre nach **Lopar/Insel Rab**.

🕒 **Reisedauer:** Mindestens ein Tag je Insel.

✽ **Höhepunkte:** Die **Küstenlandschaften** der Inseln – die Hafenstädtchen **Mali Lošinj**, und **Veli Lošinj** – ein **Schiffsausflug** zu den Inseln Unije, Susak oder Ilovik – ein Spaziergang durch **Krk** – die **Tropfsteinhöhle „Biserujka"** – ein Ausflug zur **Insel Košljun** – der **Sandstrand von San Marino/Rab** – ein Bummel durch die **Altstadt von Rab**.

INSEL CRES

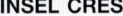

Autofähren verkehren ab **Brestova** an der istrischen Ostküste nach **Porozina** an der Nordwestseite der Insel Cres. Es gibt zwischen 6.30 Uhr und 20.30 Uhr, in der Hochsaison von 00.30 Uhr bis 22.30 Uhr stündliche Abfahrten. Die Überfahrt dauert ca. 25 Minuten.

Autofähren nach Cres

Die Straße 100, die einzige Straße von Bedeutung auf der **Insel Cres**, führt vom Fährhafen Porozina südwärts und stetig aufwärts in eine steinige und ziemlich unwegsame Landschaft, die zu nichts nutze erscheint. Unterwegs hat man weite Ausblicke auf die Gewässer der Kvarner Bucht. So z. B. nach rund 13 km vom 639 m hohen Sis aus, in der Nähe des Abzweigs der Straße nach **Beli**.

Camping bei Beli/Cres

Falls Sie hinüber fahren wollen ins malerische, aber etwas schwierig zugängliche Beli, das auf einer Anhöhe an der Nordostseite von Cres liegt, wo die Küste steil ins Meer abfällt (Camping Brajdi na Moru, 1. Apr. – 30. Sept., ca. 100 Stpl., abgeschieden, einfach), passieren Sie den Weiler **Sv. Petar**. Besonders stolz ist man dort auf eine fast 20 m hohe Eiche, die einen Stammumfang von fast einem Meter hat und deren Alter auf weit über vierhundert Jahre geschätzt wird.

Wenn man das kleine Städtchen Beli heute sieht, lässt sich nur schwer vor Augen führen, dass der Ort um das Jahr 1000 eine unabhängige Stadt war. Aber die Ursprünge des Ortes reichen weit vor die Römerzeit zurück, die die Siedlung als Caput insulae kannten, voraus später „Caisole" wurde. Der heutige Ortsname Beli aber

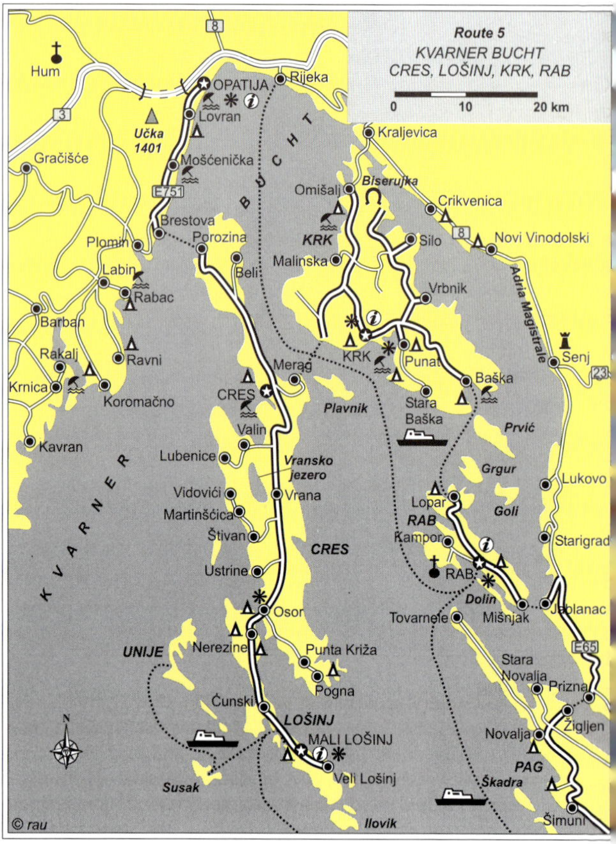

ROUTE 5: KVARNER BUCHT

Route 5
KVARNER BUCHT
CRES, LOŠINJ, KRK, RAB

ist auf den ungarischen König Bela IV. zurück zu führen, der hier vo den Tataren Schutz fand.

Beli, wo heute kaum noch 40 Menschen leben, ist Sitz des Umweltzentrums *Caput Insulae* (Ausstellung). Von hier aus beginner viele, meist recht anspruchsvolle Wanderwege durch die überaus waldreiche Landschaft von Tramuntana mit Jahrhunderte alten Laubbaumbestand.

Cres ist eine schmale, nur zwischen 2 und 12 km breite und 66 km lange Insel mit einer Fläche von fast 406 qkm, die sich in Nord-Süd-Richtung mitten in der Kvarner-Bucht erstreckt. An ihrem Süd ende schließt sich die, nur durch den engen Kvuda-Kanal getrennt noch schmälere Insel Lošinj (75 qkm) an.

Geologisch gesehen ist die Insel Cres eine Fortsetzung und Ausläufer des Učka-Gebirges. Im höher gelegenen Norden von Cres ist das zerrissene Felsterrain mit Laubwald (Eichen, Kastanienbäume, Buche) bestanden. In der Inselmitte findet man Weingärten und

ROUTE 5: KVARNER BUCHT

Olivenhaine, während der Süden mit mediterraner Macchia bewachsen ist. Dazwischen dehnen sich karge Weiden.

Die höchste Erhebung ist der 648 m hohe Gorice im Norden. Die Küste der Insel ist sehr stark gegliedert um misst insgesamt fast 250 km. Vor allem im Nordosten von Cres fällt die Küste, die den kalten Bora-Winden besonders ausgesetzt ist, recht steil zum Meer hin ab. Das Archipel Cres-Lošinj ist mit all seinen zahlreichen größeren und kleineren Inseln und Klippen die größte Inselgruppe in der Adria.

Schon in der Antike waren die Adria-Inseln in der Kvarner Bucht wichtige Anlaufpunkte der frühen Seefahrer. Damals navigierte man a ungern über offene See, sondern blieb lieber unter Land und tastete sich von Insel zu Insel weiter. Diesem Umstand verdankt z. B. Osor auf Cres seine Entstehung.

Hauptort der Insel ist das Städtchen **Cres**, zur Römerzeit als „Res Publica Crepsa" bekannt, das in einer geschützten Bucht an der Westseite der Insel liegt. Die 2000-Seelen-Gemeinde befasst sich u. a. auch mit Schiffbau, Fischerei und Seefahrt, wichtigste Einnahmequelle aber ist längst der Tourismus geworden. Der Fremdenverkehr hat lange Tradition. Schon 1845 kamen die ersten Sommergäste. Somit kann sich Cres, nach Opatija, der zweitlängsten Fremdenverkehrstradition rühmen.

Sehenswertes in Cres

Hübsch ist das Stadtinnere mit seinen drei **Stadttoren,** darunter das südliche Bragadina aus dem Jahre 1581 oder das nördliche Marcela aus dem Jahre 1588, dem befestigten, runden **Stadtturm**, dem **Rathaus** und einem **Glocken- und Uhrenturm** aus dem 18. Jh. neben der **Marienkirche** (15. Jh.).

Erwähnung verdient auch das **Stadtmuseum**, das im gotischen **Palais** der Petris-Familie aus dem 16. Jh. untergebracht und für seine wertvolle Amphorensammlung bekannt ist. Die meisten der Amphoren wurden vom Meeresgrund vor dem Kap Pernat westlich von Cres gehoben. Zudem wartet das Museum mit einem Lapidarium, mit Steininschriften, mittelalterlichen Ikonen, Schmuckgegenständen und einer Münzsammlung auf.

Das Petrispalais, bei den Einheimischen auch als Arsenal bekannt, steht auf den Mauern eines ehemaligen Zeughauses und ist das Geburtshaus des Renaissancephilosophen und Schriftstellers Franjo Petrić (Franciscus Patritius), der hier 1529 das Licht der Welt erblickte und dem die Stadt ein Denkmal gewidmet hat.

Andere bemerkenswerte Stadtpalais alter Patrizierfamilien sind das **Rodinipalais** oder das **Moisepalais**.

Weitere Sehenswürdigkeiten sind die Innenhöfe des **Franziskanerklosters** aus dem 13. Jh. mit den Grabstätten alteingesessener Creser Familien und dem ältesten bekannten Stadtwappen von Cres, das auf dem Brunnen im sog. **inneren Klosterhof** zu sehen ist. Das **Klostermuseum** zeigt eine Gemäldesammlung alter Meister.

Praktische Hinweise – Cres

Cres

☎ **Turistička Zajednica Grada Cresa**, Cons 10, 51557 Cres, Tel./Fax 051- 57 15 35, E-Mail: tzg-cresa@ri.tel.hr, Web: www.tzg-cres.hr.

75

ROUTE 5: KVARNER BUCHT

Der Herr der Lüfte über der Hochebene von Cres ist der **Gänsegeier**, in den meisten Regionen Europas schon ausgestorben, aber über Cres zieht der gewaltig große Vogel mit Flügelspannweiten bis fast drei Meter am blauen Himmel über der Adria noch seine Kreise. Die Geier, die vor allem in den Küstenklippen des nördlichen Cres, aber auch auf Krk und Prvić nisten, können im Fluge bis zu 120 Stundenkilometer schnell werden. Ihre Sehkraft ist neunmal stärker als die eines Menschen. Warum der Gänsegeier gerade auf Cres noch relativ stark vertreten ist, bringen Ornithologen in Zusammenhang mit der auf der Insel immer noch umfangreich betriebenen Schäferei. Noch heute gibt es auf Cres und Lošinj rund 30.000 Schafe! Und seit altersher ist der Geier den Hirten kein Feind, sondern ein eher gern gesehener Gast. Denn die Aasfresser sorgen für Ordnung auf den kärglichen Weiden und säubern sie von toten Tieren.

Cres
Restaurants

✂ Restaurants: **Konoba Bonifačić**, Tel. 051-23 74 13; eines der wenigen Restaurants von Cres, gemütliches, familiengeführtes Fischlokal mit hübscher Terrasse im Grünen. – Und andere Restaurants.

Cres

Camping

▲ – **Camping Kovačine**, Textil und FKK (rechts der Platzstraße), Tel. 051-57 14 23, Fax 051-57 10 86, www.camp.kovacine.com; Mitte Apr. – 15. Okt.; nördlich des Ortes beschilderte Zufahrt; weitläufiges, steiniges und weitgehend naturbelassenes zum Meer hin geneigtes Gelände, teils im Olivenhain, für große Wohnmobile teils schwierige Stellplatzverhältnisse; ca. 25 ha – 600 Stpl. + 100 Dau.; Standardausstattung. Laden Restaurant, langer Kiesstrand, Bootsanleger.

Die relativ schlechte, wellige Inselstraße führt südwärts durch karstiges Hügelland.

Gut 8 km südlich von Cres zweigt die Zufahrtstraße nach **Valun** ab, das rund 7 km weiter westlich liegt. Das kleine Fischerdorf in einer Bucht mit Kiesstränden beherbergt in seiner Pfarrkirche die berühmte „Tafel von Valun", eine Steintafel mit glagolitischer Inschrift, die aus dem 11. Jh. stammt und einstmals in der nahe gelegenen kleinen Markuskirche entdeckt wurde.

Nur etwa 7 km südwestlich von Valun liegt das kleine Dorf **Lubenice**, eine der ältesten Ansiedlungen auf Cres. Der Ort mit gerade mal zwei Dutzend Einwohnern und seiner sehr wehrhaft wirkenden St. Antonius Kirche aus dem 15. Jh. liegt an einer steil zu Küste abfallenden Felskante fast 400 m hoch über dem Meer.

Man kann von Lubenice oder Valun aus auf Landstraßen weiter nach Süden fahren oder zurück zur Hauptstraße kehren.

Cres' natürliches Trinkwasserreservoir

Später bei **Vrana**, etwa in der Mitte der Insel Cres, passiert man auf der Inselhauptstraße den tief unten liegenden, 5,7 qkm großen Süßwassersee **Vransko jezero**. Der tiefste Punkt am Grunde des 74 m tiefen Sees liegt 61 m unter dem Niveau der Meeresoberfläche. Der See ist ein Phänomen, denn er hat keine oberirdischen Zuflüsse, trocknet aber doch nie aus. Des Rätsels Lösung dürften unterirdische Wasserläufe sein, die den See speisen. Das

76

ROUTE 5: KVARNER BUCHT

ein schmaler Kanal in Osor trennt die Inseln Cres und Lošinj

Gewässer ist für die Insel Cres und Lošinj von größter Bedeutung, versorgt es doch den größten Teil der Bevölkerung mit Trinkwasser. Baden ist im See deshalb strikt verboten!

Unterwegs Richtung Osor bietet sich Gelegenheit nach **Martinšćica,** ein kleines beschauliches Dorf an einer schönen Bucht an der Westküste der Insel Cres mit touristischen Einrichtungen wie Campingplatz, Touristeninformation oder Marina, abzuzweigen, ca. 9 km .

Martinšćica

▲ – **Camping Slatina**, Tel. 051-57 41 27, Fax 051-57 41 67, www.ac-slatina.hr; Ostern – 31. Okt.; an der Westküste von Cres; Terrassen im meist steinigen Buschwald; langer Felsstrand mit Kiesbuchten, kleiner Hafen; ca. 15 ha – 500 Stpl. + 100 Dau.; Komfortausstattung.

Ab **Belej** wird die von Steinmauern und Wacholderfeldern übersäte Landschaft weiter.

32 km südlich von Cres liegt fast am Ende der Insel Cres das Städtchen **Osor**. Die Inseln Cres und Lošinj sind hier lediglich durch einen schmalen Schifffahrtskanal getrennt, über den eine Drehbrücke führt. Der Kanal wurde wohl schon vor mehr als 2000 Jahren gegraben und die enge Passage für Schiffe passierbar gemacht. Der 11 m breite, 3 m tiefe und rund 100 m lange Kanal ersparte und erspart kleinen Booten noch heute auf dem Weg zur Insel Rab in die Kvarner Bucht z. B. den langen Umweg um Lošinj.

Vor Beginn unserer Zeitrechnung war Osor als *Apsoros* bekannt. Historiker vermuten, dass der alte Stadtname mit der Argonautensage zusammenhängen könnte. Absirto hieß nämlich der Bruder

der unglücklichen Medea, der Gattin von Jason, die zusammen mit den Argonauten des Goldene Vlies entwendet hatten.

Osor ist ein historisches Hafenstädtchen mit alter Seefahrertradition, dessen Spuren sich von Illyrern, über Griechen, Römer und Byzantiner bis zur Zeit der Frankopane verfolgen lassen. Darüber hinaus war Osor zwischen dem 6. und 16. Jh. ein bedeutender Bischofssitz. Aus dem 16. Jh. gut erhalten ist das **Bischofspalais** und der im Stil der Renaissance errichtete **Dom** (Kirchenschatz). Im mittelalterlichen **Rathaus** ist das Stadtmuseum untergebracht.

Von Osor kann man hinausfahren zum **Kap Punta Križa** am südöstlichsten Ende der Insel Cres mit schönen Badebuchten, Restaurants und Campingmöglichkeiten, auch für FKK-Anhänger.

Osor
Feste, Folklore
Camping

Osor

❖ Feste, Folklore: **Musikabende**, Mitte Juli bis Ende August.

▲ – **Preko Mosta**, Tel. 051-23 73 50, Fax 051-23 73 50; Anf. Mai – 30. Sept.; an einer Bucht unmittelbar am Kanal zwischen Cres und Lošinj gegenüber Osor, unebene Wiese und Geländemulden am Hang; ca. 2 ha – 100 Stpl.; einfache Standardausstattung.
– **Camping Bijar**, Tel. 051-23 70 27, Fax 051-23 70 27; 1. Mai – 30. Sept.; nördlich von Osor; meist terrassiertes Pinienwaldgelände an der Bucht Bijar; ca. 7 ha – 300 Stpl.; einfache Standardausstattung mit Restaurant, Laden, Bootsslipanlage.

Punta Križa

▲ – **Camping Baldarin Naturist (FKK)**, Tel. 051-23 56 46, Fax 051-23 56 46, 15. Apr. – Anf. Okt.; südöstlich von Osor, Zufahrt ca. 15 km auf teils enger Straße; naturbelassenes Gelände im Mischwald abgeschieden, ruhig, schön gelegen; Felsstrand mit Kiesbuchten; ca. 9 ha – 400 Stpl. + 100 Dau.; Mindestausstattung mit Restaurant und Laden.

INSEL LOŠINJ

Die erstaunlich vegetationsreiche Insel Lošinj war trotz ihres angenehmen milden Klimas offenbar lange Zeit so gut wie unbesiedelt. Zwar schätzten schon die Römer die Insel als Standort für ihre Sommervillen, aber bleibende Siedlungen entwickelten sich daraus bis weit in die Zeit des Mittelalters hinein nicht. Nur in **Nerezine** etablierte sich ein Franziskanerkloster. Mali Lošinj und Vel Lošinj, die beiden Hafenstädtchen von einiger Bedeutung werden etwa ab dem 14. Jh. erwähnt.

Camping

Nerezine

▲ – **Camping Rapoća**, Tel. 051-23 71 45, Fax 051-23 71 46, www.losinjplov.hr; 1. Mai – 30. Sept.; am Ortsrand zwischen Straße und Meer an kleinem Hafen, unter Pinien und auf Wiese; ca. 8 ha – 160 Stpl. + 150 Dau.; einfache Standardausstattung.
– **Camping Lopari**, Tel. 051-23 71 27, Fax 051-23 71 27, www.losinjplov.hr; Mitte Apr. – 30. Sept.; 2 km nordwestlich Nerezine, naturbelassenes, mauerndurchzogenes Gelände im niederen Mischwald, neben einer Bungalowsiedlung, Fels- und Kiesstrand; ca. 11 ha – ca. 160 Stpl.; einfache Standardausstattung, Restaurant, Laden.

ROUTE 5: KVARNER BUCHT

Wer gerne wandert, kann von **Nerezine** aus hinauf zum 589 m hohen **Televrina** in den Osoršćica-Bergen wandern. Vom Televrina aus, der höchsten Erhebung im Norden der Insel, auf der eine winzig kleine Steinkapelle steht, genießt man bei klarem Wetter prächtige Ausblicke. Nehmen Sie sich für die Tour mindestens einen halben Tag Zeit. Auf einer längeren Wanderung kann man den Bergstock auch ganz umwandern und die Tour bis zum Kap Rt Osor, dem nördlichsten Ende der Insel, ausdehnen.

Wandern auf Lošinj

Mali Lošinj, Hauptort der Insel Lošinj, ist ein betriebsames, hübsches Hafenstädtchen mit einer ganzen Reihe einladender Cafés und Restaurants vor allem rund um den Hafen.

einladendes Mali Lošinj*

Parkplätze findet man am Nordrand der Stadt am Hafen, am Ostrand der Stadt sowie am südlichen Ortsrand. Von dort geht man zu Fuß in etwa 10 Minuten hinein ins Zentrum am Hafen. Gegen Gebühr (Schlagbaum) kann man näher zum Stadtzentrum fahren und dort parken.

Mali Lošinj kann auf eine lange Tradition als **Seefahrer- und Kapitänsstadt** zurückschauen. Spätestens seit dem ausgehenden 18. Jh. befuhren Kapitäne aus Lošinj mit ihren schnellen Seglern die Weltmeere. In der Folge ließen sich hier Reedereien und Schiffswerften nieder. Eine Seefahrtsschule, ein Wetteramt und eine Sternwarte wurden gegründet. Noch heute ist der Hafen mit seiner einladenden Promenade ein beliebtes Ziel für stattliche Yachten reicher Freizeitkapitäne.

Als die Aera der Handelssegler ausgangs des 19. Jh. zu Ende ging, wandte sich Mali Lošinj einem noch jungen, aber vielversprechenden Wirtschaftszweig zu, dem Fremdenverkehr. Wie in Poreč und Opatija waren es auch auf Lošinj anfangs die gesellschaftlichen Eliten, der österreichische Adel und betuchte Kaufleute, die das milde Klima schätzten. Schon 1866 hatte Mali Lošinj eine Fremdenverkehrsorganisation und ein Sanatorium zur Kurbehandlung von Atmungserkrankungen. Das erste Hotel, das „Vindobane", eröffnete 1887.

Einen schönen Blick auf die Stadt und ihren hübschen Hafen hat man von der Bastei aus dem 16. Jh. und vom erhöht gelegenen Dom aus.

Ein etwa 3 km langer betonierter Fußweg, der schön am Meer entlang führt, lädt zu einem längeren Spaziergang von Mali Lošinj bis in das kleine, fast romantisch zu nennende Fischer- und Seefahrerstädtchen **Veli Lošinj**.

romantisches Fischerdorf Veli Lošinj

Besucher, die mit dem Auto unterwegs sind, parken am besten schon vor dem Ort Veli Lošinj auf dem unbefestigten Platz rechts der Straße am Waldrand und gehen auf dem Fußweg hinab in das Dorf. Die überschaubare Ortsmitte wird vom langgestreckten Hafenbecken und von einer mächtigen Kirche dort, die mit ihrem Turm das Stadtbild beherrscht, dominiert.

Nur wenige Schritte vom Hafen entfernt erhebt sich ein **Wehrturm** aus dem 15. Jh. Dort ist heute ein sog. **Delphinzentrum** ein-

79

ROUTE 5: KVARNER BUCHT

Wenn man etwas abseits der Hauptverkehrswege wandert, stößt man nicht nur auf Krk, sondern auch auf den anderen Insel in der Kvarner Bucht gelegentlich auf kunstvoll aus Bruchsteinen aufgeschichtete **Trockenmäuerchen**, die kleine Pferche umgeben, die zum Trennen von Schafsherden nach Zugehörigkeit der einzelnen Besitzer dienen. Oft gruppieren sich mehrere dieser **Gromače** genannte Pferche ringförmig um eine Art Innenhof und nehmen sich, könnte man sie aus der Vogelschau betrachten, wie die Reste eines antiken Städtchens aus.

gerichtet, das sich für den Schutz der Tiere einsetzt und die Besucher einlädt, einen Delphin zu „adoptieren". Im Stockwerk darüber ist das **Stadtmuseum** untergebracht und noch eine Etage höher hat man von einem Balkon aus einen schönen Blick auf den Ort.

Stadtmuseum im Wehrturm
10 – 12, 18 – 20 Uhr. Eintritt.

Der Wehrturm in Veli Lošinj wurde seinerzeit von den Venezianern im Jahre 1455 zum Schutze des Hafens gegen Angriffe vor Piraten und den Uskoken aus Senj errichtet.

Lošinj

Praktische Hinweise – Lošinj

☏ Turistička Zajednica Grada Malog Lošinj, Riva Lošinjskih Kapetana 29, 51550 Mali Lošinj, Tel. 051-23 18 84. E-Mail: tzg-mali-losinj@ri.hinet.hr. Web: www.tz-alilosinj.hr.

Hotels

Hotel Alhambra, **, 35 Zi., Čikat Bucht, Tel. 051-23 20 42, Fax 051-23 20 42; Mittelklassehotel mit schön gestalteten Zimmern, Hotelhalle im maurischen Stil. Restaurant. Parkplatz.
Hotel Bellevue, **, 150 Zi., Čikat Bucht Tel. 051-23 12 22, Fax 051-23 12 68; Hotelkomplex am Meer gelegen. Restaurant, Café, Hallenbad. Parkplatz.
Villa Anna, **, Velopin 31, an der Nordwestseite des Hafens.

Veli Lošinj

⌂ Hotels: **Hotel Punta**, **, Tel. 051-66 20 00, Fax 051-23 63 01; Ferienhotel am Nordrand des Ortes an schöner Badebucht, alle Zimmer mit Meerblick.

Camping auf Lošinj

Mali Lošinj

▲ – **Camping Čikat**, Tel. 051-23 21 25, Fax 051-23 17 08; Ostern – Mitte Okt.; auf einer Halbinsel 2 km westlich des Ortes, unebenes Pinienwaldgelände, teils gemauerte Geländestufen, Felsstrand mit Betonflächen und Kiesbuchten; ca. 40 ha – 900 Stpl. + ca. 200 Dau.; einfache Standardausstattung mit Restaurant, Laden. Ver- und Entsorgungseinrichtungen für Wohnmobile.

– **Camping Poljana**, Tel. 051-23 17 28, Fax 051-23 17 28; Ostern – Mitte Okt.; ca. 4 km nordwestlich des Ortes, naturbelassenes, teils terrassiertes Pinienwaldgelände, Felsstrand mit Betonliegeflächen; einfache Standardausstattung mit Restaurant, Supermarkt, Bootsslipanlage, Tennis. Ver- und Entsorgungseinrichtungen für Wohnmobile.

Bootsausflug zu vorgelagerten Inseln

Wenn Sie sich längere Zeit bei Mali Lošinj aufhalten können empfiehlt sich ein **Schiffsausflug** zu einer der drei kleinen, vor der Westküste von Lošinj gelegenen Inseln Unije, Ilonik oder Susak.

80

ROUTE 5: KVARNER BUCHT

in Mali Lošinj

Unije ist die größte der drei genannten Inseln. Sie wartet mit schönen, verschwiegenen Badebuchten auf. Andere lieben an Unije die weiten Olivenhaine, in denen ihnen höchstens ein Hase oder ein Fasan begegnet, bestimmt aber kein Auto. Denn bislang gibt es auf Unije noch kein Auto (oder muss man zwischenzeitlich sagen gab?).

Susak ist die kleinste der drei Inseln. Wie man liest, ist Susak eine der ganz wenigen Sandinseln im Mittelmeer. 50 m tief müssten Sie graben, um auf Felsen zu stoßen. Das Eiland war lange Zeit so abgelegen, dass sich dort viele alte Brauchtümer unverfälscht erhalten konnten. So heißt es, dass die alten Frauen auf Susak noch einen uralten Dialekt sprechen, den Kroaten vom Festland nicht oder kaum verstehen können.

Besonders hübsch ist die traditionelle Tracht der Frauen von Susak. Die aus einem wunderschön bestickten Mieder, einem nicht minder kunstvoll gearbeiteten kurzen, bunten Rock, einem Minirock mit Petticoat nicht unähnlich, und knallroten Strickstrümpfen besteht. Die Frauen von Susak konnten sich offenbar schon Miniröcke erlauben, als man im übrigen Europa noch nicht einmal daran dachte, Knöchel oder gar Knie zu zeigen.

Ilonik schließlich, die südlichste der drei Inseln ist für ihre sommerliche Blütenpracht bekannt. Und sie ist bei Sporttauchern beliebt. Denn in den Gewässern um Ilonak wurden schon Tausende von antiken Amphoren entdeckt, die darauf hinweisen, dass vor der Insel ein viel befahrener und offenbar auch gefährlicher Seeweg verlief.

Zu den Inseln verkehren ab Mali Lošinj sowohl Linien- als auch Ausflugsboote.

ROUTE 5: KVARNER BUCHT

bei Veli Lošinj

→ **Route:** Von Lošinj oder Cres fahren wir nordwärts bis zum Abzweig zum Fährhafen **Merag**, an der Ostküste der Insel Cres. Von dort nehmen wir die Autofähre nach **Valbiska** auf der **Insel Krk**. ●

INSEL KRK

Autofähren zur Insel Krk

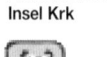

Autofährverbindungen bestehen zwischen **Valbiska/Krk** und **Merag/Cres** einerseits und zwischen **Baška/Krk** und **Lopar** auf der Insel Rab andererseits.

Zwischen Valbiska und Merag verkehren die Fähren täglich zwischen 5.45 Uhr und 21.45 Uhr 9 mal und in der Hochsaison 12 mal. Fahrzeit 25 Minuten.

Zwischen Baška und Lopar verkehrt die Fähre um 9 Uhr und um 16 Uhr, in der Hochsaison zusätzlich um 13 Uhr und um 20 Uhr. Die Fahrpläne können Änderungen unterliegen!

Der Autoreisende erreicht Krk außerdem über eine moderne, 60 m hohe und rund 1,3 km lange **Bogenbrücke** (mautpflichtig). Die zu Ehren von Marschall Tito ‚Titov most' benannte Brücke überspannt den schmalen, kaum 1 km breiten Tihi-Kanal (Ausläufer des Vinodolski Kanals) und verbindet die Insel mit dem Festland bei **Kraljevica**.

Mit einer Fläche von 410 qkm ist Krk die größte der 1.200 Inseln in der kroatischen Adria. Das Eiland weist im rauen Nordteil - hier sind die Küsten steil – eine spärliche Vegetation auf, im Süden und Südwesten dagegen Grasland und einzelne Waldgebiete. Die Küstengestade sind hier flacher.

ROUTE 5: KVARNER BUCHT

die Stadtfestung der Frankopani (links) am Trg Kamplin in Krk

Krk war schon den Römern als „Curicum" bekannt. Um 600 kommen Kroaten auf die Insel und im weiteren Verlauf der Zeit gestaltet sich die Geschichte von Krk durch die verschiedenen, sich abwechselnden Herrschaftsansprüche sehr wechselvoll.

Lange Zeit sind es die Venezianer, die die Insel den Fürsten Frankopani bis zum Ende des 15. Jh. zum Lehen geben. Danach nehmen die Dogen von Venedig selbst das Heft in die Hand. Nach dem Zerfall der politischen Macht Venedigs geben die Abgesandten der Habsburger Kaiserkrone bis zum 1. Weltkrieg auf Krk den Ton an. Krk hat eine mehr als hundert Jahre alte touristische Tradition.

Rund 20 km südlich der Bogenbrücke zum Festland liegt der Hauptort der Insel, **Krk auf Krk**. Das hübsche Städtchen an einer weiten Bucht ist eine Gründung aus der Römerzeit (Veglia). Seit Beginn des 12. bis Ende des 15. Jh. war es Sitz der mächtigen Fürsten Frankopani.

Stadt Krk*

Parkmöglichkeiten findet man am Nordrand der Stadt oder in den Straßen um den kleinen Stadtpark nahe des Vela Placa.

Am besten beginnt man einen **Stadtspaziergang** am Hafen und geht durch das **Alte Stadttor** auf den hübschen **Stadtplatz Vela Placa**. Gleich neben dem Stadttor erhebt sich ein uralter Wachtturm. Dort findet man auch das etwas versteckt im ersten Stock gelegene **Touristenbüro**. Besagter Wachtturm ist Teil der Stadtbefestigung aus der Zeit der Fürsten Frankopani. Erhalten sind noch große Teile der Stadtmauern und Bastionen sowie drei Stadttore und ein Rundturm mit dem Markuslöwen, dem Wappentier Venedigs.

ROUTE 5: KVARNER BUCHT

Mitten auf dem hübschen Stadtplatz Vela Placa sieht man einen schönen venezianischen Brunnen. Von dort gehen wir durch die Gassen hinein in die Altstadt.

Auf den Resten der römischen Thermen entstand im 5. und 6. Jh. eine Basilika. Sie wurde im 12. Jh. durch eine **Kathedrale** ersetzt, die Mariä Himmelfahrt geweiht ist. Sehenswertes dreischiffiges Inneres, vor allem ein Silberrelief der Madonna aus der Zeit der Frankopani, außerdem eine Renaissancekanzel sowie die gotische Frankopanen-Kapelle.

Gleich gegenüber der Kathedrale sieht man die **Sv. Kvirin Kirche**. Sie ist dem Schutzpatron der Stadt, dem hl. Quirinus, geweiht und zeigt im Inneren eine Sammlung sakraler Kunstgegenstände.

Unweit östlich der Kathedrale liegen am langgezogenen Trg Kamplin (Kamplin-Platz) die Mauern der ehemaligen **Burg** der Fürsten Frankopan. Sie stammt größtenteils aus dem 12. Jh., war einstmals selbst Teil der Stadtbefestigung und fällt durch ihre beiden ungleichen Türme auf.

Krk

Praktische Hinweise – Krk

 Turistička Zajednica Grada Krka, Touristeninformation der Stadt Krk, Vela placa 1/1, 51500 Krk, Tel. 051-22 14 14. E-Mail: tz-otokakrka@ri.tel.hr. Weg: www.krk.hr.

Offizielle Vertretung des **Kroatischen Automobilclubs HAK,** Stejepana Radica 13, Krk, Tel./Fax 051-22 11 59.

Restaurants

✂ Restaurants: Mehrere Restaurants findet man am Hafen, so z. B. das **Restoran „Galeb"** oder die **Konoba „Šime"**. – Und andere Restaurants.

Hotels in Krk und Punat

Krk

🏠 Hotels: **Hotel Marina**, **, 17 Zi., Obala hrvatske mornarice, Tel. 051-22 11 28, Fax 051-22 13 57; am Hafen, das einzige nennenswerte Hotel in der Innenstadt. Restaurant, Café. Parkplatz.

Hotel Dražica; ***, 120 Zi., Ružmarinska 6, Tel. 051-65 57 55, Fax 051-22 10 22; modernes Urlaubshotel mit eigenem Strand, im östlichen Stadtgebiet, gut ausgestattete Zimmer. Restaurant, Swimmingpool. Parkplatz.

Hostal Krk, am Nordrand der Innenstadt, relativ preiswert, etwas für junge Leute. – Weitere Ferienhotels östlich der Stadt.

Camping

Krk

▲ – **Autocamp Ježevac**, Tel. 05122 10 81, Fax 051-22 13 62, www.slatniotok.hr; am Hafen vorbei zum Platz; leicht ansteigender Pinienhang und schattenlose Flächen; Felsstrand mit betonierten Liegebuchten; ca. 10 ha – 500 Stpl. + 200 Dau.; Standardausstattung mit Restaurant, Laden, Bootsslip. Ver- und Entsorgungseinrichtungen für Wohnmobile.

Weitere Campinganlagen findet man weiter südlich bei **Punat**, siehe dort.

Ab Krk führt die Inselstraße 102 nordwärts zur Brücke zum Festland. Nach rund 20 km kann man westwärts nach **Njivice** abzweigen, einem von Wein- und Olivenhainen umgebenen Ort mit einer Reihe Ferienhotels und Campingmöglichkeiten.

ROUTE 5: KVARNER BUCHT

Die Frankopani, Herren im alten Kroatien

Krk ist das Stammland, die Heimatinsel, des Geschlechts der **Frankopani**, einem der mächtigsten Adelshäuser im alten Kroatien, die das Land über fast sechs Jahrhunderte regierten und beherrschten. In Urkunden aus dem 12. Jh. wurde ihr Name erstmals erwähnt. Überall im Lande und vor allem in der Kvarner-Region trifft man auf Burgen, Festungen und befestigte Städte, die aus der Zeit der Frankopani stammen.

Frankopani-Fürsten kämpften gegen die Venezianer und stemmten sich gegen das Eindringen der Türken. Ihr Einfluss festigte sich noch, als sie sich mit der Familie der Zrinski zusammentaten. Nun fühlte man sich sogar stark genug, gegen die Habsburger Krone zu opponieren. Bei einem konspirativen Unternehmen, das die Unabhängigkeit Kroatiens von Wien zum Ziel hatte, fanden Fran Krsto Frankopan und sein Schwiegersohn Petar Zrinski im Jahre 1671 aber ein tragisches Ende. Der Tod der Clanfürsten läutete auch das Ende der Herrschaft der Frankopani ein. In der Bevölkerung aber bildete sich bald ein wahrer Mythos um die Frankopani, die in den Augen vieler Kroaten zum Symbol des nationalen Widerstandes gegen ausländische Herrschaftsgelüste wurden.

Njivice
Hotels und Camping

⌂ Hotels: **Hotel Jadran**, **, 200 Zi., Primorska cesta bb, Tel. 051-84 61 18, Fax 051-84 61 16; neues Hotel am Strand mit gut ausgestatteten Zimmern. Restaurant, Café, Bar. – Und andere Hotels.

▲ – **Camping Njivice**, Tel. 051-84 61 68, Fax 051-84 61 16, www.hotelinjivice.hr; 1. Mai – 30. Sept.; nördlich des Ortes; teils steiniges, teils Grasgelände in einem Wäldchen, am Meer mit Felsküste und betonierten Liegeflächen; ca. 7 ha – 200 Stpl. + 450 Dau.; einfache Standardausstattung. Restaurant, Laden, Bootsslip.

Noch einige Kilometer weiter nördlich erreicht man in der Nähe des Flughafens die Zufahrtsstraße nach **Omišalj**, einem kleinen Ort an der Westküste, der oberhalb einer reizvollen Bucht liegt. Zu den bescheidenen Sehenswürdigkeiten zählt die **Pfarrkirche Mariä Himmelfahrt** aus den Anfängen des 13. Jh. mit bemerkenswerter Loggia aus dem 16. Jh. Kies-, Fels- und Betonstrände mit Bademöglichkeiten findet man dort in vielen kleineren Buchten.

Ausflug an die Ostküste von Krk

Rund 12 km östlich der Stadt Krk liegt hübsch auf einem Hügel am Meer der Ort **Vrbnik**. Vrbnik ist ein altes Zentrum der *Glagoljica*, der glagolitischen Schrift. Fast drei Viertel aller bislang wiederentdeckten Manuskripte in der alten, längst vergessenen Schrift, sollen aus Vrbnik stammen. Überall in der Kvarner Gegend sind glagolitische Inschriften an Kirchtürmen, Mauern, in Kellern auf Grabsteinen entdeckt worden. Der größte Schatz an glagolitischen Handschriften, bislang 469 an der Zahl, wurde aber auf Krk entdeckt, davon alleine 105 in Vrbnik.

Vrbnik, alte Hochburg der Glagoljica-Schrift

85

ROUTE 5: KVARNER BUCHT

Die Glagoljica entwickelte sich vermutlich ums 9. Jh. und war damals wahrscheinlich die vor allem von den slawischen Völkern am häufigsten benutzte Schrift. Aber schon im 12. Jh. fand sie eigentlich nur noch an der kroatischen Küste Anwendung. Die älteste glagolitische Inschrift wurde auf einer Steinplatte, dem Baščanska ploče, entdeckt, die auf die Zeit um das Jahr 1100 datiert wird. In dem Text, der in Altkroatisch abgefasst ist, wird erstmals der Name eines kroatischen Fürsten oder Herrschers genannt (siehe auch unter Baška weiter unten).

Knapp 15 km weiter nördlich von Vrbnik kommt man in den früheren Fährhafen **Šilo** (Campingmöglichkeit). Die Schiffsverbindung von dem kleinen Hafenstädtchen über den Vinodolski kanal ins gegenüber liegende Crikvenica wurde eingestellt. In der Umgebung von Šilo wird übrigens ein vorzüglicher Weißwein angebaut.

Verzichtet man an der großen Kreuzung auf den Abstecher nach Šilo sollte man aber noch ein Stück weiter zunächst Richtung Klimno, in **Soline** dann Richtung **Čižići** und weiter nach **Rudine** fahren, rund 9 km. Dort findet man am Dorfrand auf einer weiten Karstebene den Zugang zur **Biserujka-Höhle**, (Špilja Biserujka), Parkplatz. Die Tropfsteinhöhle, eine Schachthöhle, wie fast alle Höhlen in Kroatien, kann auf 20-minütigen Führungen besichtigt werden. Die Höhlentemperatur liegt zwischen 10 und 13 °C. Internet: www.biserujka.hr-free.com

Tropfsteinhöhle „Biserujka"
Juli + Aug. tgl. 10 – 19, Juni + Sept. tgl. 10 – 17, sonst bis 15 Uhr. Eintritt.

Ein anderer Abstecher von der Inselstraße 102 Krk – Baška führt südwärts nach **Punat**.

Punat

Praktische Hinweise – Punat

Feste, Folklore

❖ Feste, Folklore: **Fischertag**, Ende Juli, **Punater Nacht**, Mitte August.

Camping

▲ – **FKK-Camp Konobe**, Tel. 051-85 40 36, Fax 051-85 40 36, www.punat.com; Mitte Apr. – Mitte Okt.; 7 km südlich Punat; sehr weitläufiges Hanggelände mit schattigen Terrasseneinzelplätzen für Zelte und kleinerer, ebener, schattenloser Fläche für Caravans an kleiner Kiesbucht, sonst Felsküste; schöne Lage; ca. 500 Stpl.; Standardausstattung mit Restaurant, Laden, div. Sportmöglichkeiten, Bootsslipanlage. Ver- u. Entsorgungseinrichtung für Wohnmobile.
– **Camping Pila**, Tel. 051-85 41 22, Fax 051-85 40 20, www.punat.com; Mitte Apr. – 30. Sept. weitläufiges, leicht abfallendes bis an den Strand reichendes Gelände, teils im Pinienwald, teils weniger Schatten zwischen Feigenbäumen; ca. 7 ha – 400 Stpl. + Dau.; einfache Standardausstattung mit veralteten Sanitärgebäuden und einsehbaren Waschgelegenheiten. Ver- u. Entsorgungseinrichtung für Wohnmobile.

Ausflug zur „Blumeninsel"

Eine hübsche Abwechslung ist ein Abstecher zu der in der Bucht von Punat gelegenen kleinen **Insel Košljun**. Zumindest im Sommer verkehren kleine Ausflugsboote vom Hafen in Punat zur Insel. Den **Garten** des dortigen **Klosters** haben Mönche des Franziskanerordens zu einem kleinen botanischen Paradies verwandelt. An die 400 Pflanzen- und mehr als 150 Pilzarten sollen hier gedeihen. Es gibt auch ein kleines **Museum**, das vor allem für seine Sammlung alter Bücher bekannt ist.

ROUTE 5: KVARNER BUCHT

Der hl. Marin und San Marino

In dem kleinen Hafenort Lopar soll im 4 Jh. der hl. Marin, der spätere Gründer von San Marino, der ältesten Republik Europas, geboren worden sein. St. Marin hatte als junger Mann das Handwerk des Steinmetzes erlernt und kam auf seiner Wanderschaft und auf der Suche nach Arbeit wohl auch an die gegenüber liegende Küste der Adria. Er ließ sich in der Gegend von Rimini nieder und wurde bald ein wohlgelittenes Mitglied in der dortigen christlichen Gemeinde und schließlich vom Bischof zum Diakon ernannt. Marin muss wohl ein vom glühenden Glaubenseifer getriebener Prediger gewesen sein. Denn es dauerte nicht lange, bis er bei der weltlichen Obrigkeit in Ungnade fiel und fliehen musste, um seinen Kopf zu retten. Marin suchte den nur schwer zugänglichen Berg Titan als Zufluchtstätte aus, auf dem er seine Eremitage und eine kleine Kirche errichtete. Aus der Einsiedelei soll sich der Stadtstaat San Marino entwickelt haben, so die Legende.

Der Fährhafen **Baška** liegt im Südosten der Insel Krk. Das Städtchen ist Fundort der berühmten „Glagolitischen Schrifttafel". Die Tafel stammt aus dem Jahre 1100. Das Original findet man heute in der Strossmayer-Galerie in Zagreb. **Glagoliza** ist eine aus den Kleinbuchstaben des altgriechischen Alphabets entwickelte altslawische Schrift in kroatischer Sprache.

Praktische Hinweise – Baška

❖ Feste, Folklore: **Fischertag**, Ende August.

Hotels: **Hotel Corinthia I und II**, **, 250 Zimmer, E. Geislicha 34, Tel. 051-65 61 11, Fax 051-85 65 84; Hotelkomplex am Ortsrand von Baška. 300 Meter zum Kiesstrand. Restaurant, Parkplatz. – Und andere Hotels.

▲ – **Naturist-Camping FKK Bunculuka**, Tel. 051-85 68 06, Fax 051-85 65 95, www.hotelibaska.hr; 1. Mai – 30. Sept.; 1 km östlich Baška; teils steinige, schattenlose Terrassen am Hang in einem Talkessel, teils schattig im unteren Bereich; sehr schöne Lage; langer Kiesstrand; ca. 4 ha – 250 Stpl. + 100 Dau.; Standardausstattung, Restaurant, Laden, Tennis.
– **Camping Zablaće**, Tel. 051/85 69 09, Fax 051-85 66 04, www.hotelibaska.hr; 1. Mai – 30. Sept.; am westlichen Ortsrand von Baška; eben, schattenlos, an einer Bucht mit Kiesstrand; ca. 9 ha – 500 Stpl. davon ca. 250 nahe dem Strand; einfache Standardausstattung mit unterdimensionierten Sanitäranlagen, Imbiss, Laden, Tennis.

Baška

Feste, Folklore

Hotels

Camping

Alternativroute über die „Adria-Magistrale"

Alternativ zum Seeweg zur Insel Rab bietet es sich an (z. B. wg. der spärlichen Fährabfahrten zwischen der Insel Krk und der Insel Rab), über Krk zur mautpflichtigen **Brücke zum Festland** bei **Kralevica** zu fahren und über die Küstenstraße 8/E65, die „Adria-Magistrale", südwärts zu reisen. Über **Novi Vinodolski** und **Senj** (Näheres siehe unter Etappe 13, Plitvice – Zagreb) erreicht man nach und 115 km **Jablanac**, den Fährhafen mit Verbindungen nach **Mišnjak** auf der **Insel Rab**.

ROUTE 5: KVARNER BUCHT

Autofähren zwischen der Insel Krk und der Insel Rab

Die **Fährstation Baška** liegt im Südosten der Insel Krk. Schiffsverbindungen bestehen nach **Lopar auf Rab** um 9 Uhr und 16 Uhr, in der Hochsaison zusätzlich um 13 Uhr und 20 Uhr. Fahrzeit etwa eine Stunde.

INSEL RAB

Die Insel Rab, rund 90 qkm groß, ist wegen der reichen mediterranen Vegetation (außer an der gebirgigen, so gut wie vegetationslosen Ostküste), dem milden, ausgeglichenen Klima, den zahllosen verschwiegenen Badebuchten und den in Kroatien seltenen flachen Sandstränden die von vielen Urlaubern bevorzugte Adriainsel.

Erste steinzeitliche Siedlungsspuren wurden im Norden der Insel in der Gegend um **Lopar**, dem früheren *Zidine* (Festung), entdeckt. Diese Siedlungen bestanden bis in die Zeit um das 4. Jh. fort.

Sandstrand bei San Marino *

Östlich von Lopar erstreckt sich in der Bucht von **San Marino** ein langer, viel besuchter **Sandstrand** an einer weit geschwungenen Bucht.

Autofähren nach Krk

Ab Lopar bestehen **Fährverbindungen nach Baška/Krk** um 6 Uhr und 14.30 Uhr, in der Hochsaison zusätzlich um 11 Uhr und 17 Uhr.

Praktische Hinweise – Lopar/San Marino

San Marino Hotels

Hotels: **Hotel San Marino**, **, San Marino, Tel. 051-77 51 49, Fax 051-77 51 28; Urlaubshotel in ansprechender Lage an der weiten Sandbucht. Restaurant. Parkplatz.

Camping

▲ – **Camping San Marino**, Tel. 051-77 51 33, Fax 051-77 52 90, www.imperial.hr; 1. Apr. – 15. Okt.; östlich von Lopar bei San Marino; eben, im Pappelwald, meist sandiger Boden, am langen, flachen, öffentlichen Sandstrand "Paradies"; im Sommer regelmäßig überlaufen; ca. 9 ha – 900 Stpl. + zahlr. Dau.; einfache Standardausstattung; Restaurant, Laden, Tennis. Nebenan kleiner Vergnügungspark. Ver- u. Entsorgungseinrichtung für Wohnmobile.

Stadt Rab**

Über die **Stadt Rab** finden sich etwa ab Beginn unserer Zeitrechnung Erwähnungen in römischen Chroniken. In einem der Dokumente erhebt der damalige Kaiser Oktavian Augustus den Hafen zum selbständigen *Munizipium*. In der frühchristlichen Zeit ist Rab bereits Bischofssitz, der damals aber noch den Namen *Arba* trug.

Gut 1000 Jahre später ist Rab Schauplatz einer christlichen Legende. Dort heißt es, dass im Jahre 1075 kein geringerer als der hl. Christophorus auf Fürbitten der Bewohner die Stadt vor der Belagerung durch die Normannen bewahrt habe. Seitdem ist der Heilige der Schutzpatron der Stadt.

Rab, der heutige Hauptort, liegt hübsch auf einer schmalen Halbinsel an der Südwestküste der Insel. Von den Bauwerken aus Römertagen ist so gut wie nichts mehr erhalten. Reste mittelalterli-

ROUTE 5: KVARNER BUCHT

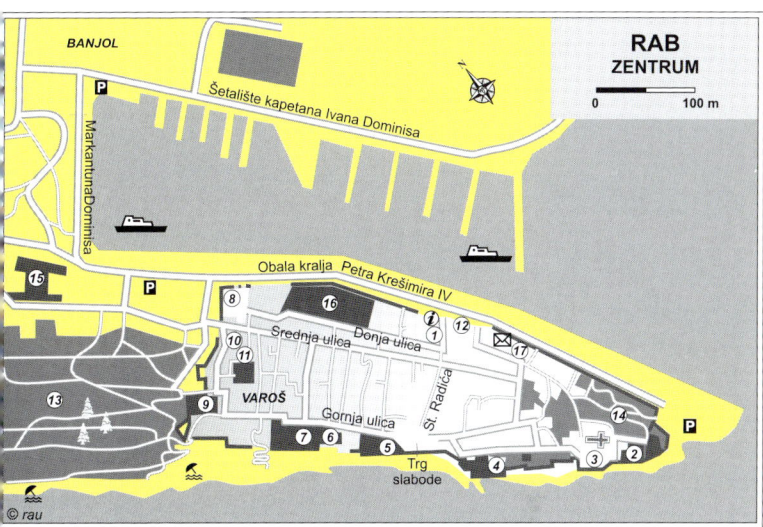

RAB – *1 Information, Rektorenpalast – 2 Kirche Sv. Anton – 3 Marienkathedrale – 4 Kirche Sv. Andrija – 5 Kirche Sv. Justin – 6 Kirche Sv. Križ – 7 Kirche Sv. Ivan – 8 Platz Trg Sv. Kristofora – 9 Kirche Sv. Kristofora – 10 Dominis-Nimira Palais – 11 Fürstenpalais – 12 Platz Trg Municipium Arbae – 13 Park Komrčar – 14 Park Kaldanac – 15 Hotel Imperial – 16 Hotel International – 17 Postamt*

cher Wehranlagen, alte Paläste und stattliche romanische Kirchen sind die Sehenswürdigkeiten im engen, verwinkelten Stadtkern mit historischem Straßenbild. Vor allem die Baudenkmäler aus der spätromanischen Zeit, einer Zeit, in der sich Rab sein unverwechselbares Stadtbild mit mediterranem Gepräge gab, lohnen einen Bummel durch die Gassen der Altstadt.

Parkplätze findet man, nach Passieren einer Schranke und gegen Gebühr, an der Hafenpromenade am Rand der Altstadt und an der Stadtmauer am Ende der Promenade.

Am Ende der Promenade gehen wir vom Parkplatz durch ein kleines Tor in der Stadtmauer hinein in die **Altstadt**. Zunächst durchquert man einen kleinen Park und geht über einen Fußweg hinauf zur ersten von fünf Kirchen, die oben auf dem steil zum Meer abfallenden Rückenrand einer langgestreckten Halbinsel liegen, auf der sich die Altstadt von Rab ausdehnt. Diese kleine barocke **Kapelle (2)** aus dem späten 17. Jh. ist dem Heiligen Antonius geweiht. Im Inneren sieht man auf dem Marmoraltar ein Gemälde, das den hl. Antonius (Sveti Antun) zeigt.

Gleich daneben erhebt sich die romanische **Kathedrale Sv. Marija Velika (3)**, die nicht zuletzt wegen ihres prächtigen **Westportals** von besonderem kunstgeschichtlichen Interesse ist. Der Kirchenbau, eine dreischiffige Basilika, stammt im wesentlichen aus dem 12. Jh. In der Kirche werden in einem vergoldeten Silberschrein

Stadtspaziergang durch die Altstadt von Rab *

ROUTE 5: KVARNER BUCHT

Rab

Stadtspaziergang durch die Altstadt von Rab *

das Wahrzeichen von Rab **
der Campanile der Marienkathedrale (3)

im Hauptaltar die Reliquien des hl. Christophorus aufbewahrt. Sehenswert sind außerdem das Chorgestühl aus dem 15. Jh., ein venezianischer Flügelaltar im rechten Seitenschiff, sowie das Taufbecken aus dem 15. Jh. in der Petrus-Kapelle.

Bemerkenswert ist der charakteristische, 1212 erbaute, freistehende **Campanile** mit spitzer Dachhaube und vier Säulenreihen. Der markante, 25 m hohe Glockenturm der Kathedrale, der zu den schönsten seiner Art an der ganzen dalmatinischen Küste zählt, ist zum Wahrzeichen von Rab geworden. Auf der achteckigen Turmspitze sieht man ein Kreuz mit mehreren großen, erdballähnlichen Kugeln, von denen die oberste die Reliquien von Heiligen enthalten soll. Für eine kleine Gebühr können Sie auf den Turm steigen und von oben das malerische Stadtpanorama betrachten.

Von der oberen Altstadtstraße Gornja ulica, die über dem Meer und entlang historischer Häuserfassaden verläuft und selbst in der turbulenten Hochsaison kaum einmal überlaufen ist, ganz im Gegensatz zur unteren Hauptstraße Srednja ulica, gehen immer wieder schmale Treppengassen hinab zur unteren Altstadtstraße Srednja ulica.

Zu den sehenswerten Stadtbauten, die man auf dem Weg von der Marienkathedrale nach Norden passiert und die alle auf der linken (westlichen) Straßenseite liegen, zählen:

Die **Kirche Sveti Andrija (4)**, St. Andreas Kirche. Der romanische Bau mit markantem Glockenturm weist eine Vorhalle im Renaissancestil auf.

Nur ein paar Schritte weiter passiert man die **Kirche Sveti Justin (5)**, Justinianskirche. Die einschiffige Basilika aus dem 16. Jh. ist an ihrer eigenwilligen, zwiebelförmigen Turmhaube leicht zu er

ROUTE 5: KVARNER BUCHT

Stadtspaziergang durch die Altstadt von Rab *

ennen. Bemerkenswert im Inneren ist das Gemälde „Tod des hl. Joseph", das an einem Seitenaltar zu sehen ist und das der Schule des Meisters Tizian zugeschrieben wird. Kirchenmuseum mit sakralen Kunstwerken, darunter ein kunstvoll gearbeiteter Tragealtar, der einst im Besitz König Kolomans gewesen sein soll.

Die **Kirche Sv. Križ (6)**, die Heiligkreuzkirche aus dem 16. Jh. und die benachbarte **Kirche Sveti Ivan (7)**, Johanneskirche, folgen. Die Ruinen der romanischen Johanneskirche waren einstmals Teil eines Klosters, das im Mittelalter von Benediktinernonnen und später bis zum Ende des 18. Jh. von Franziskanern geführt wurde. Vollständig erhalten blieb allerdings der imposante Glockenturm aus dem 13. Jh.

Fast am Ende der Gornja ulica gehen wir rechts hinab zum Marktplatz **Trg Svetog Kristofora (8)**. Man passiert die linkerhand gelegene **Sv. Kristofora (9)** und kommt gleich darauf zu den gotischen Palästen **Dominis-Nimira (10)** mit Renaissance-Fassade und dem kleineren **Nimira-Palais** mit spätgotischem Portal und Arkaden. Weiter zum Marktplatz hin liegt ein **Fürstenpalais (11)** mit Renaissance-Loggienfassade. Durch die belebte Geschäftsstraße Srednja ulica kann man zurück zum Ausgangspunkt des Rundgangs am Südende der Altstadt gehen. Etwa auf halbem Wege sollte man nach links abbiegen und durch die Gasse zum **Trg Municipium Arbae (12)** an der Uferpromenade gehen. Neben einladenden Terrassencafés findet man dort den ehemaligen **Rektorenpalast Knežev dvor**. Der markante Bau im Stil der venezianischen Gotik entstand im 13. Jh. und diente lange als Rathaus. Heute findet man dort u. a. ein Büro der **Touristeninformation (1)**, das allerdings nur in der Hauptsaison geöffnet ist.

☑ *Mein Tipp!* für Fotografen: Das ganze Stadtbild ist von der Landseite her vor allem im Vormittagslicht sehr fotogen.

Ein schöner, mit 2 km nicht allzu langer **Spazierweg** empfiehlt sich vor allem an einem schönen warmen Abend durch den **Park Komrčar**, der sich im Norden an die Altstadt anschließt. Im Park mit seinem alten Baumbestand findet man die Reste eines Klosters, eine kleine gotische Kirche und einen Triumphbogen mit Wappen namhafter Raber Patrizierfamilien.

abendlicher Spaziergang zum Kloster Sv. Eufemija

Praktische Hinweise – Rab

Rab

☎ Information: **Turistička Zajednica Grada Raba**, 51280 Rab, Tel. 051-77 11 11. E-Mail: tzg-raba@ri.tel.hr. Web: www.miltilink.hr/rab.

Turistička zajednica grada Raba, Trg Municipium Arbae, nur Juli und August.

❖ Feste, Folklore: **Mittelalterliches Turnier** der „Ritter von Rab" und Fest der Armbrustschützen mit traditionellem Umzug und viel Folklore, findet jedes Jahr seit 1364 Anfang Mai und Ende Juli statt.

Feste, Folklore

✄ Restaurants: **Konoba Riva Restaurant,** Biskupa Draga 3, einladendes Restaurant am Südstrand der Stadt zwischen Promenade und Altstadt.

Restaurants

ROUTE 6: INSEL RAB – ZADAR

Rab Restaurants

Restaurant Santa Maria, Dinka Dakulo 6, im Süden der Altstadt, gute regionale Küche, Terrasse mit Meerblick. – Und andere Restaurants.

Hotels

Hotels: **Hotel Imperial**, **, 140 Zi., Palit, Tel. 051-72 45 22, Fax 72 41 26; angenehmes Mittelklassehotel in schöner Lage über dem Meer, von sehr schönem Park umgeben. Felsstrand. Restaurant. Parkplatz.

Hotel Istra, **, 90 Zi., M. de Dominisa bb, Tel. 051-72 41 34, Fax 051-72 40 50; hübsches Stadthotel im alten Stil am Rande der Stadt, renovierte Zimmer. Restaurant, Café. Parkplatz. – Und andere Hotels.

Camping

Banjol

▲ – **Camping Padova III**, Tel. 051-72 43 55, Fax 051-72 45 39, www.imperial.hr; 1. Apr. – Mitte Okt.; bei **Banjol**, ca. 2 km südöstlich von Rab; weitläufige, verzweigte Anlage, teils kleiner Hügel mit Kiefernwald, sonst Sand und Gras und eben am Meer mit gemauerter Mole, benachbarter Sandstrand; ca. 6 ha – 500 Stpl; Standardausstattung. Supermarkt. Auf dem Campingplatz und in unmittelbarer Umgebung gibt es mehrere Restaurants wie z. B. das Mila oberhalb des Platzes oder das Morcic gleich nebenan. Ver- und Entsorgungseinrichtungen für Wohnmobile.

Autofähren

Autofähre von **Mišnjak** am Südende der Insel Rab nach **Jablanac** an der Festlandküste siehe am Anfang der nächsten Etappe.

6. INSEL RAB – ZADAR

☉ **Entfernung:** Rund 130 km (ohne Abstecher nach Nin) + 1 bzw. 2 Fähren.

➔ **Strecke: Fähre** nach **Jablanac** – Straße 8/E65 über **Karlobag** und **Starigrad Paklenica** bis **Zadar**.
Alternativ: Fähre nach **Jablanac** – Straße 8/E65/406 bis **Prizna/Gradina** – **Fähre** nach **Žigljen** – Straße 106 über **Pag** bis westlich **Ražanac** – Landstraße nach **Zadar**.

↷ **Alternative Küstenroute** (Seite 93).
↷ **Alternativroute über die Insel Pag** (Seite 95).
⇔ **Abstecher** nach **Nin** (Seite 101).
🕐 **Reisedauer:** Mindestens ein Tag.

⌘ **Höhepunkte:** Wandern im **Nationalpark Paklenica** ** – ein Stadtbummel durch **Zadars Altstadt** *** – das **Gebäudeensemble am Narodni trg** in Zadar – die **Kirche Sv. Donat** * – die **Kathedrale** * – Zadars **Museen** – ein **Spaziergang durch Nin**.

Autofähre

Zur Weiterreise benützen wir die Autofähre von **Mišnjak** am Südende der Insel Rab nach **Jablanac** an der Festlandküste. Zwischen 5 Uhr und 21.30 Uhr, im Juli und August bis 22.30 Uhr, bestehen täglich regelmäßige Abfahrten etwa alle 30 Minuten, Fahrzeit ca. 15 Minuten.

ROUTE 6: INSEL RAB – ZADAR

In Jablanac liegt das einladende Hotel Alana in hübscher Lage hoch über dem Hafen.

Im Hinterland des ruhigen Küstenstädtchens Jablanac erheben sich die kargen, hoch aufragenden Felshänge und Gipfel des nördlichen Teils des **Velebit-Gebirgskammes,** mit einer Ausdehnung von fast 150 km Kroatiens längstes Gebirge. Große Teile der Gebirgsregion sind zum **Nationalpark Nördlicher Velebit** erklärt worden und stehen unter Naturschutz, wie z. B. die Reservate **Rožanski kuk** und **Hajdučki kuk** mit ihren interessanten Karstformationen, botanischen Raritäten im berühmten Velebiter botanischen Garten und der **Luki Jama**, die als eine der tiefsten Karsthöhlen der Welt gilt.

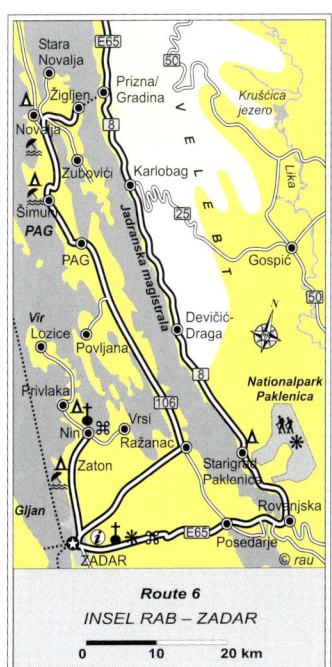

Route 6
INSEL RAB – ZADAR

Nationalpark
Nördlicher Velebit

ALTERNATIVROUTEN ZUR WEITERREISE

Zur Weiterreise bieten sich zwei Alternativen an. Einmal kann man der Küstenstraße weiter nach Süden folgen und südlich von Starigrad Paklenica westwärts nach Zadar abzweigen.

Die andere Möglichkeit ist, 30 km südlich von Jablanac zum Fährhafen Prizna/Gradina abzuzweigen und dort die Autofähre nach Žigljen auf der Insel Pag zu nehmen und von dort über Novalja und Pag nach Zadar weiter zu reisen.

ALTERNATIVE KÜSTENROUTE

➤ **Route:** Die Straße 8/E65 „**Adria-Magistrale**" zieht an den kargen Felshängen des Velebit-Gebirgskammes entlang nach Süden. Über **Karlobag** (Abzweig der für Caravangespanne gesperrten Straße 25 Richtung Plitvicer Seen) kommen wir nach **Starigrad Paklenica**. Tankstellen sind zwischen Senj und Starigrad Paklenica relativ selten. ●

Nehmen Sie sich Zeit für diese Strecke. Die zahllosen Kurven lassen keine hohe Durchschnittsgeschwindigkeit zu. Dafür ist die Küstenszenerie herrlich. Leider gibt es zu wenig Parkmöglichkeiten, um sie in Ruhe zu genießen oder zum Baden anzuhalten.

ROUTE 6: INSEL RAB – ZADAR

der kleine Hafenort Jablanac hat Fährverbindungen mit Mišnjak auf der Insel Rab

Für Entdeckernaturen ist im karstigen Hinterland das zum Nationalpark **Paklenica** erklärte Gebiet um zwei enge Felsschluchten im Südteil des Velebit-Gebirgszuges ein Eldorado für anspruchsvolle Wanderungen und Bergtouren.

Die Schlucht **Velika Paklenica** (Große Paklenica) ist per Fahrweg erreichbar und 10 km lang. Die **Mala Paklenica** (Kleine Paklenica) ist 7 km lang. In der Velika Paklenica sind Grotten und Höhlen zu erkunden, wie die mit Stalaktiten und Stalagmiten versehene „Manitahöhle".

Wandern im Nationalpark Paklenica **

Ausgangspunkt für eine ganze Reihe von **Wandertouren** in der Velika Paklenica ist die über einen Fahrweg erreichbare **Berghütte Dom u Paklenica** (Alpinistenheim in der Paklenica). Der Schwierigkeitsgrad der bislang acht Wandertouren reicht von „leicht", über „mittelschwierig" und „schwierig" bis „anstrengend". Die reine Gehzeit variiert von 1 Stunde 30 Minuten für die 5,5 km der leichten Tour Nr. 1 nach Samardžinovac bis zur anstrengenden Hochgebirgs-Trekkingtour Nr. 7 zu den Gipfeln Struge (1.400 m), Vaganski vr (1.757 m), Sveto Brdo (1.753 m) und Ivine Vodice (1.250 m), für deren 15 km gut 7 Stunden vorzusehen sind.

Im **Bergwandern** sehr Geübte können den 1.757 m hohen **Vaganjski vrh** besteigen. Er liegt am Nordrand des Nationalparks und ist die höchste Erhebung des Velebit. Eine Herausforderung für Kletterer stellt der monumentale, senkrecht aufsteigende Felsen **Anića Kuk** dar.

Starigrad Paklenica Camping

▲ – **Autocamp Paklenica**, Tel. 023-20 90 62, Fax 023-36 92 03; www.alan.zadar.net; Mitte Apr. – 31. Okt.; beim Hotel Alan in Starigrad; ebenes Wiesengelände mit einigen Laubbäumen an einem schmalen Kiesstrand; ca. 3 ha – 250 Stpl; Standardausstattung mit Laden und Bootsslipanlage.

ROUTE 6: INSEL RAB – ZADAR

die Marienkathedrale in Pag

> **Route:** Auf der Weiterfahrt nach Zadar überquert man nach dem Ort **Rovanjska** eine hohe Bogenbrücke über den Verbindungsarm zwischen dem Meeresarm Velebitski kanal und der Bucht Novigradsko more, dem Novigrader Meer. Gut 0 km weiter erreichen wir **Zadar**. ●

ALTERNATIVROUTE ÜBER DIE INSEL PAG NACH ZADAR

Wir bedienen uns der **Autofähre** von **Gradina,** 3 km unterhalb rizna an der „Adria-Magistrale", nach **Žigljen** auf der **Insel Pag**, e man an deren nordöstlichen Ausläufer Zaglava erreicht.

Autofähren zur Insel Pag

Die rund 60 km lange und nur zwischen 1 und 11 km breite **Insel Pag** (fünftgrößte Adriainsel) verläuft parallel zum Festland, von em sie durch den Velebit-Kanal getrennt ist. Die auf weite Strecken fast kahle Insel – besonders die Ostseite von Pag ist ungeschützt den heftigen Bora-Winden ausgesetzt – wird von der Straße 106, der einzigen nennenswerten Straße auf der Insel, durchzogen.

Pag ist bekannt für seine ausgezeichneten Weine und für den vorzüglichen Schafskäse (Paški sir), der hier produziert wird. Ein weiteres Produkt, das seit alters her auf Pag gewonnen wird und das lange eine wichtige Einkommensquelle der Inselbewohner war, ist Meersalz.

Käse, Wein und Spitzen von Pag

Manche Frauen auf Pag beherrschen und pflegen noch das te Kunsthandwerk des Spitzenstickens. Spitzen aus Pag waren nd sind noch heute weit über die Insel hinaus bekannt. Feine Spitzen werden auch bei den hübschen einheimischen Trachten ver-

95

ROUTE 6: INSEL RAB – ZADAR

wendet, die heute zwar nicht mehr so häufig, aber bestimmt noch anlässlich von Festen getragen werden.

Man passiert **Novalja** (Camping s. u.), einen kleinen Hafenort an einer Bucht an der Westküste von Pag. Während der Zeit der eindringenden Slawen war Novalja bis zu Beginn des 12. Jh. Hauptstadt der Insel Pag.

Šimuni (Camping s. u.) ist ein eher bescheidener Küstenort mit hübschem Naturhafen.

Der **Hauptort Pag** liegt am Ende einer langen Bucht mit schönem Strand an der Ostseite der Insel. Eine wirtschaftliche und politische Blütezeit erlebte das Städtchen während der Herrschaft Venedigs, die fast vier Jahrhunderte von 1409 bis 1797 währte.

Bemerkenswert ist die **Kathedrale von Pag**. Sie stammt aus dem 15. Jh. und weist eine schöne Fassadenrosette und ein sehenswertes Portal auf. In ihrem Inneren beherbergt sie ein Gemälde von Tintoretto.

Andere historische Stadtbauten sind das unvollendet gebliebene **Bischofspalais** neben der Kathedrale und die gotische Fürstenresidenz **Kneževa palača**.

Praktische Hinweise – Pag

Pag
Restaurants

✂ Restaurants: **Smokva**, Golija, Tel. 023-61 10 95; beliebtes Restaurant für Pager Spezialitäten wie Lammgerichte und Pager Käse. Schattige Terrasse. – Und andere Restaurants.

Hotels

🛏 Hotels: **Hotel Biser**, **, 24 Zi., A. G. Matosa 8, Tel 023-61 13 33, Fax 023-61 14 44; kürzlich renoviertes Mittelklassehotel gegenüber der Altstadt gelegen, gut ausgestattete Zimmer, eigener Kiesstrand. Restaurant, Café, Parkplatz. – Und andere Hotels.

Camping

Novalja

▲ – **Camping Straško**, Textil und FKK (auf separatem Platz- und Strandteil), Tel. 053-66 12 26, Fax 053-66 12 25, www.turistdd.hr; Anf. Apr. – 30. Sept.; 1 km südlich des Ortes, weitläufiges, naturbelassenes Gelände in Eichenwald; Kies- und Sandstrand, auch betonierte Liegeflächen; einfache Standardausstattung; Restaurant, Supermarkt, Tennis, Fahrradverleih. Ver- und Entsorgungseinrichtung für Wohnmobile.

Šimuni

▲ – **Camping Šimuni**, Tel. 053-69 74 41, Fax 053-69 74 42, www.kampsimuni.hr; Anf. Apr. – 30. Sept.; am Südostrand des Ortes; Geländeterrassen mit Pinien- und Eichenbäumen an einer schönen Bucht mit langem Kiesstrand; Standardausstattung; Restaurant, Laden, Tennis, Bootsslipanlage. Ver- und Entsorgungseinrichtung für Wohnmobile.

➔ **Route:** Weiterreise auf der Straße 106 nach Südosten Richtung **Posedarje**. ●

Die fast gerade Straße 106 ist durchweg gut zu befahren. Sie führt durch felsige Landschaft mit Blick über den Meeresarm Velebitski

eines der markantesten Bauwerke in Zadar, die ehem. Kirche Sveti Donat

Hvar, der Hauptplatz mit Sv. Stjepan-Dom und hübschem Renaissance-Brunnen

der Hafen von Hvar

das alte Arsenalgebäude beherrscht noch heute die Hafenpromenade in Hvar

das hübsch gelegene Küstenstädtchen Igrane an der Makarska Riviera

Fährhafen Orebić, Insel Pelješac

Makarska

Korčula

Primošten und sein Hafen (links)

das antike Salona bei Split
Reste eines römischen Tempels in Nin

ROUTE 6: INSEL RAB – ZADAR

itski kanal hinüber zum mächtigen Gebirgszug des Velebit. Einige ilometer südöstlich des Ortes **Miškovići** verbindet eine Brücke ie Insel mit dem Festland, das mit der langgestreckten, schmalen albinsel Bočetina bis fast an Pal heranreicht. Das Gesicht der Landchaft ändert sich nun merklich. Es wird grüner, Wiesen und betellte Felder sind nun wieder zu sehen.

→ **Route:** Bei **Ražanac** zweigen wir südwärts ab auf die Strae nach **Zadar**, das nach rund 22 km erreicht wird. ●

ZADAR

Zadar, heute eine Stadt mit annährend 72.000 Einwohnern, kann lleine schon aufgrund seiner Bedeutung als Handelsmetropole und remdenverkehrszentrum als die Metropole Norddalmatiens beeichnet werden.

Gebührenpflichtige **Parkplätze** (Parkscheinautomaten) gibt es ntlang der Uferstraße, die die ganze Altstadt umrundet.

Die illyrische Siedlung (ca. 9. Jh. v. Chr.) und spätere griechiche Kolonie wandelte sich etwa im 2. Jh. n.Chr. zur blühenden ömischen Stadt *Jadera*. Nach der Zerstörung von Salona (bei Split) n 7. Jh. durch Awaren und Slawen wurde Zadar Hauptstadt der rovinz Dalmatien und stand unter byzantinischer Verwaltung. Die yzantiner nannten die Stadt *Diadora*. Später beherrschten die krotisch-ungarischen Könige Zadar, bis im Jahre 1409 die Flagge Veedigs aufgezogen wurde. Diese wehte über Zadar – trotz heftiger ttacken durch die Osmanen im Jahre 1500 und nochmals im Jahe 1570 – bis zum Zusammenbruch der Republik Venedig im Jahre 797. Nun kam Zadar zum österreichischen Kaiserreich bis 1918 nd wurde durch den Rapallovertrag 1920 Italien zugesprochen. u Italien gehörte die Stadt bis zum Ende des 2. Weltkrieges, der adar als ein Trümmerfeld zurückließ. 1946 kam Zadar zu Jugoslaien.

Auch in Zadar liegt die sehr sehenswerte **Altstadt** auf einer Halbsel, größtenteils noch von einer Stadtmauer begrenzt.

sehenswert,
Zadars Altstadt
***

Einen **Stadtrundgang** beginnt man am einfachsten beim **Hauptr (2)** am Fußgängersteg, der ein kleines Hafenbecken überspannt nd Alt- und Neustadt verbindet.

Rundgang durch
Zadar *

Vom Haupttor in der Stadtmauer gehen wir über die Straße Jua Barakovića zum **Stadtplatz Narodni trg (3),** mit Uhrturm an der hemaligen **Stadtwache** (16. Jh.), **Rathaus** und **Stadtloggia** geenüber. Von allen Fassaden des schönen Gebäudeensembles an er ehemaligen Piazza dei Signori (heute Narodni Trg) blickt die veezianische Vergangenheit Zadars herab.

Stadtplatz
Narodni trg (3)

Am anderen Platzende wenden wir uns nach rechts und gehen ie geschäftige Einkaufsstraße Široka ulica nordwärts hinunter. An er Kreuzung mit der Straße Šimuna Kožižića Benje liegt links das rchäologische **Museum (4),** geöffnet Mai – Sept. Mo. – Fr. 9 – 13,

97

ROUTE 6: INSEL RAB – ZADAR

ZADAR
1 Information
2 Haupttor
3 Stadtplatz Narodni trg, Rathaus, Stadtloggia, Uhrturm
4 Archäologisches Museum, Museum für Kirchenkunst
5 Marienkirche
6 Kirche Sv. Donat
7 Forum Zeleni trg
8 Erzbischöfliches Palais
9 Römische Säule
10 Kathedrale Sv. Stošija
11 Seetor
12 Kirche Sv. Kršsevan
13 Nationalmuseum
14 Trg Pet Bunara
15 Landtor
16 Kunstgalerie
17 Simeonskirche
18 Universität
19 Dječji Park
20 V. Nazora Park
21 Busterminal
22 Franziskanerkonvent
23 Arsenal
24 Postamt
25 Kirche Sv. Jilija (Hl. Elias)

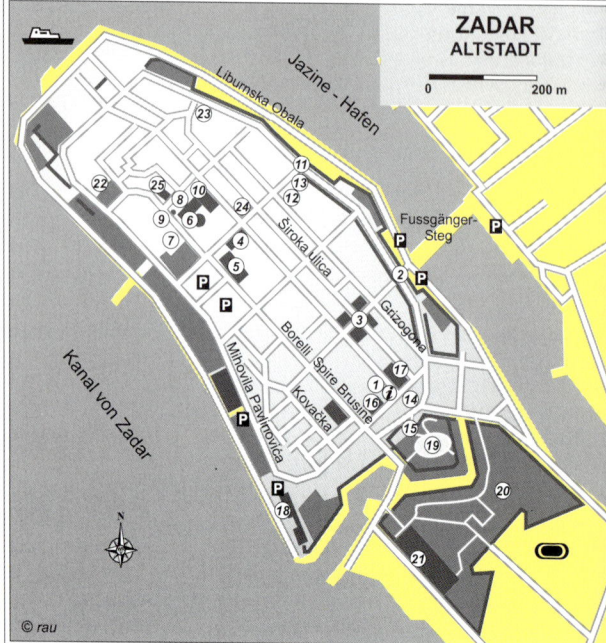

18 – 20 Uhr, Sa. 9 – 14 Uhr. Zu den interessanten Ausstellungsstücken zählen frühgeschichtliche Keramikfunde, Exponate aus der Bronzezeit u. a. Ein Stadtmodell macht anschaulich, wie Zadar zu Römerzeit ausgesehen haben könnte. Die Eintrittskarte zum Archäologischen Museum berechtigt auch zum Eintritt in die St. Donat Kirche gegenüber.

Museum für Kirchenkunst (4)
Mo. – Sa. 10 – 12.30, 18 – 19.30 Uhr, So. 10 – 12.30 Uhr. Eintritt.

Gleich neben dem Archäologischen Museum findet man das **Museum für Kirchenkunst (4)**. Es ist in einem ehemaligen Kloster des Benediktinerordens untergebracht und zeigt kostbare Reliquienschreine, sakrale Kunstgegenstände, liturgische Goldschmiedearbeiten und Gemälde, darunter ein Madonnenbildnis aus dem 14. Jh., sowie Skulpturen. Die Ausstellungen setzen sich in den oberen Stockwerken fort. Dort findet man neben einer weiteren Skulpturensammlung kostbare Stickarbeiten sowie Gemälde des Venezianer Malers Vittor Carpaccio (15. Jh.).

Neben dem Museum für Kirchenkunst liegt am Trg opatice Čika die **Marienkirche (5)** mit barockem Inneren.

Sveti Donat (6)

Dem Archäologischen Museum gegenüber erhebt sich der auffällige Rundbau der **Kirche Sveti Donat (6)**.

Man betritt die Kirche durch die Vorhalle (Narthex) und gelangt von dort durch das Hauptportal in die eigentliche Kirche. Bemerkenswert und charakteristisch für diesen seltenen Typus eines Sakralbaus ist der Innenraum, der sich in einen zentralen Rundraum

ROUTE 6: INSEL RAB – ZADAR

und einen ringförmigen Umgang gegliedert. Darüber sieht man eine Galerie. Zwei Säulen und sechs massive Pfeiler trennen die Rotunde von dem nach Osten ausgerichteten Altarraum mit drei halbrunden Apsiden. Über dem hohen Kirchenraum spannt sich ein auf Pfeilern und Säulen ruhendes Deckengewölbe.

Die Ursprünge der Kirche Sveti Donat reichen zurück bis ins 8. Jh. Wahrscheinlich war schon damals auf den Resten des römischen Forums mit dem Bau der Rotunde, dem zentralen Kernstück des insgesamt recht verwinkelten Kirchenbaus, begonnen worden. Urkundlich erwähnt wird Sv. Donat aber erst in einer Verwaltungsakte des byzantinischen Kaisers Konstantin Porphyrogennetas. Damals allerdings war die Kirche noch der Heiligen Dreifaltigkeit geweiht. Und bis weit ins 15. Jh. war Sv. Donat denn auch als Dreifaltigkeitskirche bekannt. Erst danach wurde Sie nach dem Zadarer Bischof Donatus benannt, der im 9. Jh. gewirkt hatte.

die Kirche Sveti Donat, Zadar

Im Jahre 1798 verlor die Kirche ihre ursprüngliche Bestimmung als Kirchen- und Kultbau des Bistums Zadar. Heute bietet die Kirche Sveti Donat jedes Jahr im Juli und August den äußeren Rahmen für eine Reihe von Konzerten.

Westlich der Sv. Donat Kirche weisen Fundamentreste auf das frühere römische **Forum (7)** hin, heute Zeleni trg.

Hinter der Sv. Donat Kirche erheben sich das **Erzbischöfliche Palais (8)** und eine **Römersäule (9)**. Rechts davon, an der Hauptstraße Široka ulica, sieht man die **Kathedrale Sv. Stošija (10)** aus dem 13. Jh. Sie ist der heiligen Anastasia geweiht. Der berüchtigte Doge Dandolo von Venedig hat die dreischiffige Basilika, die auf den Resten einer früheren Kirche aus dem 10. Jh. ruht, einst in Auftrag gegeben. Der Kirchenbau gilt als eines der schönsten Beispiele romanischer Architektur. Kunsthistoriker bewundern vor allem die beiden schönen **Fensterrosetten** an der eindrucksvollen **Westfassade**. Im Inneren, das gewöhnlich nur während der Gottesdienste zugänglich ist, verdient das von venezianischen Künstlern gearbeitete **Chorgestühl** Beachtung. In der Chorapsis schließlich findet man das Grabmal der hl. Anastasia.

Kathedrale (10)

Der 56 m hohe Glockenturm der Kathedrale wurde zwar schon im 16. Jh. begonnen, konnte aber erst in den letzten Jahren des 19. Jh. vollendet werden.

ROUTE 6: INSEL RAB – ZADAR

die romanische Fassade der Kathedrale in Zadar

Von der Kathedrale gehen wir über die Široka ulica wieder zurück bis zum Archäologischen Museum. Geht man dort links und folgt der Poljana Pape Aleksandra III. Richtung **Seetor (11)** gelangt man, vorbei am Postamt, zur romanischen **Kirche des Hl. Krševan (12)**, auch St. Chrysogonos- oder Grisogonus-Kirche. Der sehr schöne dreischiffige Bau war die Klosterkirche einer Benediktinerabtei aus dem 12. Jh., die aber im Zweiten Weltkrieg durch Bomben zerstört wurde.

Nationalmuseum (13)
Mo. – Fr. 9 – 12, 18 – 21 Uhr. Eintritt.

Noch ein kurzes Stück weiter, schon fast an der Stadtmauer liegt das **Narodni Muzej (13)**, das Nationalmuseum. Es beherbergt Modell, Ansichten und Gemälde diverser Küstenstädte Dalmatiens.

Über die Široka ulica oder eine der Parallelstraßen gehen wir zurück bis zum Narodni trg und über die weiterführende E. Kotromanić noch bis zum Platz **Trg Pet Bunara (14)** am Südostende der Altstadt. Gegenüber liegt vor einem kleinen Park das sog. **Landtor (15)**.

An der Westseite des Platzes findet man die **Kunstgalerie (16)** und an seiner Nordseite die **Simeonskirche (17)** aus dem 16. Jh. In ihr wird der kostbare silberne Reliquienschrein des hl. Simeon aufbewahrt. Von der Simeonskirche zurück zum Ausgangspunkt unseres Rundgangs am Haupttor.

Praktische Hinweise – Zadar

Zadar

☎ Information: **Turistička Zajednica**, Ilije Smiljanića 5, 23000 Zadar, Tel. 023-21 24 12, 21 22 22. E-Mail: tz-zadar@zd.tel.hr

Offizielle Vertretung des **Kroatischen Automobilclubs HAK**, Ljudevita Posavskog, 23000 Zadar, Tel./Fax 023-31 53 65.

Flughafen

Flughafen Zadar, Zracna Luka, 23000 Zadar, Tel. 023-31 34 66, Web: www.zadar-airport.hr
Der Flughafen liegt rund 15 km östlich der Stadt. Busverbindungen von und nach Zadar, Fahrtdauer rund 20 Minuten.

Feste, Folklore

❖ Feste, Folklore: **Musikabende** in der Kirche **Sveti Donat** von Anfang Juli bis Mitte August.

Restaurants

✂ Restaurants: **Martinac**, Papvije 7, Tel. 023-21 16 45; einladendes Restaurant mit gemütlicher Terrasse, Spezialitäten des Hauses: Frischer Fisch und Muscheln sowie Risottogerichte.

ROUTE 6: INSEL RAB – ZADAR

Stari Grad, Stomarica 8, Tel. 023-21 20 81; beliebtes Pasta- und Pizza-Lokal mit legerer Atmosphäre. – Und andere Restaurants.

Zadar

📪 Hotels: **Hotel Kolovare**,***, 155 Zi., Bože Peričića 14, Tel. 023-20 32 00, Fax 023-20 33 00; erstes Haus am Platz, 10 Gehminuten vom Stadtzentrum entfernt, Firstclasshotel an schöner Küste, mit eigenem Strand. Restaurant, Café, Bar. Swimmingpool. Parkplatz.
– Und andere Hotels, z. B. am Nordweststrand der Neustadt im Hotelkomplex Borik.

Hotels

▲ – **Camping Borik**, Tel. 023-33 20 74, Fax 023-33 20 65, www.hoteliborik.hr; 4 km nordwestlich der Stadt; ausgedehntes, zu einer kleinen Sandbucht und schmalen Kiesstrand hin geneigtes Wiesengelände mit Laubbäumen; ca. 9 ha – 500 Stpl; einfache Standardausstattung; Restaurant, Supermarkt, Bootsslip, Tennis. Hundeverbot.

Camping

Nin

▲ – **Camping Zaton**, Tel. 023-28 02 13, Fax 023-28 03 10, www.zaton.hr; 1. Mai – 30. Sept.; von Zadar nach Nordwesten ca. 15 km Richtung Nin; sehr weitläufiges, zum Meer hin leicht geneigtes Gelände, überwiegend im hochstämmigen Pinienwald, ein kleinerer Platzteil ist schattenlos, jeder Stellplatz mit Frischwasser- und Abwasseranschluss; ca. 20 ha – 1300 Stpl. + zahlr. Dau.; Komfortausstattung; modernes Versorgungszentrum mit Supermarkt, mehrere Restaurants und Bars; Freizeit- und Sporteinrichtungen; langer, schmaler Kiesstrand mit Bademole. Appartementsiedlung angeschlossen. Ver- und Entsorgungseinrichtungen für Wohnmobile.

AUSFLÜGE

Ab Zadar werden **Bootstouren** zu den **Kornat-Inseln** angeboten. Näheres über den **Nationalpark Kornat** siehe weiter unten.

Nin, ein hübscher kleiner Ort auf einer durch zwei Brücken mit dem Festland verbundenen Insel gelegen, war früher Bischofssitz. Reste römischer Ruinen und zwei altehrwürdige Kirchen deuten an, dass das Städtchen schon einflussreichere Tage gesehen hat.

Abstecher nach Nin

Parkplätze findet der Besucher vor der alten Fußgängerbrücke.

Die Ursprünge von Nin reichen zurück in die antike Zeit, als die Ilyrer hier ihre Siedlung *Aenona* gründeten. Die Reste eines Augustustempels stammen aus der Römerzeit.

Im Mittelalter dann erlebte Nin seine Hochzeit, es wurde erste Hauptstadt der Kroaten und auf Grund dieses Status wohl zwangsläufig auch erster Sitz eines kroatischen Bischofs und somit ein frühes Zentrum der katholischen Kirche im Lande. Bedeutende Sakralbauten aus jener Zeit konnten erhalten werden. Auch beeindruckende Reste der mittelalterlichen **Stadtmauer** samt zwei stattlichen **Stadttoren** sind noch vorhanden.

Interessant ist ein Besuch im **Stadtmuseum,** das in einem unübersehbaren roten Haus untergebracht ist, und in dem archäologische Sammlungen und die Kleinodien eines Kirchenschatzes zu sehen sind.

Nin, archäol. Stadtmuseum
9 – 12, 18 – 20 Uhr.
Eintritt.

Geht man vom Museum links, kommt man gleich darauf zu den Resten eines römischen Tempels. Geht man am Museum rechts

ROUTE 7: ZADAR – ŠIBENIK

Abstecher nach Nin

vorbei, gelangt man zur **Kirche Sveti Križ (Heiligkreuzkirche)**, die auf den Fundamentsresten der römischen Siedlung Aenona steht. Das im Stil einer byzantinischen Kapelle zwischen dem 9. und 11. Jh. errichtete altkroatische Kirchlein ist leider nicht zugänglich.

Andere bedeutende Kirchenbauten in Nin sind die **Nikolauskirche** aus dem 11. Jh. sowie die **Ambrosiuskirche**, die im 13. und 14. Jh. entstand.

7. ZADAR – ŠIBENIK

⊙ **Entfernung:** Rund 80 km. Abstecher zu den Krka-Wasserfällen ca. 40 km.

→ **Strecke:** Über die Küstenstraße 8/E65 und über **Biograd na moru**, **Pirovac** und **Vodice** bis **Šibenik**.

⇔ **Abstecher** zu den **Krka-Wasserfällen** (Seite 106).

◔ **Reisedauer:** Mindestens ein Tag.

⌘ **Höhepunkte:** Die **dalmatinische Küstenlandschaft** ** – **Insel Murter** * – ein Schiffsausflug zu den **Kornati-Inseln** ** – die **Kathedrale Sv. Jakov** ** in Šibenik – **Stadtblick** von der Festung Sv. Ana * in Šibenik – ein Spaziergang durch den **Nationalpark Krka** ** mit seinen Wasserfällen.

Die Küstenstraße 8/E65 „*Adria-Magistrale*" oder „*Jadranska magistrala*" umgeht die ausufernde Stadt Zadar und erreicht bei **Sukošan** (Strand, Marina, Hotel) wieder das Meer. Die Küste hier ist flach und sehr steinig und weist nur sehr schmale Strände auf.

Auf der Weiterfahrt nach Süden sieht man zur Rechten auf der Westseite des Meereskanals Pašmanski die Insel Ugljan und anschließend die Küstenlinie der Insel Pašman sowie mehrere kleinere Inseln liegen.

Sv. Filip i Jakov Camping

▲ – **Camping Dzardin**, Tel. 023-38 86 07, Fax 023-38 89 61; 1. Mai – 30. Sept.; langgestrecktes Wiesengelände mit Laubbäumen am Ortsrand und am betriebsamen Badestrand; ca. 3 ha –300 Stpl.; einfache Standardausstattung.

– **Camping Moče**, Tel. 023-38 84 36, Fax 023-38 90 40; Mitte Apr. – Mitte Okt.; im Ort beschildert, geneigtes Wiesengelände mit Laubbäumen, ein Fußweg führt zum Kiesstrand mit Betonflächen; ca. 0,5 ha – 30 Stpl.; einfache Standardausstattung.

– Sowie zahlreiche, meist relativ kleine, privat geführte **Minicamps**.

Hübsch am von zahllosen Inseln durchsetzten und stark gegliederten Pašmanski Kanal gelegen ist das Hafenstädtchen **Biograd na Moru**. Der historische Ort (Museum) – früherer Bischofssitz und Krönungsstätte der kroatischen Könige – ist heute Sommerferienort mit Hotels, kleiner Hafenpromenade und günstiger Bootsliegeplätzen, Slipanlagen, Bootskran.

ROUTE 7: ZADAR – ŠIBENIK

Ab Biograd na Moru verkehren täglich bis zu 12 mal **Autofähren nach Tkon** auf der **Insel Pašman**, Fahrzeit ca. 30 Minuten.

Praktische Hinweise – Biograd na Moru

Route 7
ZADAR – ŠIBENIK
0   10   20 km

Biograd na Moru Hotels

Hotels: **Hotel Ilirija**, *, 170 Zi., Tina Ujevića 7, Tel. 023-38 31 08, Fax 023-38 31 08; modernes Mittelklassehotel in schöner Lage am Stadtrand, alle Zimmer mit Balkon und Meerblick, eigener Strand, Swimmingpool. Restaurant, Café. Parkplatz. – Und andere Hotels.

▲ – **Camping Soline**, Tel. 023-38 33 51, Fax 023-38 30 08, www.campsoline.com; 1. Mai – 30. Sept.; gut schattiger Pinienwald am öffentlichen Strand; ca. 8 ha – 300 Stpl; einfache Standardausstattung.

Camping

Camping südöstlich von Biograd na Moru

Pakoštane

▲ – **Camping Nordsee**, Tel. 023-38 14 38, Fax 023-38 14 38; 1. Apr. – Anf. Nov.; ca. am Ortsrand, unebenes, teils stark geneigtes Wiesengelände unter Pinien; Beton- und Kiesstrand; ca. 1200 Stpl; einfache Standardausstattung. Ver- und Entsorgungseinrichtungen für Wohnmobile.
– **Camping Kozarica**, Tel. 023-38 10 70, Fax 023-38 10 68; 1. Apr. – 30. Sept.; ausgedehntes, unebenes, teils stark geneigtes Gelände unter Pinien, Beton- und Kiesstrand; ca. 8 ha – 800 Stpl.; einfache Standardausstattung.

Pirovac

▲ – **FKK-Camping Miran**, Tel. 022-46 68 03, Fax 022-46 70 22, www.rivijera.hr; Ende Apr. – Ende Okt.; am nördlichen Ortsrand, teils welliges Pinienwaldgelände, auch schattenlos, Fels- und Kiesstrand mit Betonliegeflächen; ca. 3 ha – 400 Stpl.; einfache Standardausstattung; Restaurant, Laden, Tennis, Bootsslip.
– Sowie kleinere, privat geführte **Minicamps**.

Sehr ansprechend ist die Landschaftsszenerie auf der Weiterfahrt südöstlich von Pakoštane. Linkerhand liegt der hellgrün schimmernde Binnensee Vransko jezero, rechterhand erstreckt sich ein Archipel kleiner und kleinster Inseln.

103

ROUTE 7: ZADAR – ŠIBENIK

INSEL MURTER

3 km hinter Pirovac bietet sich die Möglichkeit, einen Abstecher zur Insel Murter zu unternehmen.

Besonders malerisch liegt der Ort Tisno am überbrückten schmalen Verbindungskanal zwischen Festland und der Insel Murter. Zahlreiche verschwiegene Badebuchten mit Kiesstränden und angrenzenden Kiefernwäldchen säumen die Küste. Die Gegend ist bekannt für ihre vorzüglichen Weine und ihre Fischspezialitäten.

Murter, das kleine Fischerdorf zwischen Olivenhainen auf der gleichnamigen Insel, weist schöne Strände und einen Campingplatz auf.

Insel Murter Camping

Tisno

▲ – **Camping Jazina**, Tel. 022-43 85 58, Fax 022-43 98 36, www.4xmm.com/autocamp-jaziina; 1. Mai – 30. Sept.; ca. 1 km nordöstlich von Tisno und noch vor der Kanalbrücke; steiniger Hang mit südländischem Baumbestand in sehr schöner relativ ruhiger Lage; Kies- und Felsstrand; ca. 5 ha – 200 Stpl.; Standardausstattung. Fahrradverleih.

Murter

▲ – **Camping Slanica**, (Textil + FKK) Tel. 022-78 80 49, Fax 022-43 59 11, www.murter.com.hr/slanica; 1. Mai – 30. Sept.; karges, teils steiniges Gelände an schöner Kies- und Felsbucht; bei benachbarter Hotelanlage; ca. 1,5 ha – 100 Stpl; Standardausstattung.

Jezera

▲ – **Camping Jezera Lovišća**, Tel. 022-43 96 00, Fax 022-43 92 15, www.Tel.hr/skoljic; Ende apr. – 12. Okt.; beschilderte Zufahrt, terrassiertes Gelände mit Nadel- und Laubbäumen an einer langen Kiesbucht mit betonierten Liegeflächen, zu einer Appartementsiedlung gehörend; ca. 15 ha – 400 Stpl.; Komfortausstattung; Restaurant, Laden, Fahrradverleih, Tennis, Bootsslip. Ver- und Entsorgungseinrichtungen für Wohnmobile.

NATIONALPARK KORNATI

Schiffsausflug zu den Kornati-Inseln

Die Inselgruppe der Kornati, Fortsetzung der langgestreckten Insel Dugi Otok und westlich der Insel Murter gelegen, ist ein Archipel aus rund 140 so gut wie unbewohnten Inselchen, ein wahres Labyrinth aus Fels und Meer. Markant vor allem sind die steilen Kalksteinklippen einiger der fast vegetationslosen Eilande, die nach Südwesten steil ins blaue Meer der Adria abfallen. Am markantesten sind die Klippenküsten auf den Inseln Klobucar, Mana und Rasip Veli ausgeprägt.

Das Kornati-Archipel, das 1980 zum Nationalpark erklärt wurde, ist ein wahres Eldorado wir Wassersportler und Taucher.

Die größte der Inseln ist die rund 25 km lange und kaum mehr als 2,5 km breite Insel Kornat. Von ihr hat das ganze Archipel seinen Namen. Wie man liest, hatte Plinius die Insel schon erwähnt und in seinen Erinnerungen als „Cratea" erwähnt. Reste römischer Ruinen wurden auf einer Anhöhe namens Toreta entdeckt. Später hatte die Insel wechselnde Namen. Zeitweise hieß sie *Insula Sanctae Mariae* (Himmelfahrtsinsel), dann *Tarac*, dann wieder *Turet*, bis sich

ROUTE 7: ZADAR – ŠIBENIK

im 17. Jh. der Name *Coronati* einbürgerte.

Auf den Karstinseln, deren „karge Herrlichkeit" von romantischen Gemütern gepriesen wird, gibt es keinen Wasserlauf und keine einzige Süßwasserquelle. Dennoch lassen Funde annehmen, dass hier schon weit vor Beginn unserer Zeitrechnung Siedlungen existiert haben müssen. Außerdem findet man auf einigen der Eilande durch Trockenmäuerchen eingefriedete Areale, die darauf hinweisen, dass hier früher eine wohl recht karge Landwirtschaft betrieben wurde. Vor allem in windgeschützten Senken und Buchten gedeihen Oliven, Wein und Feigen. Die wenigen Bewohner der paar Siedlungen waren lange auf das in ihren Zisternen gespeicherte Regenwasser angewiesen.

die Kornati-Inseln
Foto: Kroatische Zentrale für Tourismus, München

Viele der Kornati-Inseln gehörten bis ins 19. Jh. wohlhabenden Aristokratenfamilien aus Zadar. Dann begannen Einwohner von Murter und Dugi Otok die Insel oder Teile davon zu erwerben, um Schafe zu züchten.

Tagesausflüge per Schiff zu den Inseln im Nationalpark Kornati werden ab Murter (Kornati Turist) und ab Šibenik (Atlas Turist) angeboten. Der Eintritt in den Nationalpark ist gebührenpflichtig.

HAUPTROUTE

Auf dem Wege nach Šibenik passiert man den Ferienort **Vodice** mit großen Hotelsiedlungen. Vodice hat seinen Namen übrigens von reichen Trinkwasserquellen, die im trockenen, karstigen Mittelmeerraum erste Voraussetzung für das Wachsen von Ansiedlungen und für die Existenz der Bauern waren.

Ein langer, gerne besuchter Strand, der Blaue Strand (Plava plaža) zieht sich an der Westseite von Vodice bis hin nach **Tribunj**. Der alte Ortskern dieses malerischen Fischerstädtchens mit seinen schmalen Gassen zwischen dicht gedrängten Häusern, liegt auf einer winzigen, zwischenzeitlich durch eine Brücke mit dem Festland verbundenen Insel.

3,5 km weiter zweigt rechts der Weg zum etwa 5 km entfernten Ort Martinska ab.

ROUTE 7: ZADAR – ŠIBENIK

Camping nördlich Šibenik

Vodice

▲ – **Camping Imperijal**, Tel. 022-45 44 12, Fax 022-44 04 68, www.rivijera.hr; Anf. Mai – 30. Sept.; 2 km östlich Vodice, zwischen Hotelanlagen und Häusern am Meer, Kiesstrand; ca. 3 ha – 130 Stpl; einfache Standardausstattung; Restaurant, Laden. Fahrradverleih.

➔ **Route:** Im weiteren Verlauf der Route überquert die Straße 8 auf einer hohen Bogenbrücke den Mündungsarm der Krka. Knapp 5 km weiter erreicht man **Šibenik**. ●

ABSTECHER ZU DEN KRKA-WASSERFÄLLEN

Ein Abstecher, der geradezu ein Muss in dieser Region ist, führt zu den **Slapovi Krke**, den bekannten **Krka-Wasserfällen**.

➔ **Route:** Dazu verlässt man die Straße 8/E65, die Šibenik umgeht, nordwestlich der Stadt und folgt der Straße 33 zunächst Richtung Drniš/Knin. Nach 10 km verlassen wir bei **Tomilja** die Straße 33 und folgen der Landstraße westwärts Richtung **Skradin**, um schon kurz darauf der Beschilderung „**Slapovi Krke**" zu folgen. Nach ca. 1 km endet die Straße am Besucherparkplatz oberhalb des Krka-Tales. ●

Wasserfälle im Nationalpark Krka ***
Eintritt. Parkplatz. Pendelbusse.

die Krka-Wasserfälle

Wenige Schritte vom großen Parkplatz entfernt liegt ein **Informationspavillon**. Dort erhält man die Eintrittskarten zum **Nationalpark Krka** und fährt dann mit einem der regelmäßig verkehrenden **Pendelbusse** (im Eintrittspreis inklusive) hinab ins Tal der Krka. Dort führen vom Busstop markierte Wege, Dämme und Stege durch die grüne, streckenweise sehr romantische, von zahllosen Wasserläufen durchzogene Flusslandschaft. Und immer wieder wird der Blick freigegeben auf größere und kleinere Wasserfälle, Kaskaden und Katarakte. Rechnen Sie bei gemächlicher Gangart mit etwa zwei Stunden für einen Rundgang.

In einem idyllischen, waldreichen Tal stürzt der Fluss Krka in zahlreichen bis 100 m breiten Kaskaden insgesamt 42 m talwärts. Der größte und wasserreichste Katarakt der Krka,

ROUTE 7: ZADAR – ŠIBENIK

und wohl auch der sehenswerteste, ist der Skradinski buk. Die Wasser stürzen hier über eine 46 m hohe Kalksteinbarriere, die als eine der höchsten ihrer Art in Europa gilt. Zwischen den Kaskaden und mäandernden Wasserläufen haben sich herrliche Bassins ausgebildet, in denen früher viele Besucher gerne ein Bad nahmen. Heute ist das nicht mehr erlaubt. Die Kalksteinformationen und die Wasserfauna hatte zu sehr unter dem Badebetrieb gelitten. Unterhalb der Wasserfälle Skradinski buk wird Baden in einem abgegrenzten Teil des Gewässers aber toleriert. In der Nähe gibt es Imbissbuden und Toiletten. An einfachen Ständen werden Souvenirs, Feigen, Nüsse, Wein, Slivovic u. ä. angeboten.

Klosterinsel Visovac
Foto: Kroatische Zentrale für Tourismus, München

Ausflugsfahrten per Boot auf der Krka sind möglich, so z. B. zum Karstsee von **Visovac**. Dort kann ein **Franziskanerkloster** aus dem 15. Jh. besichtigt werden, das auf einer kleinen Insel mitten im See liegt. Im Kloster sind wertvolle alte Gemälde, Handschriften und Kunstgegenstände zu sehen.

Bootsauflug zur Klosterinsel Visovac

Einige Bootstouren führen noch weiter die Krka aufwärts bis zu den Wasserfällen **Roski slap** am Nordende des weitverzweigten Visovačko jezero, dem ersten großen See, den die Krka auf ihrem Weg zur Adria bildet. Insgesamt ist der Fluss Krka 72 km lang. Seine Quellflüsse, von romantischen Heimatdichtern auch schon als „Elfenhaare des Dinara-Gebirges" bezeichnet, entspringen bei Knin. In ihrem Verlauf bildet die Krka teils tiefe Canyons und viele schöne Flusslandschaften, die im Gebiet des Nationalparks einen Höhepunkt bilden. Einige Kilometer westlich von Šibenik mündet die Krka durch den Kanal Sveti Ante ins Adriatische Meer.

Ein anderer wichtiger Ausgangspunkt für Bootausflüge auf der Krka und zu den Krka Wasserfällen Skradinski Buk ist das kleine Weinbaustädtchen Skradin an der Ostseite des ausgedehnten Prokljan-Sees. **Skradin**, während der Römerzeit als *Scardona* bekannt, und später für einige Jahrhunderte zum Bischofssitz avanciert, ist übrigens die älteste dalmatinische Siedlung und ab Šibenik auch per Schiff erreichbar. Skradin liegt 9 km nordwestlich der Hauptstraße 23 (Šibenik – Knin), Abzweig bei Tomilja.

Bootsausflüge ab Skradin

ŠIBENIK

Auf der Anreise von Nordwesten sieht man **Šibenik** vor sich liegen und würde die Stadt am liebsten auf der Umgehungsstraße umfahren. Zwar zeugt die stadtüberragende Festung **Sveti Ana** von einer geschichtsreichen Vergangenheit, auch die Lage der Altstadt am Hang über dem Hafen in der Mündungsbucht der Krka wäre anziehend, aber rauchende Schlote von Fabriken und Kohlekraftwerken und trostlose Industriegebäude in den Außenbezirken ermuntern nicht gerade zum Stadtbesuch. Wer es dennoch tut, wird es aber nicht bereuen.

Gebührenpflichtige Parkplätze findet man z. B. rechts der Straße zur Innenstadt beim Theater.

Šibenik ist eine Gründung des kroatischen Fürsten Šubić aus dem 10. Jh. und war im 11. Jh. Residenzstadt von König Krešimir IV. Die Stadt war umkämpft, wie alle dalmatinischen Küstenstädte, von Venezianern, Ungarn und von den Türken. Von einer Pestepidemie verwüstet und durch innere Wirren zerrüttet, kam Šibenik – wohl nicht zuletzt dank seines geschützten Hafens – im ausgehenden Mittelalter zu neuer Blüte. Das Stadtbild geprägt aber haben vor allem die Venezianer, die von 1412 bis 1797 die Hand auf Šibenik hatten.

„Kroatiens Leonardo" stammt aus Šibenik

Im 16. Jh. lebte in Šibenik *Faust Vrančić* (1551 – 1617) seines Zeichens nicht nur Schriftsteller und Philosoph, sondern auch Erfinder diverser technischer Neuigkeiten, zu denen auch ein Vorläufer des Fallschirms zählt. Wohlmeinende Landsleute haben den Sohn der Stadt gar mit dem Beinamen „Leonardo Kroatiens" belegt. Im Kloster zum Hl. Frane, das für seine umfangreiche Sammlung historischer Erstdrucke bekannt ist, wird ein Werk von Vrančić mit dem Titel „Machinae novae" aufbewahrt, das die erste Darstellung eines Fallschirmspringers enthält.

Ein Spaziergang durch die schmalen Gassen der Innenstadt zum Dom und weiter bis hinauf zur Festung ist eine angenehme Abwechslung.

Šibenik, sehenswerte Kathedrale

Unbedingt besuchenswert ist die dem heiligen Jakob geweihte **Kathedrale Sveti Jakova** aus dem 15. und 16. Jh. Die Bauzeit dauerte fast 100 Jahre. Kein Wunder also, dass zwei Baumeister – Juraj Dalmatinac und Nikola Firentinac (Niccolo Fiorentino) – daran arbeiteten und zwei Stilrichtungen zu erkennen sind, Gotik und Renaissance.

Markant ist das Tonnengewölbe des Kirchendaches, der Seiten- und Querschiffe, sowie die achteckige, 32 m hohe Turmkuppel. Insgesamt kann der Dom von Šibenik, der im Stil der toskanischen Renaissance errichtet wurde, zu einem der großen Meisterwerke dalmatinischer Kirchenbaukunst gezählt werden.

Bevor Sie in die Kirche hineingehen, sollten Sie aber auf die 71 Köpfe und Gesichter achten, die einen Fries an der Apsis an der Ostseite des Bauwerks zieren. Dargestellt sind Könige, Kleriker, Dichter und Gelehrte, aber auch Bauern, Frauen, Handwerker, Kin-

ROUTE 7: ZADAR – ŠIBENIK

Blick von der Festung auf Šibenik mit seinem markanten Dom

der und Engel. Der Ausdruck der einzelnen Porträts ist teilweise recht amüsant und soll wohl das ewig Menschliche widerspiegeln.

Die geflügelte, mit einem Speer bewaffnete Figur auf dem Dach des nördlichen Querschiffs gegenüber vom Rathaus stellt den Erzengel Michael (Mihovil), dar, den Schutzpatron von Šibenik. Die Renaissancefigur ist eine Arbeit des Bildhauers und Baumeisters Nikola Firentinac.

Die dreischiffige Basilika mit ihrer 32 m hohen Vierungskuppel ist ein Glanzstück künstlerischer Ausdruckskraft und handwerklicher Meisterleistungen. Fassaden, Portale und Kapellen oder Apsiden sind reich geschmückt.

Beachtung verdient z. B. das sog. Löwentor an der Längsseite zum Stadtplatz hin. Es zeigt außer den beiden Löwen Skulpturen, die Adam und Eva, die Apostel Petrus und Paulus als Missionare sowie die biblische Szene „Öffnung des Paradieses" darstellen.

Ein sehr harmonisches Bild bietet auch die Westfassade. Das Hauptportal dort zeigt Darstellungen wie „Das Jüngste Gericht" oder die „Ausfahrt der Zwölf Apostel". Darüber sieht man eine wunderschöne Fensterrosette.

Aber nicht nur das Dekor der Portale, sondern vor allem auch die herrlich gestaltete Taufkapelle, das Baptisterium, mit ihren zierlichen Säulen und ihrem reichen Akanthusblätter-Schmuck an den Kapitellen, werden selbst den weniger Kunstbeflissenen beeindrucken. Die Blätter sind so fein und kunstvoll gearbeitet, dass sie leicht klingen, wenn man sie mit dem Finger anschnippt.

Das **Denkmal** auf dem Platz vor der Kathedrale stammt von Ivan Meštrović, einem Künstler unserer Zeit, und ist dem Miterbauer der Kathedrale, Juraj Dalmatinac gewidmet.

ROUTE 7: ZADAR – ŠIBENIK

Neben dem ehemaligen **Rathaus**, der prachtvollen **Loggia** aus dem Jahre 1534, weist das Zentrum noch viele Stadthäuser mit schönen Portalen, Balkonen und Fenstern auf.

schöner Blick von der Stadtfestung
*

Die Mühen eines Spaziergangs durch die Gassen hinauf zur Festung werden mit einem weiten Stadtblick belohnt.

Wer sich sehr für die Kirchenbaukunst Dalmatiens interessiert, sollte auf eine Besichtigung der **Kirche Sv. Ivan Krstitelj**, Johanneskirche am Krešimirov trg mitten in der Altstadt, aus dem ausgehenden 15. Jh. mit freistehendem Campanile, Freitreppe, Balustrade sowie einer Ikonensammlung im Inneren und der **Kirche Sv. Frane**, St. Franziskuskirche am Südrand der Altstadt, mit schönem Säulenchor und Kassettendecke nicht verzichten.

Šibenik

Praktische Hinweise – Šibenik

☎ Information: **Turistička zajednica**, Fausta Vrančića 18, 22000 Šibenik, tel. 022-21 20 75.

Feste, Folklore

❖ Feste, Folklore: **Internationales Kinderfestival**, Ende Juni – Anfang Juli. **Šibeniker Sommer**, Konzerte und Folklore, Juli und August.

Restaurants

✂ Restaurants: **Stari Grad,** Obala Oslobođenja 12, vorzügliches Fischlokal mit erschwinglichen Preisen, liegt gleich hinter der Hafenpromenade nahe dem Pavla Subića trg.
Vijećnica, Trg Republike Hrvatske, renommiertes, gepflegtes Restaurant im Rathausgebäude, gepflegte Küche, mittlere Preislage.– Und andere Restaurants.

Hotels

🛏 Hotels: **Hotel Jadran**, **, 50 Zi., Obala Oslobodenja 52, Tel.022-21 26 44, Fax 022-21 91 60; modernes und einziges Hotel der Stadt, am Hafen gelegen, teils Zimmer mit Hafen- und Meerblick. Restaurant. Parkplatz.

Camping

▲ – **Camping Solaris**, Tel. 022-36 40 00, Fax 36 48 00, www.solaris.hr; Mitte März – Ende Okt.; ca. 6 km südlich Šibenik; der Campingplatz ist Teil einer weitläufigen Ferienurbanisation mit mehreren Hotels; ausgedehntes, fast ebenes, teils steiniges Gelände, größtenteils aber unter hochstämmigen Pinien; große Marina mit Verbindungskanal zum Meer; Betonstrand; ca. 10 ha – 600 Stpl. + zahlr. Dau.; Standardausstattung, Supermarkt, Restaurant. Tennis, Fahrradverleih. Ver- u. Entsorgungseinrichtung für Wohnmobile beim Bootskran der Marina.

Zablaće, 5 km westlich von Šibenik

▲ – **Camping Solaris Zablaće**, Tel. 022-35 40 15, Fax 022-36 40 15, www.solaris.hr; Mitte März – Ende Okt.; ca. 6 km südlich Šibenik, Pinienwaldgelände auf einer Halbinsel, Kies- und Sandstrand mit Liegewiese; ca. 5 ha – 300 Stpl.; Standardausstattung. Bootsslipanlage.

110

ROUTE 8: ŠIBENIK – SPLIT

8. ŠIBENIK – SPLIT

⊙ **Entfernung:** Rund 95 km.

→ **Strecke:** Über die Straße 8/E65 und über **Primošten** und **Trogir** bis **Split**.

⇔ **Abstecher** nach **Salona** (Seite 116).

⌚ **Reisedauer:** Mindestens ein Tag.

⌘ **Höhepunkte:** Das hübsch gelegene Inselstädtchen **Primošten** * – **Trogirs Stadtbild** ** – die **Kathedrale in Trogir** ** – die antike Stätte von **Salona** * – der **Diokletianpalast** * in Split.

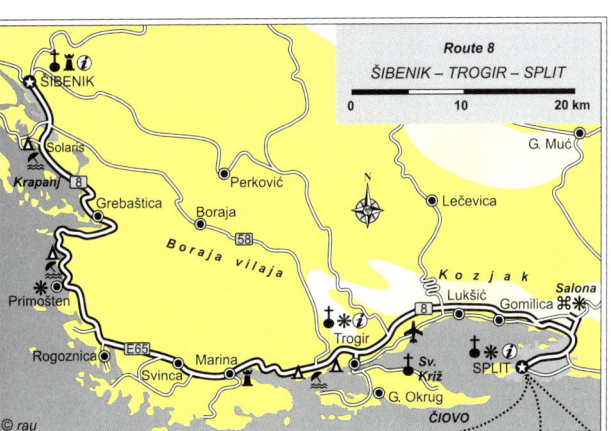

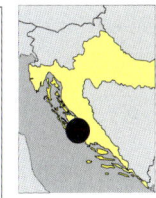

→ **Route:** Zurück auf der Straße 8/E65 geht es entlang einer herrlichen Küstenlandschaft nach **Primošten** und weiter über **Marina** bis **Trogir**. ●

Der hübsch auf einer nur durch einen schmalen Damm mit dem Festland verbundenen Insel gelegene Ort **Primošten** mit seiner die Stadtsilhouette beherrschenden Kirche, seiner kleinen Mole mit Cafés hinter dem Stadttor, mit seinen von Nadelwald umgebenen Hotels (Hotelanlage Zora mit Meerwasserschwimmbad) und seinen schönen **Fels- und Kiesstränden,** die sich bis zur benachbarten Hotelinsel hinziehen, gleicht fast einem adriatischen Bilderbuchstädtchen. Auf einem nahen Inselchen befindet sich ein FKK-Strand.

Primošten

▲ – **Camping Adriatic,** Tel. 022-58 11 11, Fax 022-57 11 61, www.primosten-hoteli.hr; 1. Mai – 30. Okt.; nördlich von Primošten beim Ort Dolac direkt unterhalb der Küstenstraße; langgestrecktes, zum Meer hin leicht geneigtes Gelände, teils naturbelassen unter Pinien, teils schattenlose, rela-

Camping

111

ROUTE 8: ŠIBENIK – SPLIT

Camping bei Primošten

tiv schmale Terrassen, große Teile des Platzes sind für große Wohnmobile oder Caravans kaum zugänglich und nur für Zelte geeignet; ca. 10 ha – 700 Stpl. davon gut die Hälfte von Dauercampern bzw. von Mietzelten tschechischer Reiseveranstalter belegt; Mindestausstattung, die stark renovierungsbedürftigen Sanitäranlagen sollen lt. Platzleitung 2003 erneuert werden. Supermarkt, Restaurant. Ver- u. Entsorgungseinrichtung für Wohnmobile. Kilometerlange Felsküste, mit eingelagerten Kiesstränden.

20 km weiter fällt der Küstenort **Marina** durch seinen viereckigen **Wehrturm** aus dem 15. Jh. am Rande eines großen Sportboothafens auf. Heute beherbergt der Turm ein 40-Betten-Hotel.

sehenswertes Trogir **

TROGIR

Trogir, nach Bekunden des Tourismusverbandes „der echteste Vertreter der dalmatinischen Geschichte", liegt auf einer durch eine Brücke mit dem Festland verbundenen Insel. Eine bewegliche Brücke führt weiter zur vorgelagerten Insel Čiovo.

Die Parkplatzsituation vor der Altstadt von Trogir ist etwas problematisch, da die angebotenen öffentlichen Parkmöglichkeiten z. B. am westlichen Ortsrand vor allem an Markttagen rasch vollbelegt sind. Die Altstadt und der Hafenbereich sind für den allgemeinen Autoverkehr gesperrt.

Durch das geschlossen erhaltene Stadtbild stellt die „Museumsstadt" Trogir, neben Dubrovnik und der Altstadt von Split, das kompletteste Gebäudeensemble an der dalmatinischen Küste dar. Die Geschichte der Stadt spiegelt die Historie der meisten großen Küstenstädte wieder. Griechische Gründung „Tragurion", später rö

Trogir

ROUTE 8: ŠIBENIK – SPLIT

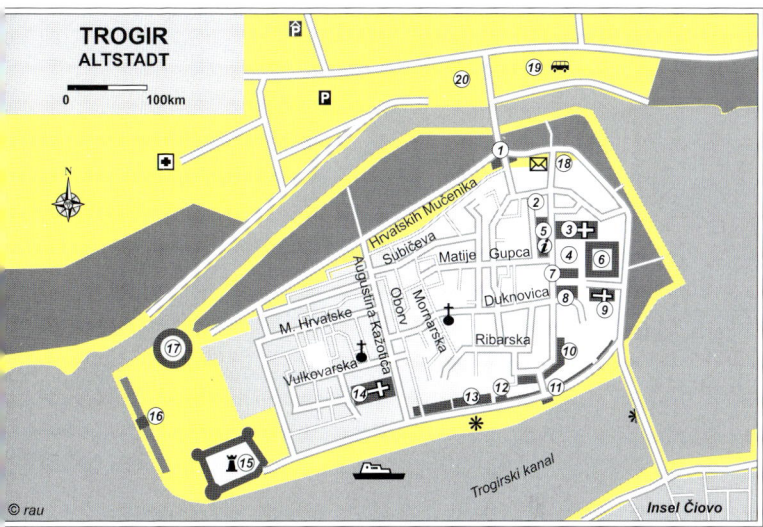

TROGIR – **1** Landtor – **2** Garanjin-Fanfagna Palais, Stadtmuseum – **3** Kathedrale – **4** Trg Ivan Pavla II, Rathausplatz – **5** Čipiko-Palast, Information – **6** Rathaus – **7** Loggia – **8** Kirche Sv. Barbara – **9** Kirche Sv. Ivan Krstitelj – **10** Benediktinerinnenkloster – **11** Kleine Loggia, Seetor – **12** südl. Stadttor – **13** Lucić-Palais – **14** Dominikanerkloster – **15** Kastell Kamerlengo – **16** Marmorgloriette – **17** Rundturm Sv. Marko – **18** Postamt – **19** Busterminal – **20** Markt

nischer Handelsplatz, dann byzantinische Herrschaft, danach Besitz kroatischer Fürsten und schließlich von Venedig vereinnahmt.

Rundgang durch die Altstadt

Neben einem Bummel durch die engen Gassen zur Promenade am Hafenkai, lohnt vor allem der Weg zum **Trg Ivan Pavla II** (ehemals Narodni trg – 4) dem Hauptplatz oder Rathausplatz in der Altstadt.

Geht man von Norden her durch das Nord-oder Landtor und durch die Kohl-Genscher ulica hinein in die Altstadt, passiert man zunächst das auf der rechten (westlichen) Straßenseite gelegene **Gradski Muzej (2)**, das Stadtmuseum im altehrwürdigen Garanjin-Fanfagna Palais. Die eher bescheidenen Ausstellungen mit Dokumenten, Stadtansichten, Trachten u. ä. befassen sich mit der langen, bewegten Geschichte der Stadt.

Die große Sehenswürdigkeit am großen Stadtplatz Trg Ivan Pavla II ist die **Kathedrale Sv. Lovro (3),** St. Lorenz, mit ihrem herrlichen romanischen **Hauptportal**. Es wurde im 15. Jh. von Radovan geschaffen. Beeindruckend sind die Löwenfiguren, Adam und Eva, Heiligenfiguren, Szenen aus der Bibel, Tiergestalten und das schmückende Blattwerk. Im dreischiffigen Inneren ist man gefesselt von der **Marmorkanzel** aus dem 13. Jh., dem gotischen **Chorgestühl** und den **Seitenkapellen,** von denen die **Ursini-Kapelle** (im linken

Stadtspaziergang

Stadtmuseum (2)
Jul. + Aug. Mo. – Fr. 8 – 15 Uhr.
Übrige Zeit nach Voranmeldung im Touristenbüro.
Eintritt.

Kathedrale (3)

113

ROUTE 8: ŠIBENIK – SPLIT

Fassade des Ćipiko-Palastes, Trogir

Kirchenschiff) als eine der schönsten in ganz Dalmatien gilt. Die Kapelle entstand im 15. Jh. im Renaissancestil. Besondere Beachtung verdienen die lebensgroßen Apostelgestalten und Bildnisse hoher Kirchenväter. In einem Marmorsarkophag ist der hl. Orsinus (Ursini) bestattet, der im 11. Jh. Bischof von Trogir war.

In der **Sakristei** findet der Besucher eine kleine Sammlung mittelalterlicher Manuskripte und Gemälde, sowie eine Ausstellung des Kirchenschatzes.

Der **Turm** der Kathedrale kann bestiegen werden. Von oben imposanter Blick auf die gesamte Stadt

Dem Kirchenportal gegenüber liegt der **Ćipiko-Palast (5)** mit schöner gotisch-venezianischer Fassade. Er beherbergt heute u. a. das **Touristeninformationsbüro.**

Auf der Ostseite wird der Platz durch das **Rathaus (6)**, auf der Südseite durch die **Loggia (7)** mit dem Uhrturm abgeschlossen. Unmittelbar daneben liegt die **Kirche Sv. Barbara (8).** Die dreischiffige Basilika im romanischen Stil stammt aus dem 11. Jh. und zählt zu den ältesten Kirchenbauten in Trogir.

Johanneskirche (9)

Geht man zwischen Rathaus und Uhrturm hindurch, kommt man zur im 13. Jh. im spätromanischen Stil errichteten und Johannes dem Täufer geweihten **Kirche Sv. Ivan Kristitelj (9).** Sie war die Grabkirche der Familie Ćipiko und beherbergt die bemerkenswerte Plastik „Die Beweinung Christi", ein Werk des Bildhauers Niccolo Fiorentino.

schöner Stadtblick **

Etwas weiter erreicht man die Brücke zur Insel Čiovo. Gehen Sie ein Stück über die Brücke. Von ihr aus hat man den vielleicht schönsten **Blick auf Trogir** und seinen Hafen, der Basis für viele der Kreuzfahrt- und Ausflugssegler ist.

An dieser Seite der Altstadt von Trogir sind noch Reste der alten **Stadtmauer** zu sehen mit der sog. **Kleinen Loggia (11)** und dem **Seetor** daneben. Hinter den Mauern liegt das schon 1064 gegründete **Benediktinerinnenkloster (10),** das man an seinem Glockenturm (15. Jh.) erkennen kann.

Die Stadtmauer endet am südlichen **Stadttor (12)** nur ein paar Schritte weiter.

Klosterkirche (14)

Folgt man dem Hafenkai weiter nach Westen, passiert man die Kirche des **Dominikanerklosters (14)** mit Kreuzgang und beachtenswerten Barockaltären und Gruften in der Klosterkirche. Am Ende

ROUTE 8: ŠIBENIK – SPLIT

des Kais schließlich erhebt sich unübersehbar das **Kastell Kamerlengo (15)** mit einem mächtigen Wehrturm aus dem 14. Jh.

Geht man ganz um das Westende der Stadt herum, vorbei an der **Marmorgloriette (16)**, einem Säulentempelchen, das im 19. Jh. zu Ehren des französischen Marschalls Marmont errichtet worden ist, kommt man an der Nordseite der Stadt zum **Rundturm Sv. Marko (17)** und kann von dort zurück zum Ausgangspunkt gehen.

Praktische Hinweise – Trogir

📞 Information: **Turistička zajednica grada**, Obla B. Berislavića 12, 21220 Trogir, Tel./Fax 88 14 12. E-Mail: tzg-trogir@st.tel.hr. Web: www.dalmacija.net.

❖ Feste, Folklore: **Kultursommer** mit Konzerten, Ausstellungen, Theateraufführungen, jedes Jahr im Juli und August.
Fest des hl. Ivan, großes Stadt- und Volksfest, jedes Jahr am 14. November.

Portal der Kathedrale Sv. Lovro, Trogir

🍴 Restaurants: **Fontana**, Oborv 1, bei Einheimischen wie Besuchern gleichermaßen beliebtes Lokal, mit schöner Freiterrasse an den Kaianlagen am Südrand der Altstadt, Fisch- und Grillspezialitäten, mittlere Preislage. – Und andere Restaurants.

Trogir Restaurants

🛏 Hotels: **Concordia**, **, 15 Zi., Obala Bana Berislavića 22, Tel. 021-88 54 00, Fax 021-88 54 01; angenehmes Stadthotel am Meer, einige der klimatisierten Zimmer mit Meerblick. Restaurant, Café. Parkplatz.
Villa Sikaa, **, 7 Zi., Tel. 021-88 12 23, Fax 021-88 51 49; über die Brücke auf die Čiovo Insel, kleines, aber recht komfortables, einladendes Haus, von einigen Zimmern schöner Blick auf Trogir.
Medena, **, 500 Zi.; Seget Donji, Tel. 021-88 05 88, Fax 021-88 00 19, rund 4 km westlich der Stadt gelegen, weitläufige Hotel- und Appartementanlage mit eigenem Fels- und Kiesstrand. Restaurant, Café, Bar. Fitnessraum, Sauna. Parkplatz. Pendelbusverkehr nach Trogir. – Und andere Hotels.

Hotels

Seget Donji

▲ – **Camping Seget**, Tel. 021-88 03 94, Fax 021-88 03 94, Fax 021-88 03 94; Mitte Apr. – Ende Okt.; westlich Trogir zwischen Küstenstraße und Meer, terrassiert; ca. 2 ha – 130 Stpl; einfache Standardausstattung, div. Sportmöglichkeiten, Fahrradverleih, Bootsslipanlage.

Camping bei Trogir

Vranjica

▲ – **Vranjica Belvedere**, Tel. 021-89 41 41, Fax 021-89 41 51, www.vranjica-belvedere.hr; Mitte Apr. – Ende Okt.; rund 5 km westlich Trogir, Beschilderung an der Küstenstraße; weitläufige, schattenlose, steinige Ter-

ROUTE 8: ŠIBENIK – SPLIT

rassenanlage in schöner Lage an einer Bucht; von den meisten Stellplätzen ungehinderte Aussicht auf die vorgelagerte Inselwelt; langer, schmaler Felsstrand mit betonierten Liegeflächen; ca. 7 ha – 550 Stpl.; einfache Standardausstattung; Restaurant, Laden, Bootsslip.

Alternativroute über die „Kaštela-Städtchen"

Folgt man auf dem Wege von Trogir nach Split nicht der Hauptstraße 8, sondern nimmt den Weg über die Küstenstraße, passiert man die sieben **„Kaštela-Städtchen"** Kaštel-Štafilić, Kaštel-Novi, Kaštel-Stari, Kaštel-Lukšić, Kaštel-Kambelovac, Kaštel-Gomilica und Kaštel-Sućurac. Die befestigten Städte wurden seinerzeit als Bollwerke gegen die Türkeneinfälle errichtet. Zu einem Wahrzeichen an der rund 16 km langen Kaštel-Riviera mit ihren Weinfeldern und Obstgärten wurden die schlanken Glockentürme der Städte.

➔ **Route:** Nur 30 km südöstlich von Trogir liegt **Split.** •

Bevor man hinein nach Split fährt, kann man in **Solin** Halt machen. Solin, die eigentliche Keimzelle von Split, ist heute ein Vorort der Stadt und liegt wenige Kilometer nördlich von Split. Man zweigt von der Straße 1/E75 (Split – Sinj) ab und folgt der Landstraße ein kurzes Stück westwärts Richtung Kaštel-Sućurac. Ab Split ist Solin auch mit dem Bus Nr. 1 zu erreichen. Busstop vor dem Eingang zur archäologischen Stätte.

antikes Salona *
Mo – Fr 7 - 19, Sa 10 – 19, So 16 – 19 Uhr. Eintritt.

Solin, das antike **Salona**, ist die zu Beginn unserer Zeitrechnung gegründete **Colonia Martia Iulia Salona**. An der alten Küstenstraße Richtung Sućurac – in der Antike reichte das Meer bis an die Mauern von Solin – liegen am Fuße der Höhenzüge Kozjak die Reste der einstmals bedeutendsten römischen Siedlung an der Adriaküste, die zur Zeit Kaiser Augustus' Hauptstadt der illyrischen Provinz Dalmatien war.

Im Jahre 240 wurde im damals stark befestigten Salona Kaiser Diokletian geboren. **Amphitheater, Thermen,** Reste der **Stadtmauer** und **Palastruinen** erinnern auf dem sehr weitläufigen Gelände an die blühende, antike Stadt der Römer, in der damals mehr als 60.000 Menschen wohnten. Nehmen Sie sich Zeit und machen Sie sich auf einen längeren Spaziergang gefasst, wenn Sie auch die entlegeneren Ruinen, zu denen z. B. die stattlichen Reste des antiken Amphitheaters, in dem einstmals mehr als 20.000 Zuschauer Platz fanden, ansehen wollen.

Um das 4. nachchristliche Jahrhundert war Salona ein bedeutendes Zentrum des frühen Christentums. Aus jener Epoche sind die bescheidenen Reste einer Kathedrale und des Friedhofs Manastirine erhalten. Dort wurden u. a. Sarkophage mit Reliefmotiven wie „Die Flucht über das Rote Meer" oder „Die unglückliche Liebe des Hippolyt und der Fetra" gefunden, die heute im Archäologischen Museum in Split zu sehen sind.

Im frühen Mittelalter hatte Salona den Rang einer Hauptstadt im ersten kroatischen Feudalstaat inne. Von jener Zeit zeugen Reste eines Königsmausoleums aus dem 10. Jh.

Der archäologischen Stätte von Salona ist zwar eine kleines **Museum** angeschlossen, die meisten Funde und Ausgrabungsstü-

ROUTE 8: ŠIBENIK – SPLIT

ke sind heute aber im archäologischen Museum in Split ausgestellt.

Restaurant am **Parkplatz** vor der archäologischen Stätte von Salona.

SPLIT

Wenn man auf der Adria-Magistrale auf die Stadt zufährt, ist der erste Eindruck enttäuschend. Zementwerke, qualmende Industrie- und Hafenanlagen, Hochhäuser und Wohnblocks säumen die Bucht. Sehenswert jedoch ist der alte Kern der etwa 174.000 Einwohner zählenden Stadt.

das antike Salona/Solin, bei Split

Gebührenpflichtige **Straßenparkplätze** findet man am Westrand des Komplexes des Diokletianpalasts und rund um die öffentlichen Gebäude am Hafen.

Die Stadt Split entstand um den Palast, den sich der römische Kaiser Diokletian hier wegen naher Schwefelheilquellen als Altersruhesitz Ende des 3. Jh. hatte errichten lassen. 300 Jahre später, als um 614 Awaren und Slawen Salona zerstörten, flüchtete die Bevölkerung von Salona in den Palast von Split. Langsam entwickelte sich außerhalb der Palastmauern die Stadt.

Was Wunder, dass der **Diokletianpalast** die Sehenswürdigkeit in Split schlechthin ist.

Split, Diokletianpalast ***

Einen Palastbau im eigentlichen Sinne darf man sich aber heute nicht mehr darunter vorstellen, eher ein ganzes Häuserviertel mit einer Fläche von 30.000 qm, 215 m lang und 175 m breit. Mächtige Mauern – 2 m dick und an der Hafenseite 24 m hoch – umgeben das Ganze. An den Ecken erheben sich viereckige Wachttürme.

Durch turmbewehrte Stadttore – das **Goldene Tor (2)** im Norden, das **Silberne Tor (3)** im Osten, das **Eiserne Tor (4)** im Westen und das **Bronzetor (5)** im Süden – führen zwei Hauptstraßen in den Palast hinein. Sie kreuzen sich in der Mitte und teilen die ganze Anlage in vier Viertel. Die nördliche Hälfte diente einst der Leibgarde und der Dienerschaft als Lagerräume und Werkstätten. Die südliche und dem Meer zugekehrte Hälfte beherbergte die kaiserlichen Gemächer, die Gemächer der Kaiserin Prisca und der Kaiserinmutter Dioclea.

Die Mitte der Südhälfte wird eingenommen vom **Vestibül (6)**, einem Rundbau, und vom **Perystil (7)** (heute Domplatz), einer 35 mal 13 m großen Freifläche, gesäumt von korinthischen Säulen aus rosafarbenem Granit und weißem Marmor (aus Ägypten) und einer ägyptischen **Sphinx** aus dem 15. Jh. v. Chr. Sie stammt aus dem Grab König Thutmosis' III.

117

ROUTE 8: ŠIBENIK – SPLIT

Split, Diokletianpalast und Dom Sv. Dujam

An der Nordseite des Platzes findet man das Büro der **Touristeninformation**.

Auf der Ostseite dominiert das achteckige, von einem Wandelgang mit 24 Säulen umgebene, außen achteckige, innen runde **Mausoleum Diokletians (8)**. Heute ist das der **Dom Sv. Dujam**, dem im Mittelalter der über 60 m hohe **Glockenturm** (Aussicht) angefügt wurde. Im Kircheninnern mit seinen mächtigen korinthischen, 9 m hohen Säulen, das fast 14 m im Durchmesser misst und gut 21 m hoch ist und von einer 4 m hohen Kuppel abgeschlossen, verdient vor allem die herrliche **Steinkanzel** aus dem 13. Jh. Beachtung. Die Kanzel wird von sechs zierlichen Säulen getragen. Wunderschön gearbeitet sind die Kapitelle der Säulen. Nicht übersehen werden sollte auch das Chorgestühl, das ebenfalls im 13. Jh. entstand.

Außerdem kann man den **Kirchenschatz** (Eintritt) des Doms im Obergeschoss eines Anbaus besichtigen. Zugang neben dem Altar. Zu sehen sind liturgische Geräte, Messgewänder, Reliquiare, Ikonen, handgeschriebene Messbücher, glagolitische Handschriften u. ä.

Auf der Westseite des Domplatzes sieht man das **Baptisterium (9)**, die Taufkapelle, die aus dem römischen Äskulap- oder Jupitertempel entstand.

Unter der südlichen Platzhälfte können die **Kellerräume (10)** des Palastes besichtigt werden, die heute als Ausstellungs- und Veranstaltungsräume dienen.

Im Nordostviertel des Palastareals liegt der **Papalić Palast (11)**, ein schönes Beispiel eines noblen Stadtpalastes aus dem 14. Jh. Schöner Innenhof, Loggia und Freitreppe. Das Palais beherbergt heute das **Gradski Muzej**, das **Städtische Museum**. Ausgestellt sind eine Waffen- und Wappensammlung, Gemälde, Münzen, historisches Mobiliar u. ä.

Museum von Split
Di. – Fr. 9 – 16, Sa. + So. 10 – 12 Uhr, Mo. geschlossen. Eintritt.

Noch etwas weiter nördlich steht vor dem Goldenen Tor an der Nordseite die mächtige **Bronzestatue** des asketischen Bischof Gregor von Nin. Er setzte sich im 10. Jh. auf dem Konzil von Split für den Gebrauch der Volkssprache in Kirchenbüchern und in der Liturgie ein.

Durch das westliche Eiserne Tor mit dem Uhrturm gelangt man auf den Volksplatz **Narodni trg (12)** mit dem rechterhand (Nordseite) liegenden **alten Rathaus** mit schöner Loggienfassade aus der

ROUTE 8: ŠIBENIK – SPLIT

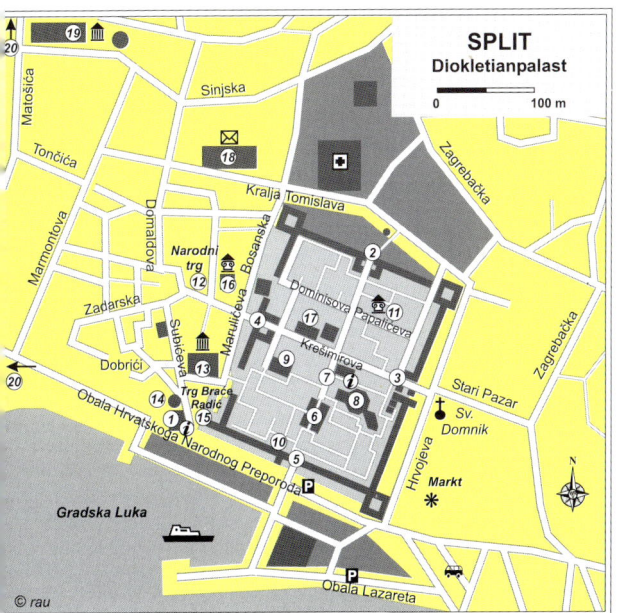

SPLIT
1 Information
2 Porta aurea - Goldenes Tor, Ninski-Statue
3 Porta argenta - Silbernes Tor
4 Porta ferrea - Eisernes Tor
5 Porta aenea - Bronzenes Tor
6 Vestibulum
7 Peristyl
8 Mausoleum Diokletians, Dom, Schatzkamme
9 Baptisterium
10 Kaiserlicher Keller
11 Papalić-Palast, Stadtmuseum
12 Volksplatz Narodni trg
13 Milesi-Palast
14 Venez. Turm
15 Trg Braće Radić (Voćni trg), Denkmal Marko Marulić
16 Ethnograph. Museum, Altes Rathaus
17 Palast Cindro
18 Hauptpostamt
19 Nationaltheater
20 zum Archäol. Museum
21 zum Museum für Archäolog. Monumente Kroatiens und zur Galerie Meštrović.

5. Jh. Heute findet man hier das **Ethnographisches Museum** mit einer bemerkenswerten Kostüme- und Trachtensammlung und einer Ausstellung und Bilddokumentation über namhafte Bürger der Stadt.

Südlich davon, an der Südwestecke des Palastviertels, liegt der hübsche kleine Platz Trg Braće Radića mit dem frühbarocken **Palast Milesi (13)** aus dem 16. Jh. an der Nordseite und dem Hrvoje-Turm oder **Venezianischen Turm (14)**. Hrvoje war zu Beginn des 5. Jh. Herzog von Split.

Ebenfalls auf dem Platz steht das Denkmal des Spliter Dichters Marko Marulic (um 1500), dessen Werke als erste in gedruckter Form in Kroatien erschienen sind. An der Meerseite des Platzes liegt ein Büro der **Touristeninformation (1)**.

An der Ostseite des Diokletianpalastes findet im Schatten der Sv. Dominik Kirche täglich ein bunter **Gemüsemarkt** statt.

Ein gutes Stück nördlich der Innenstadt liegt das **Arheološki Muzej**, das **Archäologische Museum**, Zrinjsko-Frankopanska 25. Hier sind u. a. alle bedeutenden Ausgrabungsfunde aus Salona ausgestellt.

Archäol. Museum
Di. – Fr. 9 – 13, 16 – 19, Sa. + So. 10 – 12 Uhr. Eintritt.

Von Split verkehren **Auto- bzw. Personenfähren** sowohl nach Italien als auch nach Rijeka und Dubrovnik und zu nahezu allen vorgelagerten Inseln („Jadrolinija", Schiffsterminal, Tel. 33 53 99).

Inselfähren

Split

Praktische Hinweise – Split

 Information: **Turistička zajednica**, Trg Republike 2/I, 21001 Split, Tel. 021-35 52 69, E-Mail: tz-split@st.tel.hr

ROUTE 8: ŠIBENIK – SPLIT

Split

Offizielle Vertretung des **Kroatischen Automobilclubs HAK**, Komulovica put 2, 58000 Split, Tel./Fax 021-35 63 33, 021-34 52 65.

Feste, Folklore

❖ Feste, Folklore: **Spliter Sommer**, Mitte Juli – Mitte August.

Restaurants

✂ Restaurants: **Sarajevo**, Domaldova 6, Tel. 021-34 74 54; zentral neben dem Ethnographischen Museum gelegen, gute regionale Küche, moderate Preise.
Kod Jose, Sredmanuška 4, Tel. 021-34 73 97; beliebtes Lokal am Rande des Stadtzentrums. Spezialität des Hauses: Tagliatelle mit Meeresfrüchten, moderate Preise. – Und andere Restaurants.

Hotels

🛏 Hotels: **Hotel Globo**, ***, 25 Zi., Lovretska 18, Tel. 021-48 11 11, Fax 021-48 11 18; neues Stadthotel mit geräumigen, zeitgemäß ausgestatteten, klimatisierten Zimmern. Restaurant. Parkplatz.
Hotel Park, ***, 40 Zi., Hatzeov perivoj 3, Tel. 021-40 64 00, Fax 021-40 64 01; kürzlich neu renoviertes Firstclasshotel in Gehnähe zum Stadtzentrum, modern ausgestattete, klimatisierte Zimmer. Restaurant, Café, Sauna.
Hotel Bellevue, **, 40 Zi., J. B. Jelačića 2, Tel. 021-58 57 01, Fax 021-36 23 83; alteingesessenes Hotel in inzwischen seltenem dalmatinischen Stil erbaut, in bester Lage am Stadtplatz Trg Republike. Restaurant, Café. Parkmöglichkeit. – Und andere Hotels

INSEL VIS

Vis ist eine der am weitesten vom dalmatinischen Festland entfernten Inseln. Sie war lange militärisches Sperrgebiet und für ausländische Besucher nicht zugänglich. Das hat sich nun geändert. Aufgrund der Abgeschiedenheit, einer lange Zeit starken Abwanderung der Inselbewohner und der einstigen Besuchersperre hat sich auf Vis noch keine ausgeprägte touristische Infrastruktur entwickelt. Dafür ist die Natur der Insel eine relativ unberührte Oase geblieben, was heutige Besucher zu schätzen wissen.

Auf der Insel gibt es nur zwei Orte von nennenswerter Größe: **Vis** im Nordosten und **Komiža** um Westen. Beide Gemeinden sind Fischer- und Hafenstädtchen mit Fährverbindungen. Von und nach Vis verkehren Autofähren nach Split, Stari Grad und Ancona. Komiža hat regelmäßige Fährverbindungen mit Pescara in Italien. Vor allem in den Sommermonaten Juli und August verkehren (meist einmal morgens ab Split und einmal abends ab Vis) Personenfähren nach Vis, Fahrzeit zwei Stunden. Außerdem werden z. B. von Hvar aus ganztägige **Bootsausflüge** zur Insel Vis angeboten.

Zwischen den beiden Orten besteht eine, wenn auch recht spärliche Busverbindung. Und in Vis gibt es bislang zwei **Hotels**, Hotel Tamaris und Hotel Issa. Besichtigen kann man ein archäologisches **Museum**. Vor allem wer taucht, wird die klaren, fischreichen Gewässer um Vis bald schätzen lernen.

Insel Vis
die Blaue Grotte

Unweit westlich der Insel Vis liegt die kleine Karstinsel **Biševo**. Größte Attraktion und ein richtiger Touristenmagnet ist dort die Seehöhle Modar špilja, die **Blaue Grotte**, deren Besuch in fast jedem Ausflugsprogramm enthalten ist. Durch eine unter der Wasserlinie liegende Öffnung gelangt Sonnenlicht in die Höhle und taucht sie in einen mystisch anmutenden silber-blauen Lichtschein.

ROUTE 9: SPLIT – DUBROVNIK

9. SPLIT – DUBROVNIK

☉ **Entfernung:** Rund 35 km Insel Hvar, 96 km Insel Korčula, 35 km Insel Pelješac plus 60 km bis Dubrovnik.
➔ **Strecke: Fähre** nach **Stari Grad/Insel Hvar** – Inselstraße von Stari Grad nach **Hvar** – **Fähre** von Stari Grad nach **Korčula/Insel Korčula** – Inselstraße 118 nach **Vela Luka** und zurück nach Hvar – **Fähre** nach **Orebić/Insel Pelješac** – Inselstraße 414 über **Ston** bis **Zaton Doli** – Küstenstraße 8/E65 bis **Dubrovnik**.
⇔ **Abstecher zur Insel Mljet** (Seite 130).
🕒 **Reisedauer:** Mindestens zwei Tage, besser mehr.
✣ **Höhepunkte:** Sehenswertes **Hvar** * – ein Bummel durch die **Altstadt von Korčula** ** und die Lage der Altstadt – die Mauern von **Ston**.

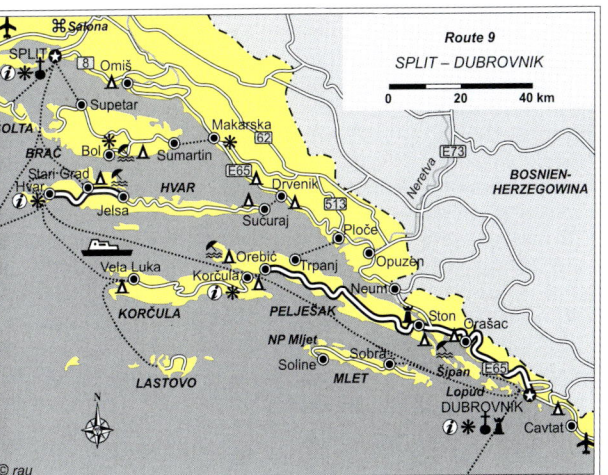

Routenalternative

Alternativ zu unserer nachstehend vorgeschlagenen Tour über die Inseln kann man ab Split natürlich auch über die Küstenstraße 8/E65 weiterfahren und einen Abstecher auf die Inseln machen – von Makarska auf die Insel Brač (siehe Route 11, Dubrovnik – Omiš, Abstecher zur Insel Brač), von Drvenik auf die Insel Hvar (siehe Anmerkung zur Inselstraße weiter unten), oder von Ploče nach Trpanj auf der Insel Pelješac und dort von Orebić nach Korčula auf der gleichnamigen Insel.

ROUTE 9: SPLIT – DUBROVNIK

INSEL HVAR

Autofähre nach Hvar

Die Küstenfährschiffe von Jadrolinija verkehren von **Split** nach **Stari Grad/Insel Hvar** in der Hochsaison montags, dienstags, mittwochs, donnerstags und samstags um 6.30 bzw. 7 Uhr, und von Stari Grad nach Split um 16.30, 18 bzw. 18.30 Uhr. Fahrzeit rund eine Stunde 30 Minuten. Änderungen sind möglich! Die Fähren kommen aus Ancona oder aus Rijeka und Zadar und fahren weiter nach Korčula bzw. Dubrovnik.

Die rund 300 qkm große und knapp 70 km lange **Insel Hvar** ist dank ihres ganzjährig milden Klimas zu einem beliebten Ferienziel geworden. Hvar ist aber auch die Insel des duftenden Lavendel (besonders schön zur Lavendelblüte im Juni) und Rosmarins, ein Insel mit ausgedehnten Weinbergen und Olivenhainen, Feigen- und Zitrusbäumen. Hvar zählt zu den sonnenreichsten Inseln in der Adria. Und die Hotels können sich erlauben damit zu werben, dass sie in der Wintersaison von November bis März ihren Gästen für jeden Tag freie Logis bieten, an denen es Nebel gibt, es schneit oder die Temperatur unter 0 °C fällt. Und ganz stolz verweist eine Publikation des städtischen Touristenverbandes darauf, dass die Insel Hvar vom amerikanischen Monatsmagazin „Traveller" zu einer der zehn schönsten Inseln der Welt gewählt wurde, in einer Reihe mit Bali Hawaii, Capri u. a.

Im weiteren Verlauf seiner langen Geschichte sah auch Hvar all die Herrscher und Despoten, die den Adriaraum einstmals beherrschten, von den Illyrern über die Römer, die Slaven im 7. Jh die Byzantiner im 9. Jh., eine Reihe kroatischer Könige im 11. Jh die Venezianer von 1420 bis 1797 bis hin zu den Habsburgern, die sich erst 1918 von Hvar verabschiedeten und den Italienern, die anschließend bis 1922 die Herren auf Hvar waren.

Übrigens: Von der Insel Hvar stammte Ivan Vučetić (1858 – 1925) Erfinder der Daktiloskopie, der Methode zur Identifikation von Personen aufgrund des Fingerabdrucks

Stadt Hvar, sehenswertes Zentrum*

Das einladende und sehr ansprechend gelegene Hafenstädtchen **Hvar** ist Sommer- und Winterferienort. Als kleiner Tipp zur Urlaubsplanung sei erwähnt, dass Hvar in den Ferienmonaten Juli und August sehr stark besucht (oder sollte man besser sagen, hoffnungslos überlaufen) ist.

Wie wichtig Hvar als Hafen am adriatischen Seefahrtsweg schon früher war, bezeugen viele kulturhistorische Denkmäler und die über siebenhundert Jahre alte **Festung Španjola**, welche die Stadt überragt und von wo aus man weite Ausblicke genießen kann, wenn man sich die Mühe macht und einen Spaziergang hinauf unternimmt. Noch ein Stück höher liegt das **Fort Napoléon**, eine Bastion, die aus der Zeit um 1806 stammt, als die Franzosen ein kurzes Besatzergastspiel auf der Insel gaben.

Mittelpunkt des einladenden Hafenstädtchens ist der langgestreckte gepflasterte **Stadtplatz**, der sich bis zum Hafen erstreckt

ROUTE 9: SPLIT – DUBROVNIK

Hvar

Und nachdem die Innenstadt von Hvar autofrei ist, kann man nun auch diesen schönen Renaissanceplatz vor der Kathedrale mit dem **Stadtbrunnen** aus dem Jahre 1529 und den **Stadtpalästen** Groda und Burak in Ruhe betrachten.

Zu den Sehenswürdigkeiten zählen darüber hinaus die **Stadtmauer**, die **Renaissancekathedrale Sv. Stjepan** aus dem 16. Jh. mit kostbarer Schatzkammer, sowie das **Arsenal** mit seinem riesigen Bogenportal, durch das die Galeeren früherer Tage direkt in das Hafenbecken auslaufen konnten. Heute findet man hier eine Kunstgalerie. Und im Obergeschoss des Arsenals ist seit 1612 das **Stadttheater** eingerichtet, das als ältestes Theater in Kroatien gilt. Schließlich muss in der Liste der Sehenswürdigkeiten der Stadt Hvar auch das **Franziskanerkloster** erwähnt werden, das etwas südöstlich der Stadt liegt und mit einem schönen Renaissancekreuzgang, einer wertvollen Gemäldesammlung und beachtenswertem Chorgestühl in der Klosterkirche aufwartet. Die Kirche ist den „Gnadenreichen Muttergottes" geweiht. An der Fassade sieht man ein Relief „Madonna mit dem Kind".

☑ *Mein Tipp!* Ein Bummel entlang der Hafenpromenade mit ihren herrlichen Dattelpalmen und ein Besuch in einem der hübschen Lokale lohnt alleine schon die Fahrt hierher.

Jelsa und **Stari Grad** sind Orte, die heute ganz vom Tourismus geprägt sind und im Sommer aus allen Nähten platzen. Stari Grad ist eine uralte Gründung griechischer Kolonisten aus dem 4. vorchristlichen Jahrhundert. Sie nannten den Ort *Pharos*, was Leuchtturm bedeutet. Bald war der Name für die ganze Insel gebräuchlich und wandelte sich im Laufe der Jahrhunderte schließlich in *Hvar*.

Fährhafen Stari Grad

ROUTE 9: SPLIT – DUBROVNIK

Zu den eher bescheidenen Sehenswürdigkeiten in Stari Grad zählen die **Kirche Sv. Ivan** aus dem 12. Jh. und das **Stadtpalais Tvrdalj** von 1520 mit Arkadengang und hübschem Park, das sich der Dichter Petar Hektorović zur Sommerresidenz umbauen ließ.

Vrboska, kleiner, netter Fischerort mit stattlicher **Festung** an einem weit ins Land reichenden Meeresarm liegt ca. 4 km westlich von Jelsa.

Insel Hvar

Praktische Hinweise – Insel Hvar

☎ Information: **Turistička zajednica**, Hvar, Tel. 021-74 19 56, Fax 021-74 20 14.

Feste, Folklore

❖ Feste, Folklore: **Weinfestival in Jelsa**, Mitte August.

Restaurants

✄ Restaurants: **Bounty**, Tel. 021-74 25 65; am Hafen, beliebtes Lokal, Fisch- und Grillspezialitäten, moderate Preise.
Hannibal, Trg Sveti Stjepana, Tel. 021-23 18 08; nahe der Kathedrale am Stadtplatz, bekanntes Fischspezialitätenlokal, Plätze im geräumigen Inneren oder im Freien angesichts der Kathedrale. – Und andere Restaurants.

Hotels Stadt Hvar

🛏 Hotels: **Palace**, ****, 73 Zi., Tel. 021-74 19 66, Fax 021-74 24 20, sehr komfortables, renommiertes Haus der gehobenen Mittelklasse, sehr zentral unmittelbar am malerischen Hafen gelegen, Restaurant, Taverne, Terrasse, Renaissance-Salon, Schwimmbad mit erwärmten Meerwasser, Sauna.
Adriatic, ***, 63 Zi., Tel. 021-74 10 24, Fax 021-74 28 66; gutes Mittelklassehotel, zentral am Hafen gelegen, schöne Dachterrasse, Restaurant, Schwimmbad mit erwärmtem Meerwasser, Fitnesseinrichtungen, eigenes Ausflugsboot.
Slavija, ***, 57 Zi., Tel. 021-74 18 20, Fax 021-74 11 47; einladendes Mittelklassehotel mit einfacherem Komfort, an der Südseite des Hafens, Restaurant, Café, Tanzterrasse.

Camping auf Hvar

Generell muss festgestellt werden, dass die **Campingplatzsituation** auf der Insel Hvar unzureichend ist. Einige Plätze bieten noch Einrichtungen wie vor 1990.

Sućuraj

▲ – **Camping Mlaska**, (Textil + FKK) Tel. 098-21 19 97, Fax 021-77 33 71, 1. Mai – 31. Okt.; westlich der Fährstation am Ostende der Insel Hvar, abfallendes Gelände mit einzelnen Pinien am Meer in herrlicher Bucht, sehr ruhig, FKK-Teil; ca. 2,5 ha – 100 Stpl.; Mindestausstattung. Fahrradverleih, Bootsslipanlage.

Jelsa

▲ – **Camping Mina**, Tel. 021-76 12 10, Fax 021-76 12 27; 1. Mai – 30. Sept.; östlich Jelsa an der Straße nach Sućuraj; steiniges Gelände mit einigen schmalen Terrassen am Hang über einer schönen Bucht und in naturbelassenem Pinienwald, begrenzte Stellplatzmöglichkeiten für größere Wohnmobile und Caravans; Badebucht mit Kies- und Felsstrand; ca. 1,5 ha – 100 Stpl.; die „Sanitäreinrichtungen" entsprechen kaum den Mindestanforderungen zeitgemäßer Hygienevorstellungen.
Benachbart sind die Campingplätze **Grebišće** und **Holiday** deren Stellplatzverhältnisse, teils kleine Terrassen unter Pinien, für Wohnmobile weniger geeignet erscheinen.

ROUTE 9: SPLIT – DUBROVNIK

Vrboska

▲ – **Camping Nudist**, Tel. 021-77 40 34, Fax 021-77 41 87; 1. Mai – 30. Sept.; über die kleine Hafenbrücke und rechts auf die Halbinsel nördlich Vrboska; steiniges, fast schattenloses, abfallendes Gelände ausschließlich für FKK; oberhalb eines langen Felsstrandes; ca. 2,5 ha – 120 Stpl.; Mindestausstattung.

Stari Grad

▲ – **Camping Jurjevac**, Tel. 0021-76 58 43, Fax 021-76 51 28;1. Jun. – 30. Sept.; 4 km nördlich Hvar; zum Meer teils stark abfallender Hang, an einer von Felsen begrenzten Kiesbucht; ca. 1,5 ha – 120 Stpl.; Mindestausstattung.

Camping auf Hvar

Alternativ zu unserem vorgeschlagenen Reiseweg, nämlich mit der Autofähre nach Korčula zu reisen, ist die Weiterreise auch über Sućuraj (Camping siehe weiter oben) am Ostende der Insel Hvar möglich, um von dort mit der Fähre nach Drvenik auf dem Festland zu gelangen. Aber: Die Inselstraße Nr. 116 von Jelsa bis Sućuraj ist vor allem für Fahrer von großen Wohnwagengespannen oder ausladenden Wohnmobilen eine gewisse Herausforderung. Das tückische an der kurvenreichen Straße ist aber weniger ihre nicht gerade üppige Breite, sondern vielmehr das Fehlen jeglicher Art von Randstreifen bzw. Randbegrenzung. Die Kante des Randes der über weite Strecken auf einer Art Damm verlaufenden Straße ist meist betoniert und fällt größtenteils ohne Sicherung unmittelbar ab, oft einen halben Meter und mehr. Bei Gegenverkehr ist man gezwungen bis hart an diesen Rand heranzufahren. Reine Nervensache, aber auf Dauer und mit einem breiten Fahrzeug ab etwa zwei Meter eben schon etwas lästig. Ein Überfahren der Kante hätte böse Folgen.

„Caravaners Alptraum", die Straße zwischen Sućuraj und Jelsa auf Hvar

Von **Sućuraj** auf Hvar bestehen regelmäßige **Autofährverbindungen nach Drvenik**. Die Fähren verkehren tagsüber bis zu 3 mal, in der Hochsaison bis zu 5 mal täglich, Fahrzeit ca. 30 Minuten.

Autofähren von Sućuraj/Hvar nach Drevnik

INSEL KORČULA

Von **Stari Grad/Hvar** verkehren regelmäßig Autofähren nach **Korčula** auf der gleichnamigen Insel. Im Sommer gibt es gewöhnlich jeweils eine Abfahrt am Dienstag (9 Uhr), Mittwoch (9 Uhr), Donnerstag (9.10 Uhr), Samstag (8.20 Uhr) und Sonntag (6.15 Uhr). Die Häufigkeit der Abfahrten und die Zeiten können sich ändern! Fahrzeit dreieinhalb Stunden.

Autofähren von Stari Grad/Hvar nach Korčula

Die **Insel Korčula**, mit einer Fläche von fast 275 qkm eine der größeren der mitteldalmatinischen Inseln, ist, obwohl zeitweise den kalten Borawinden ausgesetzt, recht dicht bewaldet und weist ein erfreulich mildes Klima auf. Die höchste Erhebung der bergigen Insel, der 568 m hohe Klupča, liegt in der östlichen Inselhälfte.

Wegen ihrer dichten Wälder war Korčula bei den Griechen, die im 4. Jh. hier eine erste Kolonie gründeten, als „Korkyra melaina", als „schwarzes Korkyra" bekannt.

125

ROUTE 9: SPLIT – DUBROVNIK

Wie die meisten der dalmatinischen Inseln, erfuhr auch Korčula eine ähnliche Reihe von Eroberern und Regenten wie die benachbarten Inseln auch, von den Griechen über die Römer und Sarazenen bis hin zu den Venezianern. Bei einem Sarazenenüberfall im Jahre 1298 wurde angeblich ein gewisser Marco Polo festgenommen, der ja in Korčula geboren worden sein soll.

Wie manche andere Karstinsel der Adria verfügt auch Korčula über keine Trinkwasserquellen. Umso erstaunlicher, dass sich eine Stadt wie Korčula entwickeln konnte. Jahrhunderte lang litt die Insel unter permanentem Wassermangel. Man war ausschließlich auf Regenwasser angewiesen, das in Zisternen gesammelt wurde.

Hauptort der Insel Korčula, die auch bekannt ist für ihre guten Weine, ist der beliebte **Ferienort Korčula**, ein malerisches Städtchen obendrein, dessen alter

schmal sind die Gassen in der Altstadt von Korčula

Stadtkern sich wunderhübsch um einen Hügel auf einer Halbinsel gruppiert. Viele halten Korčulas Altstadt für eine der schönsten auf den dalmatinischen Inseln und stellen gar Vergleiche mit Dubrovnik an.

Parkplätze findet man am Südostrand der Altstadt am Kai der Fährschiffe und an der langen Mole an der Westseite der Altstadt. Dort liegen auch das Touristenbüro und das Hotel „Korčula".

Altstadt von Korčula **

Korčula ist größtenteils noch von seiner mittelalterlichen **Stadtmauer** und einigen gewaltigen, runden Wehrtürmen umgeben. Während einer verheerenden Pestepidemie im 16. Jh. wussten sich die Stadtoberen offenbar nicht anders zu helfen und setzten als letztes Mittel die ganze Stadt in Brand. Viele der heutigen Bauten auf der Halbinsel stammen aus der Zeit danach.

Die Altstadt mit ihren engen Gassen, die von der meerumspülten Stadtperipherie alle hinauf zur alles überragenden Kathedrale streben, weist viele historische Denkmäler auf.

St. Markus Kathedrale *

Allen voran die **Kathedrale Sv. Marko** am Trg Sv. Marka auf dem höchsten Punkt der Stadt. Die Markuskathedrale entstand im wesentlichen im 15. Jh. und ist in einem Übergangsstil von der Gotik zur Renaissance erbaut. Das wunderschöne **Portal** an der ansonsten eher schmucklosen Westfassade wird von schlanken Säulen und zwei auf schön gearbeiteten Podesten ruhenden Löwen flankiert. Im Bogenfeld über dem Portal sieht man den Evangelisten Markus, den Schutzpatron der Stadt.

Im Inneren wird der **Hauptaltar** von einem schönen Ciborium überragt, das auf vier Säulen einen kleinen, einer dreistufigen Kup-

ROUTE 9: SPLIT – DUBROVNIK

pel ähnlichen Baldachin trägt. Im Altar werden die Reliquien des hl. Todor, einem römischen Märtyrer, aufbewahrt. Das Bild über dem Altar stammt aus dem 16. Jh. und wird Tintoretto zugeschrieben. Es zeigt in der Mitte den hl. Markus im Bischofsornat, dann den hl. Hieronimus, den Schutzpatron Dalmatiens, sowie den hl. Bartolomeus.

Neben dem Altar in der Apsis des Südschiffes mit einem Bild der Heiligen Dreifaltigkeit und Aposteln sieht man an der Wand den **Sarkophag** des Bischofs Toma Malumba, mit einer Liegefigur des Kirchenmannes. Malumba war bis 1513 50 Jahre lang Bischof in Korčula und hatte sich um den Bau der Kathedrale verdient gemacht. Später im Jahre 1610 wurden seine sterblichen Reste nach Venedig überführt. Danach diente der Sarkophag als Grabstätte späterer Bischöfe.

Ebenfalls im südlichen Kirchenschiff sieht man eine von den Gläubigen hoch verehrte Marienikone aus dem 13. Jh. mit prächtigem Renaissancerahmen.

überragt das Stadtbild von Korčula, die Kathedrale Sveti Marco

Ein Gemälde, wahrscheinlich ebenfalls von Tintoretto, zeigt das Motiv „Mariä Verkündigung".

Sehenswertes findet man auch in der **Sakristei**, die man durch ein Portal aus dem 14. Jh. mit eigenwilligen Skulpturen musizierender Jungen – links mit Trommel und Flöte, rechts mit einer „mišnice", einem Vorläufer des Dudelsacks – betritt. Darüber sieht man ein Fries mit Blatt- und Rankenornamenten und dem kunstvoll gestalteten Christusmonogramm in der Mitte. Und im Bogenfeld darüber schließlich sieht man den Erzengel Michael, der den Teufel besiegt.

Rechts neben der Kathedrale liegt das ehemalige Bischofspalais. Es stammt in seinen Ursprüngen bereits aus dem 14. Jh., erhielt sein heutiges Aussehen aber im 17. Jh. Dort ist ein sehenswertes **Kirchenmuseum** eingerichtet. Unter den Kirchenschätzen, liturgischen Kunstgegenständen, einer Münzsammlung und einer Reihe kostbarer Gemälde von Bellini (Madonna mit Kind), Tizian (Sancta Conversatio), Carpaccio (Bildnis eines jungen Mannes) wird auch ein Halsband der Mutter Teresa aufbewahrt, ein Geschenk der Stadt Kalkutta an Korčula aus Anlass der Verleihung des Friedensnobelpreises an Mutter Teresa im Jahre 1979.

sehenswert, das **Kirchenmuseum** **
Juni – Sept. Mo. – Sa. 10 – 17 Uhr.
So. geschlossen.
Übrige Zeit nur nach Voranmeldung.

Nördlich hinter der Katherale liegt die **Kirche Sv. Petra**, die als eines der ältesten Gotteshäuser in Korčula gilt.

Und einen Straßenzug weiter nordöstlich der Kathedrale findet man in der engen Gasse Ulica Depolo das sog. **Marco Polo Haus**.

127

ROUTE 9: SPLIT – DUBROVNIK

Ob Marco Polo, der legendäre Kaufmann und Reisechronist, der 17 Jahre lang in China weilte und dort einer der wichtigsten Ratgeber von Kublai Khan war, wirklich in Korčula das Licht der Welt erblickte, ist aber keineswegs belegt. Venedig, z. B., von wo aus Marco Polo zusammen mit seinem Vater Nicoló und seinem Bruder Matteo im Jahre 1271 über Bagdad und durch Persien zu seiner sagenhaften Reise nach China aufbrach, nimmt ebenfalls, und nicht minder bestimmt, für sich in Anspruch, Geburtsstadt des Marco Polo zu sein. In Korčula jedenfalls heißt es, Marco Polo sei dort 1254 geboren worden und kam 1269 mit seinen Eltern nach Venedig. Er starb 1324.

Genau gegenüber der Kathedrale, an der Westseite des Markusplatzes, liegt der spätgotische **Palača Arneri**.

Stadtmuseum
Mo. – Sa. 10 – 13.30, 19 – 21 Uhr. So. geschlossen. Eintritt.

Links daneben ist in einem stattlichen Palais das **Gradski muzej**, das **Stadtmuseum** eingerichtet. Das Renaissancepalais aus dem 16. Jh. mit seinen repräsentativen Fenstern und dem hübschen Balkon zum Platz hin war ehemals Residenz der Patrizierfamilie Gabrielis. Die wichtigsten Abteilungen des Museums sind das sog. Lapidarium mit Steinskulpturen und einer reichen Sammlung von Steinmetzarbeiten samt Werkstatt. Vom 15. Jh. bis ins 18. Jh. hinein war Korčula ein wichtiges Zentrum der Bildhauerkunst, von dem aus der ganze adriatische Raum beliefert wurde. Eine weitere Abteilung zeigt archäologische Funde, die auf der Insel gemacht wurden. U. a. fand man im südlich von Korčula gelegenen Fischerdorf Lumbarda eine Inschrift aus dem dritten vorchristlichen Jahrhundert, die u. a. Regeln über das Zusammenleben der Bewohner enthält und mit den Worten beginnt: „Lasst es glücklich geschehen!".

In einem weiteren Raum des Museums befassen sich die Exponate mit der langen Tradition der Seefahrt und des Schiffsbaus. Im zweiten Obergeschoss schließlich findet der Besucher eine umfangreiche Kunstsammlung mit Gemälden, Möbeln, Porzellan, Glas sowie Porträts von Mitgliedern einflussreicher Familien (Boschi, Andrijić u. a.).

Noch eine Gasse weiter links (südlich) liegt die **Crkva Gospojine**, heute Museum.

Durch die schmale Gasse Ulica korčulanskog statuta 1214 gehen wir südwärts bis zum Platz Trg Aantuna i Stiepana Radića. Rechts liegt das **Stadthaus** mit Loggia **Gradska vijećnca** und links die **Kirche Sv. Mihovila**, Markuskirche. Nebenan Restaurant mit guter Küche.

Geht man vom Platz die Ulica dobrotvernosti nach links (ostwärts), gelangt man an deren Ende zur **Kirche Svih Svetih**, der Allerheiligenkirche. Sie stammt aus dem 13. bzw. 16. Jh. und gilt als erste Pfarrkirche der Stadt. Hinter der Kirche findet man im sog. **Bruderhaus** eine kostbare **Ikonensammlung** der sog. Kretischer Schule. Die Ikonen stammen aus dem 14. bis 17. Jh. und kamen quasi als Kriegsbeute nach einer Seeschlacht zwischen Venezianern und Türken, an der auch ein Schiff aus Korčula beteiligt war, in die Stadt.

ROUTE 9: SPLIT – DUBROVNIK

Vom Platz Trg Aantuna i Stiepana Radića schließlich gehen wir durch das Stadttor im **Turm Veliki Revelin** über die wunderschön geschwungene, einer Theaterinszenierung würdigen **Freitreppe** hinunter auf den Trg krelja Tomislava, dem geschäftigen Zentrum am Rande der Neustadt, mit Banken, Postamt, Geschäften, Restaurants und einer ganzen Reihe von Reiseagenturen.

Korčula

☎ Information: **Turistička zajednica**. Obala dr. Franje Tuđman, neben Hotel Korčula, 20260 Korčula, Tel. 020-71 57 01, Fax 020-71 58 66.

❖ Feste, Folklore: **„Moreška"**, ein farbenprächtiges, mittelalterliches Ritterspiel, das im Sommer jeden Donnerstag aufgeführt wird. Früher fand es nur am 27. Juli eines jeden Jahres statt, zur Erinnerung an die Türkenüberfälle auf die Insel.

Feste, Folklore

✂ Restaurants: **Adio Mare**, Ulica Sveti Roka, Tel. 020-71 12 53; um die Ecke von Marco Polo's Geburtshaus liegt dieses maritim eingerichtete Lokal, dessen Spezialitäten natürlich Meeresfrüchte aller Art sind. In der Hochsaison ist mit Wartezeiten zu rechnen.
Gradski Podrum, Kaporova, Tel. 020-71 12 22; nahe des südlichen Stadttores gelegen ist das Restaurant nicht nur wegen der hervorragenden Küche mit landestypischen Spezialitäten beliebt, sondern sicher auch der günstigen Preise wegen. – Und andere Restaurants.

Restaurants

🛏 Hotels: **Hotel Korčula**, **, 20 Zi., Tel. 020-71 10 78, Fax 020-71 17 46; über die Stadt hinaus bekanntes Hotel am Westrand der Altstadt gegenüber der Hafenmole, schöne Terrasse, unterschiedlich große Zimmer, manche mit schönem Meeresblick. Restaurant, Café. Parkplatz.
Hotel Liburna, ***, 83 Zi.; Obala Harvatskih Mornara, Tel. 020-72 60 06, Fax 020-71 17 46; in schöner Lage auf einer Halbinsel mit Blick zur Altstadt, 10 Gehminuten vom Zentrum entfernt; einfache Zimmerausstattung. Restaurant, Café, Swimmingpool, Tennis, eigener Felsstrand mit betonierten Liegeflächen. Parkplatz – Und andere Hotels.

Hotels

▲ – **Camping Kalac**, Tel. 020-71 11 82, Fax 020-71 17 46, www.korcula.net; 1. Mai – 30. Sept.; östlich Korčula an der Straße zum Fähranleger „Dominč" (Fähren nach Orebić), beim Hotel Bon Repos; steiniges, teils terrassiertes Buschwaldgelände; Kies- und Sandbuchten mit betonierten Liegeflächen; ca. 1,5 ha – 200 Stpl.; Mindestausstattung mit Restaurant, Laden. Fahrradverleih, Tennis. Bootsslipanlage.

Camping

Vela Luka
▲ – **Camping Mindel**, Tel. 020-81 36 00; ganzjährig geöffnet; im Westen der Insel bei Vela Luka; unebenes Mischwaldgelände; ca. 1,5 ha – 100 Stpl.; Mindestausstattung. Fahrradverleih, Bootsslip, Tennis.

HALBINSEL PELJEŠAC

Regelmäßige Autofährverbindungen bestehen von **Korčula** nach **Orebić** auf der benachbarten Insel Pelješac. Im Sommer täglich zwischen 6 Uhr und 20 Uhr stündliche Abfahrten, in der übrigen Zeit nicht ganz so häufig. Fahrzeit rund 30 Minuten.

129

ROUTE 9: SPLIT – DUBROVNIK

Die touristisch bedeutendsten Orte auf der **Halbinsel Pelješac** mit Campinganlagen sind **Trpanj**, Anlegepunkt der **Autofähren aus Ploče** und **Orebić**, ehemals Stadt der Kapitäne, zwischen 1343 und 1806 zu Dubrovnik gehörend und heute der bedeutendste Ferienort auf Pelješac. Zu den Sehenswürdigkeiten zählen das **Marienmuseum** und ein **Franziskanerkloster** aus dem 15. Jh. Schöne **Strände**.

Orebić Hotels

🏨 Hotels: **Hotel Bellevue**, ***, 160 Zi., Tel. 020-71 31 48, Fax 020-71 31 93; zur Stadt Orebić nächstgelegenes Mittelklassehotel an felsigem Strand, klimatisierte Zimmer. Restaurant, Café. Tennis, Wassersportmöglichkeiten. Parkplatz. – Und andere Hotels.

Camping bei Orebić

▲ – **Camping Adriatic**, Tel. 020-71 34 20, Fax 020-71 43 28; www.adriatic-mikulic.hr; 1. Apr. – 31. Okt.; 5 km östlich Orebić in Mokalo, enge, steile Zufahrt; Terrassen mit Pinien- und Olivenbäumen, sehr beengte Platzverhältnisse, u. E. nur für Zelte geeignet; ca. 1 ha – 40 Stpl.; Standardausstattung mit Restaurant, Laden.

Kučište

▲ – **Camping Perna**, Tel. 020-71 92 44, Fax 020-71 93 64; 1. Mai – 30. Sept.; ca. 5 km westlich Orebić am östl. Ortsrand, leicht geneigtes Gelände zwischen Straße und Meer mit einzelnen Bäumen und Palmen, schmaler Kiesstrand; ca. 4 ha – 400 Stpl.; Standardausstattung. Fahrradverleih. Bootsslipanlage.
– **Camping Palme**, Tel. 71 91 64, Fax 020-71 91 64, www.kamppalme.kvarner.net; 1. Mai – 30. Sept.; am östlichen Ortsrand gelegen, überschaubares Gelände im Olivenhain und Palmen, teils flach gestuft, durch die Straße vom schmalen Kiesstrand getrennt, schöne, aussichtsreiche Lage; ca. 1,3 ha – 60 Stpl.; einfache Standardausstattung, Restaurant und Laden ca. 150 m entfernt.

Viganj

▲ – **Camping Antony-Boy**, Tel. 020-71 90 77, Fax 020-71 90 77, www.antony-boy.com; ganzjährig geöffnet; auf sehr schmaler Uferstraße 2 km westlich von Kučište zu erreichen, Geländestufen und ebene Wiese mit Oliven- und Pinienbäumen, durch die schmale Uferstraße vom Kiesstrand getrennt, schöne Ausblicke auf die Insel Korčula; ca. 5 ha – 200 Stpl.; einfache Standardausstattung, Imbiss, Laden, Fahrradverleih, Bootsslipanlage.

ABSTECHER ZUR INSEL MLJET

Südlich der Halbinsel Pelješac erstreckt sich die **Insel Mljet**. Der westliche Teil der langen, schmalen Insel wurde 1960 zum **Nacionalni Park Mljet** erklärt. Die attraktiven Höhepunkte des Naturschutzgebietes mit seiner üppigen und artenreichen mediterranen Vegetation – hier findet man Aleppo-Kiefern, Zypressenwacholder, Erdbeerbäumchen, Steinlinden u. a. – sind zwei tiefe, **malerische Buchten** am Westende der Insel, die auf Grund ihrer sehr schmalen Verbindung mit dem offenen Meer auch als Seen bezeichnet werden – nämlich **Veliko jezero** (Großer See, 145 ha, 46 m tief) und **Malo jezero** (Kleiner See, 25 ha, 30 m tief). Das Wasser in ihnen ist immer ein, zwei Grad wärmer als das Wasser der Adria. In dem schmalen Kanal von Soline zwischen Meer und Großem See herrscht

Mljet
Foto: Kroatische Zentrale für Tourismus, München

eine relativ starke Strömung, die alle sechs Stunden ihre Richtung wechselt und sich dem Lauf der Gezeiten anpasst. In früheren Tagen wurde dieses Naturphänomen praktisch ausgenützt und mit dem Wasserstrom Gezeitenmühlen betrieben.

Übrigens, die Insel Mljet gilt seit 1910 als frei von Schlangen. Damals hatte man ganz gezielt Mungos auf der Insel ausgesetzt, um den überhand zu nehmen drohenden Giftschlagen Herr zu werden. Und die Mungos haben offenbar ganze Arbeit geleistet.

Schon den Griechen war die Insel Mljet bekannt. Sie nannten sie *Milet* oder auch *Odisej*. Der Legende nach soll nämlich Odysseus, der listige Seefahrer, auf seiner Irrfahrt hier auf die Insel der Nymphen verschlagen worden sein. Legenden und Mythen wie gesagt, zu denen auch der Bericht zählen dürfte, dass die Apostel Paulus und Lukas auf ihren Missionsreisen auf *Melite* Station machten. Andere Quellen meinen nämlich, dass Paulus nicht auf der Adriainsel Melite (Mljet), sondern vielmehr auf der Mittelmeerinsel Malta strandete.

Odysseus lässt grüßen

Verlässlich überliefert dagegen ist, dass zur Römerzeit ein Statthalter des Kaisers auf Mljet seinen prächtigen Palast an der **Polače-Bucht** errichten ließ, der selbst noch als Ruinenfeld den heutigen Besucher beeindruckt.

Später kam Mljet an das Oströmische Reich, dann an das Fürstenhaus Zahumlje, unter dessen Herrschaft eine ganze Reihe kleiner romanischer Kirchen entstanden. Die Kirchen St. Michael, St. Andreas und St. Pankratios in Babino Polje sind schöne Beispiele dafür.

Ebenso zählt zu den historischen Fakten, dass sich Benediktinermönche aus Apulien im 12. Jh. hier ansiedelten und auf der klei-

ROUTE 9: SPLIT – DUBROVNIK

Benediktinerkloster aus dem 12. Jh.

nen, gerade mal 200 m langen und kaum 120 m breiten Insel mitten in der Bucht des Großen Sees, einem wunderschönen Fleckchen Erde, ihr **Kloster** und die **Marienkirche** errichteten. Den Weg dazu hatte der damals herrschende Zahumlje-Fürst geebnet, der im Jahre 1151 die ganze Insel dem Benediktinerorden vermacht hat. Zweihundert Jahre später kommt Mljet, wieder als Schenkung, an den Stadtstaat Ragusa. Die Klosteranlage wurde mehrfach erweitert. So wurden ein romanischer Kreuzgang, dann im 16. Jh. vom Familienclan der Gundulić ein viereckiger Wehrturm, danach der Kirche zwei barocke Seitenkapellen und schließlich eine zur Seeseite hin offene 30 m lange Renaissanceterrasse angefügt.

Hauptort der Insel ist seit alters her **Babino Polje,** etwa in der Mitte der Insel unterhalb des 512 m hohen Veliki grad, der höchsten Erhebung auf Mljet, gelegen. Neben den diversen Kirchenbauten zählen das Renaissancepalais der ehemals hier residierenden Lokalfürsten und einige repräsentative Stadtbauten zu den Sehenswürdigkeiten des Städtchens.

Mljet kann man auf ganztägigen Bootsausflügen ab Korčula besuchen. Regelmäßige **Fähren** verkehren einmal täglich (14 Uhr ab Dubrovnik, im Juli und August häufiger) zwischen Dubrovnik und Sobra/Mljet. Angaben veränderlich!

HAUPTROUTE

➔ **Route:** Weiterreise ab Orebić/Insel Pelješac auf der gut ausgebauten Inselstraße 414 südostwärts. ●

Es ist eine landschaftlich reizvolle Fahrt nach Ston, die kurz hinter Orebić schöne Ausblicke zurück zur Meerenge von Korčula ermöglicht und später durch üppige Weingärten führt, an deren fast blattlosen Rebstöcken im September tiefblaue Trauben hängen. In **Janjina** (Camping Vila Trpnj) erreicht man die Nordseite der Halbinsel Pelješac und nach weiteren 30 km den Ort Ston.

Ston ein altes Hafenstädtchen am „Eingang zur Halbinsel Pelješac" liegt zwischen zwei Meereskanälen und wird von ausgedehnten **Meersalinen** umgeben, aus denen noch heute Salz gewonnen wird und die in früherer Zeit der Stadt und dem Stadtstaat Ragusa großen Gewinn brachten. Außerdem betreibt man eine umfangreiche Austernzucht.

Ston, das römische *Turis Stagni*, war nach Ragusa die zweite bedeutende Stadt der Republik Dubrovnik. Ursprünglich erstreckte sich das Territorium der Stadt Ston von **Veliki Ston** (dem Ort, von dem hier die Rede ist) am Ende der tief in die Halbinsel Pelješac schneidenden Bucht Stonski kanal über den Höhenzug im Nordosten bis an die Ufer der schmalen Bucht Kanal Malog Stona. Dort lag der Stadtteil Mali Ston. Gesichert wurde das Gebiet mit starken Mauern, die sich zwischen den beiden Stadtteilen über den gesamten Höhenzug spannten. Im Laufe der Jahrhunderte sind Teile zerfallen oder ganz verschwunden. Die noch erhaltenen Reste der

ROUTE 9: SPLIT – DUBROVNIK

Mauern sind aber immer recht beeindruckend. Und Teile in Ston (Veliki Ston) lassen die einstmalige Größe der starken mittelalterlichen **Befestigungsanlage** noch erahnen.

Gut erhalten ist noch das gotische Gebäude der ehemaligen **Kanzlei** der Republik Ragusa, der **Bischofspalast**, der **Säulenhof** eines alten Franziskanerklosters und die frühromanische **Michaelskirche Sveti Mihajlo** mit Freskenresten aus dem 11. Jh.

Ston

▲ – **Camping Prapratno**, Tel. 020-75 40 00, Fax 020-75 43 44; Mitte Mai – 30. Sept.; 4 km südlich von Ston Richtung Prapratno, Zufahrt mit Ausweichstellen; ebenes, teils schattiges Wiesengelände in sehr schöner Lage am Fuße bewachsener Hänge in der hübschen Prapratna-Bucht; schöner, langer Sand- und Kiesstrand; ca. 4 ha – 400 Stpl.; Standardausstattung; Restaurant, Laden, Tennis, Bootsslip.

Camping

→ **Route:** In **Zaton Doli** stößt unser Reiseweg wieder auf die Adria-Magistrale 8/E65, der wir über **Slano** und **Trsteno** nach **Dubrovnik** folgen, das nur noch rund 60 km entfernt ist. ●

Slano liegt an einer einladenden Bucht mit Kies- und Felsstrand. Rund um den Ort findet man eine Reihe von Sehenswürdigkeiten, von denen aber die meisten in der Vergangenheit für Besucher nicht zugänglich waren. Dazu gehören römische Sarkophage aus dem 5. Jh., ein Fürstenschloss aus dem 15. Jh., die Kirche Sv. Jeronimo ebenfalls aus dem 15. Jh., ein Franziskanerkloster aus dem 14. Jh. und das Ohmučević-Schloss, das aus dem 18. Jh. stammt.

Slano

▲ – **Camping Baldo**, Tel. 020-87 11 90, Fax 020-43 75 51; 1. Jun. – 30. Sept.; unterhalb der Magistrale 8, Wiesengelände und Olivenhain; Kiesstrand; ca. 200 Stpl.; Standardausstattung.
– Sowie kleinere, privat geführte **Minicamps**.

Camping

Der Ort **Trsteno** hatte sich mit einem schönen botanischen Garten, einem **Arboretum** im Park des ehemaligen Patrizieranwesens Gučetić (Guzze), über viele Jahre hinweg einen Namen gemacht. Der Garten wurde zu den schönsten Renaissanceparks in Dalmatien gezählt. Zwei der riesigen Platanen am Eingang des Parks waren nahezu 400 Jahre alt. Leider ist der herrliche Park mit seinen alten Bäumen, ebenso wie der Ort selbst und das benachbarte Slano, bei den Kriegshandlungen von 1991 sehr stark in Mitleidenschaft gezogen worden. Zumindest die Orte konnten zwischenzeitlich aber fast vollständig wieder hergestellt werden.

Trsteno

▲ – **Camping Trsteno**, Tel. 020-75 10 60, Fax 020-75 10 10; 1. Apr. – Mitte Okt.; im Ort beschildert, unebenes Gelände mit Büschen und Laubbäumen an felsiger Küste mit Kiesbadebuchten; ca. 5 ha – 200 Stpl.: einfache Standardausstattung. Bootsslip.

Camping

ROUTE 9: SPLIT – DUBROVNIK

Orošac
▲ **– Camping Rudine**, Tel. 020-89 12 28, Fax 020-89 10 39, 15. Mai – 30. Sept.; rund 15 km nordwestlich von Dubrovnik, unterhalb der Magistrale 8/E65; weitläufiger, naturbelassener, fast ebener Olivenhain, einige Terrassen, oberhalb der felsigen Steilküste, teils Blick aufs Meer; über Treppen zum Kiesstrand; ca. 5 ha – 150 Stpl.; gute Standardausstattung. Restaurant in einem alten Herrenhaus. Laden.
– Sowie mehrere private **Minicamps**.

Über den Koločepski Kanal geht der Blick hinüber zu den **Inseln Lopud**, der ruhigen, angenehmen Ferieninsel ohne Autoverkehr, aber mit üppiger Vegetation und vielen Buchten, Kies- und Felsstränden. Lopud ist eine alte „Kapitänsinsel", von der viele namhafte kroatische Seefahrer stammen. In seiner Blütezeit, die allerdings schon im 16. Jh. lag, konnte Lopud auf nicht weniger als 30 Kirchen verweisen, auf zahlreiche Landhäuser wohlhabender Patrizier und auf mehrere Klöster. Eines davon ist das **Franziskanerkloster**, das aus dem ausgehenden 15. Jh. stammt, macht mit seinen Türmen und Mauern einen recht wehrhaften Eindruck. In der Klosterkirche, die der hl. Maria von Špilica geweiht ist, werden einige bemerkenswerte Kunstwerke aufbewahrt, darunter Bilder von Bassano und von flämischen Meistern.

Weiter südöstlich sieht man die kleinere **Insel Koločep** liegen eine Insel der Fischer mit dichten Kiefernwäldern, Olivenhainen Zitrusbäumen und über hundertjährigen Föhrenwäldern. Koločep wird wie Lopud auch mehrmals am Tage von schnellen Personenfähren ab dem Dubrovniker Hafen Gruž angelaufen.

Die nordwestlich von Lopud gelegene **Insel Šipan** ist die größte Insel des kleinen **Elaphiten-Archipels** (griechisch: Hirschinseln) zu dem außerdem noch Lopud, Koločep, Jakljan und ein paar weitere Eilande gehören.

Die moderne **Hängebrücke Most Franje Tuđman** überspannt seit noch nicht allzu langer Zeit den Meeresarm bei **Makošica** (kleinere Campinganlagen am Meer), was dem Autofahrer das Umfahren der schmalen, weit ins Land reichenden Bucht Izvor Rijeka mit den hübschen Städtchen **Rožat** (Franziskanerkloster aus dem 14 Jh.) und **Komolac** (Schloss Sorkočević aus dem 16. Jh.) und gut 10 Straßenkilometer erspart.

➔ **Route:** Von der Straße 8/E65, die Dubrovnik umgeht, zweigen wir ab und folgen den Schildern „Stari grad" zur Altstadt von **Dubrovnik**. ●

10. DUBROVNIK

⏲ **Reisedauer:** Mindestens ein Tag, besser zwei Tage.

✥ **Höhepunkte:** Der **Blick** *** auf die Stadt von der Straße nach Cavtat – das so gut wie unverfälschte **Stadtbild der Altstadt** *** Dubrovniks – ein **Spaziergang** auf der monumentalen **Stadtmauer** *** – **Museum** und **Kreuzgang** * des **Franziskanerklosters** – der **Stadtplatz Luža** *** mit Sponza-Palast, Glockenturm, Rolandsäule, Loggia und dem kleinen Onofriusbrunnen – die **St. Blasiuskirche** ** – die **Schatzkammer** ** der Kathedrale – die **St. Johannesfestung** ** – das **Marinemuseum** ** – die **Gemäldesammlung** *** im Dominikanerkloster.

„Die Freiheit verkauft man nicht für alles Gold der Welt"

Dubrovnik – Höhepunkt jeder Kroatienreise, schönstes Gebäude-Ensemble an der Adriaküste und ehemaliger Stadtstaat, dessen Vergangenheit ein bewundernswertes Beispiel für diplomatisches Geschick und kaufmännische Cleverness ist.

Von Split weiß man, dass aus dem Diokletianpalast – letzten Endes eine Fluchtburg für die Bevölkerung von Salona – die eigentliche Stadt Split entstand. Ähnlich ist es mit Dubrovnik. Auch hier waren es Flüchtlinge, die den Grundstein für eine neue Stadt legen.

Die durch einfallende Slawen und Awaren im 7. Jh. aus dem römischen *Epidaurum* (Cavtat) Vertriebenen siedelten auf einer kahlen Insel knapp 15 km nördlich ihrer alten Heimat und nannten diese Niederlassung *Lave, Laus oder Lausa* (Fels). Daraus wurde später *Raus – Rausium – Ragusium*.

Dubrovniks Stadtgeschichte

Auf dem gegenüberliegenden Festland, nur durch einen schmalen, seichten Meereskanal von der Insel Laus getrennt, ließen sich am Fuße des heutigen Berges Srdj in den ausgedehnten Eichenwäldern Slawen nieder und nannten ihre Neugründung *Dubrava*, entsprechend dem slawischen Wort für Eichenwald.

Schon bald wurde bei den romanischen Einwohnern auf der Insel, wie bei den Slawen auf dem Festland der Wunsch nach Expansion und Ausweitung der Macht wach. Anstatt sich nun zu befehden, schüttete man im 13. Jh. den trennenden Meereskanal, der als Hauptstraße Stradun noch heute die Stadt optisch teilt, zu und arbeitete gemeinsam am Entstehen des kleinen Staates Ragusa.

Diese Überbrückung des Kanals, anstelle von Kriegshandlungen zur Erlangung von Macht und Vorteil, könnte als Symbol für die weitere Geschichte Ragusas angesehen werden. Diplomatie ging über Kanonendonner.

Die **Republik Ragusa** wechselte im Laufe der Geschichte immer wieder die Fahnen auf ihren trotzigen Festungsmauern. Dennoch behielt sie durch kluge Politik und geschickte Diplomatie die Freiheit als Handelshafen und die Uneingeschränktheit ihrer Flotte, dem

135

ROUTE 10: DUBROVNIK

Dubrovnik

Dubrovniks Stadtgeschichte

Lebensnerv der Stadt. Man gründete Handelskolonien auf dem gan zen Balkan, in Konstantinopel, sogar in Städten der Hanse.

Bis 1205 dauert die byzantinische Herrschaft über Ragusa. Sie wird von der venezianischen abgelöst, die dann bis 1358 dauert Venedig, Ragusas übermächtiger Gegenspieler und Konkurrent in Mittelmeerhandel, zwang der Stadt einen venezianischen Rekto und einen Erzbischof auf. Alle Bürger über 13 Jahre hatten den Dogen von Venedig Treue zu schwören. Natürlich erhob Venedig kräf tige Steuern und verlangte darüber hinaus jährlich 12 Geiseln, un sich der Unterwürfigkeit Ragusas zu versichern.

Nun muss man wissen, dass in Ragusa offiziell der Rektor de erste Mann im Staate war, der aber nur jeweils auf einen Mona gewählt wurde und seinen Palast nicht verlassen durfte. Wirkliche Macht hatte der vom Adel gebildete Große Rat und vor allem de Senat. Er setzte sich aus Vertretern des Adels, der Patrizier und de Kaufleute zusammen und wurde vom Großen Rat gewählt. Und un dem Erzbischof keine Möglichkeit zur Intervention zu geben, hatte man dem Heiligen Stuhl in Rom längst Treue geschworen. Natürlich wurde das gewürdigt. Ein Dekret des Papstes erlaubte Ragusa groß zügig den Handel mit „Ungläubigen".

Die Leute von Ragusa huldigten vielen Herren, solange ihre Ge schäfte nicht zu sehr darunter litten.

Größere Probleme bereitete den Kaufleuten da schon die Um gehung der Handelsbeschränkungen, die Venedig verlangt hatte So kam der Krieg zwischen Venedig und Ungarn gerade recht. 1358 wurde im Friedensvertrag von Zadar Ungarn als Sieger erklärt. Ra gusa fiel ans kroatisch-ungarische Königreich. Nun zahlten sich schon früh geknüpfte diplomatische und kaufmännische Beziehun

ROUTE 10: DUBROVNIK

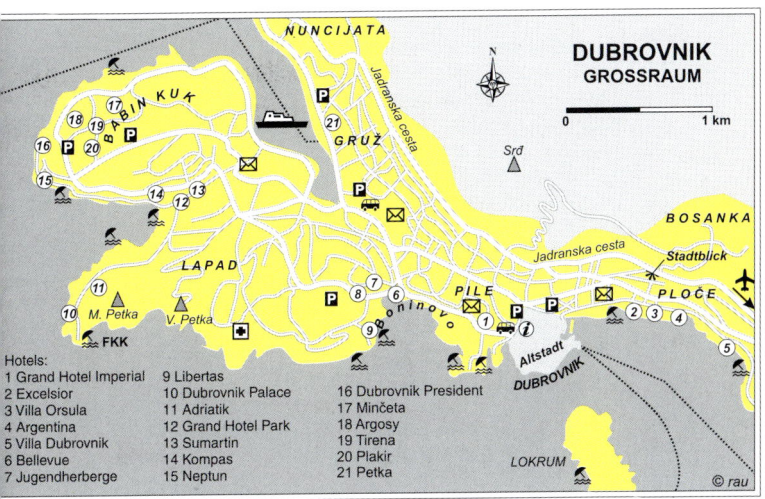

Hotels:
1 Grand Hotel Imperial
2 Excelsior
3 Villa Orsula
4 Argentina
5 Villa Dubrovnik
6 Bellevue
7 Jugendherberge
8 [?]
9 Libertas
10 Dubrovnik Palace
11 Adriatik
12 Grand Hotel Park
13 Sumartin
14 Kompas
15 Neptun
16 Dubrovnik President
17 Minčeta
18 Argosy
19 Tirena
20 Plakir
21 Petka

en zum slawischen Hinterland aus. Und mit einem Kunden, sprich Ungarn, ließ es sich allemal besser leben als mit einem Mitbewerber im Handelsgeschäft, sprich Venedig.

Dubrovniks Stadtgeschichte

Nun begann der Aufstieg Ragusas. Wirtschaft und Kultur, Kunst und Wissenschaft blühten. Die Stadt wurde ausgebaut, urbanisiert. Man baute Kanäle, Wasserleitungen, pflasterte Straßen, sorgte für soziale Einrichtungen wie Krankenhäuser und Kindergärten, wohl die ersten der Welt.

1317 gründete man die erste Apotheke Europas. Sie steht heute noch. Und die Ärzte Ragusas erlangten einen ausgezeichneten Ruf. Leibärzte am österreichischen und englischen Hof kamen aus Ragusa. Sogar eine Art Krankenkasse wurde eingerichtet. Offenbar nahmen die Leute im Rektorenpalast den Wahlspruch der Republik ernst, der lautete „Obliti privaturum publica curate" (Vergesst Privatgeschäfte, denkt an das öffentliche Wohl).

In jener Zeit entstand auch das regelmäßige Straßenraster. Jeder Bau musste genehmigt werden und in das Gesamtkonzept passen. Noch heute stört kein moderner Fremdkörper das perfekte Ensemble der Altstadt.

Ragusa, das übrigens erst viel später Dubrovnik genannt wird, konnte sich auch sehr geschickt den Eroberungsgelüsten der Türken entziehen. Statt mit Waffengewalt zügelte es mit Geld und dem raffinierten Spiel seiner Diplomatie den Eroberungsdrang der osmanischen Sultane. Den Höhepunkt seiner Macht erreichte die Stadt im 15. und 16. Jh.

1667 war ein schwarzes Jahr für die kleine Republik. Ein verheerendes Erdbeben am Morgen des 6. April legte die Stadt in Trümmer. Die Katastrophe war von einem solchen Ausmaß, dass die Existenz des Stadtstaates auf dem Spiel stand. Aber Ragusa erholte sich und erlebte im 18. Jh. einen neuen Aufschwung, auch

ROUTE 10: DUBROVNIK

wenn der Adel seit der Zeit des Erdbebens so dezimiert war, dass sich die Stadt vor die Notwendigkeit gestellt sah, reichen Bürgerfamilien Adelstitel zu verkaufen, um Geld in die Kassen zu bekommen.

Ragusas Stern sank mit der Eroberung der Stadt durch napoleonische Heere am 26. Mai 1806. Aber schon vorher machten sich Anzeichen des Niedergangs bemerkbar, denn die Handelsmärkte verlagerten sich mehr und mehr nach Übersee. Die Staaten am Atlantik waren nun im Vorteil. Die außenpolitischen Verhältnisse wurden für den überalterten Aristokratenstaat problematisch.

Österreich hatte ganz Dalmatien an das Frankreich Napoleons abgetreten und am 31. Januar 1808 verabschiedete die französische Besatzungsmacht eine Akte über die Abschaffung des Staates Ragusa. Alle diplomatischen Bemühungen des Senates waren vergeblich. Der Wiener Kongress 1815 würdigte das Problem keine einzigen Diskussion. Ragusa wurde an Dalmatien angeschlossen und das wiederum fiel nach dem Wiener Kongress an Österreich. Nach dem 1. Weltkrieg wurde Ragusa 1918 jugoslawisch, nun unter dem Namen Dubrovnik.

Ab Oktober 1991 wurde Dubrovnik von der jugoslawischen Nationalarmee belagert. In den folgenden Jahren wird die auf der Unesco-Liste schützenswerten Weltkulturerbes stehende Stadt bis 1995 fast jeden Tag mit einem mörderischen Granatenhagel überzogen. Man liest, dass es Tage gegeben haben soll, an denen nicht weniger als 600 Einschläge registriert wurden. Durch den Beschuss starben in den vier Jahren alleine in Dubrovnik fast hundert Zivilisten und 129 Soldaten. 1992 schließlich erlebt Dubrovnik die Bekräftigung Kroatiens als selbständiger Staat. Und die Kriegsschäden von 1991-1994 sind längst wieder behoben.

problematisch, die Parkplatzsituation von Dubrovnik

Parkplätze gibt es zwar außerhalb der Stadtmauer. Ihre Aufnahmekapazität ist aber bei weitem nicht dem Ansturm von Besuchern gewachsen. Das Parken, vor allem mit größerem Wohnmobil oder gar mit einem Gespann, in Gehnähe zur Altstadt stellt also ein mittleres Problem dar. Relativ gut sind die Chancen, einen freien Parkplatz zu ergattern vor 10 Uhr vormittags oder in der Zeit zwischen 14 und 16 Uhr.

Wenn alle Stricke reißen, bleibt nur, im **Hafen von Gruž**, z. B am dortigen Busbahnhof, einen Parkplatz zu suchen und von dort mit dem Bus zum Busbahnhof am Pile-Tor zu fahren. Zwischen Pile-Tor und Gruž verkehren Busse der Linien 1a und 3. Fahrkarten erhält man im Bus, aber auch an Kiosken, bei Libertas am Pile-Tor und am Busbahnhof. Eine Fahrkarte kostete zuletzt (2002) 10 Kuna

Im Stadtteil Gruž, früher einem vornehmen Vorort von Dubrovnik, wo die reichen Kaufleute und Patrizierfamilien ihre Villen hatten, findet man außerdem die städtische Markthalle und zwei der größten Kaufhäuser der Stadt, „Minčeta" und „Srd".

Für einen ersten Stadtspaziergang vom Pile-Tor über die Stradun zum Sponza-Palast und zurück sollten Sie mindestens zwei Stunden vorsehen.

138

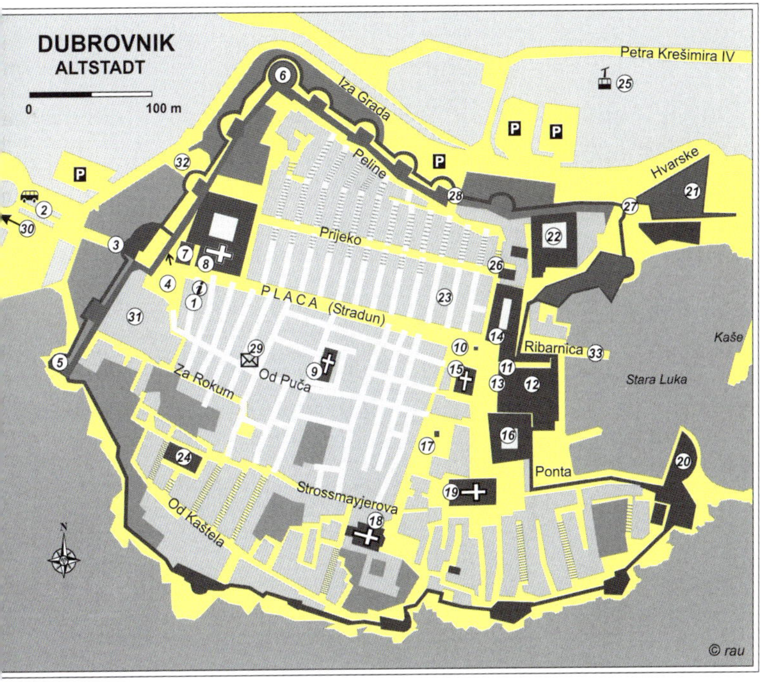

ROUTE 10: DUBROVNIK

DUBROVNIK - Altstadt – **1** Information – **2** Brsalje-Platz, Busterminal – **3** Pile-Tor – **4** Onofriusbrunnen – **5** Bastion Bokar – **6** Minčeta Turm – **7** Kirche Sv. Spasa – **8** Franziskanerkloster – **9** Serbisch-Orthodoxe Kirche, Ikonenmuseum – **10** Luža-Platz, Rolandsäule – **11** Glockenturm – **12** Hauptwache (Rathaus) – **13** Kleiner Onofriusbrunnen – **14** Sponza-Palast, Stadtarchiv – **15** St. Blasiuskirche – **16** Rektorenpalast, Historisches Museum – **17** Alter Marktplatz – **18** Jesuitenkirche St. Ignatius – **19** Kathedrale – **20** Johannesfestung, Schifffahrtmuseum, Seeaquarium – **21** Festung Revelin – **22** Dominikanerkloster, Museum – **23** Synagoge – **24** Ethnographisches Museum Rupe – **25** Seilbahntalstation – **26** Sv. Nikola-Kirche – **27** Ploče-Tor – **28** Nordtor – **29** Hauptpost – **30** zum Grand Hotel Imperial und zur Touristeninformation – **31** ehem. Klarissinnen-Konvent – **32** Taxistand – **33** Boote nach Lokrum und Ausflugsboote

STADTRUNDGANG

Unseren Stadtspaziergang durch die historische Altstadt von Dubrovnik beginnen wir an dem weiten **Brsalje-Platz (2)** vor dem Pile-Tor (Pile: griechisch für Tor). Unweit nördlich vom Tor gibt es außerhalb der Stadtmauern einen kleinen (meist überbelegten) Parkplatz und einen Taxistand. Außerdem findet man an dem Platz ein Busterminal, ein Büro der Touristeninformation, Reisebüros, Cafés und das neu renovierte Grand Hotel Imperial, das älteste Hotel Dubrovniks.

Rundgang durch Dubrovniks Altstadt ***

Etwas weiter südlich des Brsalje-Platzes liegt eine kleine Bucht, die im Westen vom **Tvrđava Lovrijenac** (Fort des hl. Laurentius) und im Osten von der runden **Bastion Bokar (5)**, die Teil der gewaltigen Stadtmauer von Dubrovnik ist, bewacht wird. Über einem Tor

139

ROUTE 10: DUBROVNIK

gewaltig und noch vollständig erhalten, Dubrovniks Stadtmauer

am Fort des hl. Laurentius ist ein Wahlspruch der Stadt Dubrovnik eingemeißelt: „Non bene pro toto libertas venditur auro", „Die Freiheit verkauft man nicht für alles Gold der Welt".

Über eine breite Bogenbrücke, die den einstigen Festungsgraben überspannt, und durch das anschließende **Pile-Tor (3)**, gehen wir hinein in die Altstadt. Das mächtige Doppeltor in einem halbkreisförmigen Wehrturm, über dessen äußerem Portal man eine Figur des Hl. Vlaho (St. Blasius), des Schutzpatrons der Stadt sieht, entstand in der Zeit zwischen dem 14. und 16. Jh. In alten Tagen wurde jeden Abend die damals noch vorhandene hölzerne Zugbrücke vor dem Tor hochgezogen, das Stadttor fest verschlossen und der Schlüssel in einer genau vorgeschriebenen Prozedur dem Stadtoberhaupt oder seinem ranghöchsten Vertreter übergeben.

Vom Pile-Tor zieht sich die breite **Placa** oder **Stradun**, die Hauptachse, Einkaufs- und Flaniermeile mit ihrem spiegelblank polierten Straßenpflaster wie eine Schlucht durch das Häusermeer der Altstadt von Dubrovnik.

Das glänzende Pflaster der Placa haben schon viele gekrönte Häupter, Künstler, Schriftsteller, Abenteurer und wohlhabende Bildungsreisende betreten. Auch Flitterwöchner sollen darunter gewesen sein. Wie man liest, hat die Krimiautorin Agatha Christie auf ihrer zweiten Hochzeitsreise auch Dubrovnik besucht. Und König Edward VIII. von England, der zu Gunsten seiner großen Liebe zu einer Bürgerlichen, der Amerikanerin Wallis Simpson, auf den britischen Thron verzichtet hat, zog sich mit seiner Angebeteten eine Zeit lang nach Dubrovnik zurück, um nicht laufend mit erleben zu müssen, wie man sich bei Hofe und in der Presse rund um den Globus über den Skandal die Mäuler zerriss.

Onofriusbrunnen (4)

Der Platz Poljana Paška Miličevića rechts vom Pile-Tor wird beherrscht vom sechzehneckigen Kuppelbau des großen **Onofriusbrunnens (4),** mit 16 Säulen und 16 durch Reliefs geschmückten Wasserspeier. Benannt ist das Brunnenhaus nach seinem italienischen Erbauer Onofrio della Cava. Der Onofriusbrunnen wurde im Jahre 1438 als krönender Abschluss des Baus einer Wasserleitung errichtet, die Dubrovnik mit dem überlebenswichtigen Nass aus 12 km entfernten Quellen in der Rijeka Dubrovačka versorgte.

ROUTE 10: DUBROVNIK

Im Eckhaus an der Placa liegt ein Souvenirladen mit **Touristeninformation (1)**.

Bevor wir die Erlöserkirche gegenüber besichtigen und einen Bummel über die Hauptstraße Placa anschließen, bietet es sich an, hinauf zur mächtigen **Stadtmauer Gradske Zidine** zu steigen. Den Zugang geöffnet Apr. – Okt. tgl. 9 – 18.30 Uhr, übrige Zeit kürzer, Eintritt) findet man gleich neben dem Pile-Tor. Über steile Treppen geht es hinauf zum Wehrgang auf der Mauerkrone. Dubrovniks gewaltige Stadtmauer, mit deren Bau im 9. Jh. begonnen worden war, ist insgesamt 1.940 m lang, weist 15 Wehrtürme auf, ist teils bis 25 Meter hoch und an der ehemals offenbar besonders gefährdeten Landseite 4 bis 6 Meter dick. Während der Blütezeit Dubrovniks als Handels- und Seemacht waren die Mauern und Bastionen mit 120 Kanonen bestückt.

das Pile-Tor

Auf der Stadtmauer lässt sich die ganze Altstadt umrunden. Außer dem Zugang am Pile-Tor gibt es noch einen Zu- bzw. Abgang am Ostende der Stadt am Ploče-Tor.

Vom Zugang am Pile-Tor kann man links hinab bis zur **Bastion Bokar (5)** gehen, dem Festungsturm am Meer. Nicht verzichten sollte man auf einen Spaziergang auf der Mauer rechts hinauf bis zum runden, trutzigen **Minčeta Turm (6)**. Dieser gewaltige Wehrturm entstand in seiner heutigen Form im 15. Jh. nach Plänen des Florentiner Baumeisters Michellozzi und beherrscht nach wie vor uneingeschränkt die Stadtsilhouette. Nicht umsonst wurde er zu einem Wahrzeichen Dubrovniks. Der wunderbare Blick von oben über die Dächer der Stadt lohnt die kleine Mühe des Aufstiegs. Ein Spaziergang auf der Stadtmauer sollte also nicht ausgelassen werden.

schöner Stadtblick vom Minčeta Turm ** (6)

Wir gehen zurück zum Pile-Tor. Direkt neben dem Treppenaufgang zur Stadtmauer steht die **Erlöserkirche Svetog Spasa (7)** mit schöner Renaissance-Fassade. Die Kirche, ebenfalls ein Werk des Brunnenbauers Onofrio, wurde vom Erdbeben 1667 verschont (das den gegenüberliegenden Onofriusbrunnen dagegen stark in Mitleidenschaft gezogen hatte), ist also ohne wesentliche Änderung aus den Entstehungsjahren des früheren 16. Jh. erhalten geblieben.

Kirche Sv. Spasa (7)

Neben der Erlöserkirche erhebt sich der mächtige Kirchenbau des **Franziskanerklosters Franjevački samostan-muzej (8).** Nur noch das **Portal** an der Placa-Seite, mit schönem Figurenschmuck

Franziskanerkloster, Kreuzgang (8) *
9 – 16 Uhr. Eintritt.

141

ROUTE 10: DUBROVNIK

Dubrovniks Flaniermeile Placa oder Stradun, links das Portal der Erlöserkirche und der Komplex des Franziskanerklosters

Ikonenmuseum **(9)**
Mo. – Sa. 9 – 13 Uhr. Eintritt.

schöner Stadtplatz *** (10)

und einer Pietá, einem Werk der Gebrüder Perović, stammt aus dem 14 Jh., dem Gründungsjahrhundert de Klosters. Die Kirche selbst musst nach dem Erdbeben 1667 neu auf gebaut werden. Sehenswert ist de romanische **Kreuzgang** des Klosters. Er stammt aus dem 14. Jh. (Ein gang zwischen Erlöser- und Kloster kirche) und beeindruckt durch ein Reihe kapitellgekrönter Doppelsäu len um einen bepflanzten Innenhof

An der Ostseite des Klosterkom plexes findet man das **Museum**, m Kunstsammlungen, alten Hand schriften und vor allem mit der ers ten **Apotheke** Europas, die hier 137 eingerichtet wurde.

Danach schlendern wir die brei te, mit Leben erfüllte Placa (Stradur hinunter. Kein Auto stört. Die ganz Altstadt ist Fußgängerzone. Geschäf te aller Art laden zum „shopping" eir Restaurants, Kneipen und Weinstu ben zum Verweilen. Viele der Gast häuser liegen in den schmalen Seitengassen rechts und links de Placa.

Wer sich besonders für Kirchenarchitektur und Ikonenmalere interessiert, sollte auf halbem Wege von der Placa rechts (südwärts abzweigen und durch die Gasse N. Božidarevića bis zur Gasse O Puča und zur **Srpska provoslavna crkva (9)**, der Serbisch-Ortho doxen Kirche gehen. Der Kirchenbau stammt aus dem Jahre 187 und beherbergt heute eine hervorragende Ikonensammlung. Die Ta feln entstanden in kretischen, italienischen und russischen Schu len und stammen teils aus dem 15. Jh. Außerdem Portraitausstel lung kroatischer Maler.

Die Placa, die Hauptader Dubrovniks, endet am **Luža-Platz (10)** dem schönsten Platz der Stadt. In seiner Mitte steht die **Roland säule,** oder Orlandosäule, ein beliebter Treffpunkt der jungen Leu te, früher Podium zur Verkündung von Befehlen und Urteilen un gleichzeitig Richtplatz. Auf der Säule aus dem Jahre 1418 ist ei gelockter, mittelalterlicher Ritter mit Schwert und Schild dargestell

Davor ragt der **Glockenturm (11)** mit einer seltenen Monduh auf. Er wird an der Nordseite von der **Glöcknerloge**, an der Südsei te von der **Hauptwache (12)** flankiert. Die Glöcknerloge stamm aus dem Jahre 1463 und wurde im vergangenen Jahrhundert er neuert. Die Glocken warnten in alten Zeiten vor drohenden Gefah ren und riefen den Rat der Stadt zusammen.

ROUTE 10: DUBROVNIK

Die Hauptwache war ehemals Sitz des Admirals der Flotte Ragusas. In einer Nische vor dem Gebäude sieht man den **Kleinen Onofriusbrunnen (13)**. Er gehörte früher mit zum Wasserversorgungssystem der Stadt und wurde, wie die übrigen öffentlichen Brunnen, über eine 1,7 km lange Wasserleitung versorgt, die das Wasser von sieben Quellen in der Umgebung in die Stadt brachte.

An der Nordseite des Luža-Platzes erhebt sich der **Sponza-Palast (14)** mit Arkadengang, schöner gotischer Fassade und Stilelementen der Renaissance im oberen Teil (16. Jh.). Über dem durch Säulen und gotisches Maßwerk dreigeteilte mittlere Fenster sieht man in einer Nische eine Statue des hl. Blasius. Der Palast mit seinem sehenswerten Innenhof diente in früheren Tagen schon als Zollamt, als Münze, als Schatzamt und als Getreidelager. Heute ist hier das **Stadtarchiv** untergebracht, das über eine kostbare Sammlung von teils sehr alten, historischen Handschriften, Dokumenten und Drucken verfügt. Insgesamt sollen in dem Archiv 7.000 handgeschriebene Dokumente und annähernd 100.000 Briefe und Schriftstücke lagern, welche die Geschichte des Stadtstaates Ragusa, seine Verträge und Handelskontrakte, Rechtsvorschriften und Gesetze, diplomatischen und seerechtlichen Übereinkünfte etc. etc. vom 12. Jh. bis heute fast lückenlos dokumentiert.

der Luža-Platz, rechts der Glockenturm, links der Sponza-Palast, davor die Rolandsäule

Dem Palast gegenüber, also an der Südseite des Platzes, liegt der Barockbau der **St. Blasius-Kirche (15)** mit schöner Freitreppe. Die Kirche, die in ihrem Stil und äußeren Erscheinungsbild nicht so recht zu den umliegenden Gebäuden passen will, stammt aus dem Anfängen des 18. Jh. und ist dem Schutzpatron der Stadt Sveti Vlaho (St. Blasius) geweiht. Innen ist die vergoldete Silberstatue des Heiligen auf dem Hauptaltar zu sehen, der in der linken Hand ein Modell trägt, das die Stadt im 15. Jh. zeigt. Bislang war die Kirche nur während der Morgen- und Abendmessen geöffnet, was sich zwischenzeitlich geändert haben kann.

Südlich der Kirche, in der Straße Pred Dvorum, findet man den **Rektorenpalast Knežev dvor (16)**. Er ist im Renaissancestil erbaut. Der schöne Innenhof mit doppelstöckigen Arkaden ist während des Dubrovniker Sommerfestivals oft Veranstaltungsort von Konzerten.

Rektorenpalast und Historisches Museum (16)

143

ROUTE 10: DUBROVNIK

Rundgang durch Dubrovniks Altstadt ***

Der Rektorenpalast war Sitz der Regierung des Stadtstaates Ragusa und Wohnung des formellen, aber machtlosen Staatsoberhauptes, des Rektors. Dessen Aufgaben erschöpften sich in Repräsentationspflichten. Außerdem waren hier auch das Waffenarsenal und das Staatsgefängnis untergebracht.

Das Palais entstand im 15. Jh. auf den Mauern eines befestigten Schlosses, das 1435 durch eine Pulverexplosion zerstört wurde. Auch der Rektorenpalast erlitt gravierende Beschädigungen durch das Erdbeben 1667. Erst 1739 konnte er wieder aufgebaut werden.

Heute ist im Rektorenpalast ein **Historisches Museum** eingerichtet. Zu sehen ist das historische Arbeitszimmer des Rektors, Sänften aus einer Zeit, als sich die Edelleute durch die Stadt zu ihren Geschäften tragen ließen, eine kleine Porträtgalerie namhafter Dubrovniker Bürger, die Siegel und Schlüssel der Stadt, eine Münzsammlung, Gemälde u. a.

Links daneben liegt das Palais des Großen Rates, das heute das **Rathaus**, ein Theater und ein großes Café beherbergt.

Marktplatz (17)

Gegenüber führt eine Straße hinter der St. Blasius Kirche zum **Alten Marktplatz Gundulićeva Poljana (17)**. Morgens findet hier ein bunter Markt statt und mittags um 12 Uhr ist Taubenfütterung. Das Denkmal auf dem Marktplatz erinnert an Ivan Gundulić, einen der größten Poeten und Freiheitsdichter Dubrovniks. In seinem großen Epos „Osman" zieht er mit seinen Versen gegen die Machtgelüste der Türken zu Felde. Über die Freiheit schreibt er da sehr patriotisch: „... alles Silber, alles Gold und alle Menschleben können deine reine Schönheit nicht bezahlen ...".

Wir gehen weiter südwärts, kommen über einen breiten Treppenweg zur Jesuitenkirche **St. Ignatius (18)** und gehen von dort

Kathedrale (19) Schatzkammer tgl. 9 – 19 Uhr. Eintritt.

zurück zur **Kathedrale Velika Gospa, Mariä Himmelfahrt (19)**. Sie schließt den Luža-Platz nach Süden ab. Der Barockbau der Kathedrale stammt aus dem 17. und 18. Jh. Daneben liegt die **Schatzkammer Riznica** mit kostbaren Reliquien der Heiligen Blasius und Laurentius und einem Gemälde „Madonna mit Kind" aus dem 16. Jh., das Raffael zugeschrieben wird.

Um die Entstehung der Kathedrale rankt sich folgende Geschichte: König Richard Löwenherz soll auf der Rückfahrt von einem Kreuzzug mit seinem Schiff in einen furchtbaren Sturm geraten sein und gelobt haben, dort eine Kirche zu bauen, wo er heil an Land gehen könnte. Richard Löwenherz landete auf der Insel Lokrum vor Dubrovnik und gab Auftrag, sein Gelübde einzulösen. Aber die Einwohner von Ragusa überredeten ihn, die Kirche in der Stadt zu bauen. Und so entstand 1190 eine romanische Kathedrale. Aber auch sie fiel dem Erdbeben zum Opfer. Im 17. Jh. wurde mit dem heutigen Bau begonnen.

Hafenfestung ** (20)

Durch die schmale Gasse Kneza Damjana Jude kommen wir ostwärts zur **Johannesfestung Sv. Ivan (20)** am alten Stadthafen. Die halbrunde Anlage war lange einer der wichtigsten Bastionen in der Hauptverteidigungsanlage der Stadt, die zusammen mit der

ROUTE 10: DUBROVNIK

gegenüberliegenden **Revelin Fort (21)** in erster Linie für den Schutz des Hafens zuständig war.

Mit dem Bau der Johannesfestung war bereits Mitte des 14. Jh. begonnen worden. Politische und wehrtechnische Veränderungen machten es aber notwendig, dass die Wehranlage immer wieder verstärkt und modifiziert wurde, bis sie im 16. Jh. ihre heutige Größe und Form erlangte. Heute sind hier ein sehenswertes **Seeaquarium** sowie das **Schifffahrtmuseum** eingerichtet. Recht interessant ist das Schifffahrtmuseum deshalb, gibt es doch Aufschluss über die Entwicklung der traditionsreichen Dubrovniker Marine und die Bedeutung der Seehandelsmacht Ragusa.

Die lange, flache **Insel Kaše** mitten in der Hafeneinfahrt war ein wichtiges Glied im Verteidigungsring der Stadt. Sie wurde im 15. Jh. nach Plänen des Dubrovniker Ingenieurs Paskoje Miličević angelegt. Bei drohender Gefahr wurde die Hafeneinfahrt beiderseits der Insel durch mächtige Eisenketten versperrt, die einerseits zur Johannesfestung, andererseits zur Festung Revelin gespannt wurden.

Über den Platz Ponta gehen wir die Kaimauer entlang nordwärts bis zum Bootsanleger vor dem Platz Ribarnica. Hier kann man Bootstaxis mieten, oder mit einem Ausflugsboot zur Insel Lokrum fahren. Außerdem legen hier die Boote von und nach Cavtat an.

Schließlich betreten wir am weiter oben schon erwähnten Glockenturm wieder die Innenstadt und gehen dicht unter der Stadtmauer nordwärts bis zum **Dominikanerkloster Dominikanski samostan-muzej (22).** Es stammt aus dem 14. Jh. und weist einen schönen **Kreuzgang** auf. Auch das Innere der Klosterkirche ist se-

Dubrovniks Paradeansicht – die Johannesfestung Sv. Ivan (vorn links) am alten Stadthafen

Seeaquarium
tgl. 9 – 18.30 Uhr. Eintritt.
Schifffahrtmuseum
Di. – So. 9 – 14 Uhr. Mo. geschlossen. Eintritt.

Dominikanerkloster u. Museum (22)
tgl. 9 – 17 Uhr. Eintritt.

145

ROUTE 10: DUBROVNIK

Rundgang durch Dubrovniks Altstadt ***

henswert. Ein Besuch des Klosters lohnt vor allem wegen der bemerkenswerten **Gemäldesammlung**, die für die Stadt um so wertvoller ist, da viele der alten Kunstwerke in den Feuersbrünsten nach diversen Erdbeben untergegangen sind. Hier sind einige der bedeutendsten Werke der großen Dubrovniker Meister wie Uginović, Blaž Jurjev Trogiranin, Lovro und Vicko Dobričrboć, Nikol Božidarević (Mariä Verkündigung von 1512, Maria mit Heiligen u. a. oder Miho Hamzić (Triptychon von 1512) zu sehen, die alle im 15. und zu Beginn des 16. Jh. tätig waren. Ein weiteres Kleinod des Museums ist ein Altarbild von Tizian aus dem 16. Jh., das die h. Magdalena zusammen mit dem hl. Blasius zeigt.

Zwei Gassen weiter westlich, in der Žudioska ulica, findet sich eine **Synagoge (23)** aus dem 15. Jh., die als die zweitälteste Synagoge in Europa gilt. Montag und Donnerstag zwischen 10 und 12 Uhr zur Besichtigung geöffnet.

Man kann nun über die Placa, den Hauptnerv der Stadt, oder über die nördlich parallel verlaufende Prijeko oder aber auf der Stadtmauer (Zugang am Glockenturm am Ploče-Tor) über den Minčeta-Turm zurück zu Pile-Tor gehen.

Der **geschilderte Rundgang** ist ohne große Aufenthalte in den Kirchen und Museen in einem **halben Tag** zu bewältigen. Bei etwas eingehenderem Studium der einzelnen Sehenswürdigkeiten und mehr Zeit zum gemütlichen Bummeln auch durch abgelegenere Winkel der Altstadt, die voller reizender Motive sind, werden zwei Tage für Dubrovnik nicht zuviel sein.

Ethnographisches Museum (24)
So. – Fr. 9 – 14 Uhr. Sa. geschlossen. Eintritt.

Außer den im vorangegangenen Stadtrundgang beschriebenen Museen lohnt das **Museum Rupe (24)** in der Südstadt im ältesten Stadtteil Sveta Marija einen Besuch. Heute ist hier das **Ethnographische Museum** mit Trachten, Kunsthandwerk und landwirtschaftlichen Gerätschaften aus der Gegend um Dubrovnik untergebracht.

Das Gebäude, in dem das Museum untergebracht ist, ist auch als Getreidespeicher Rupe bekannt und an sich schon eine Besonderheit. In dem Gebäude waren 15 brunnenähnliche Schächte in den felsigen Untergrund getrieben worden, die zur Lagerung von Getreidevorräten dienten. In den Schächten konnten bis zu 1200 Tonnen Getreide aufbewahrt werden.

Liebhaber von Kunstwerken aus dem 19. und 20. Jh. kommen in der **Kunstgalerie** nahe dem Hotel Excelsior (Spielkasino) östlich der Stadt auf ihre Kosten.

Strände und Hotels auf der Halbinsel Lapad

Die **Halbinsel Lapad** unweit westlich der Altstadt von Dubrovnik mit ihren schönen Buchten und Stränden (Fels und Kies) ist das Dubrovniker **Tourismuszentrum** schlechthin. Hier findet man eine ganze Reihe von weitläufigen, komfortablen und mit allen möglichen Freizeiteinrichtungen ausgestatteten Ferienhotelanlagen (u. a. Hotel Neptun, Hotel Palace). Lapad ist vom Busbahnhof am Pile-Tor mit Bussen der Linien 4, 5 und 6 zu erreichen.

Wer sich dafür interessiert, sollte den Friedhof von Lapad bei der St. Michaelskirche besuchen. Es ist der alte Friedhof der vor

ROUTE 10: DUBROVNIK

nehmen Patrizierfamilien aus Dubrovnik und heute so etwas wie ein Denkmal an die große Vergangenheit des ehemaligen Stadtstaates Ragusa.

An die große Zeit, als die Handelsfahrer aus Ragusa viele der Handelswege im Mittelmeerraum kontrollierten, erinnern die Votivbilder und Schiffsmodelle in der Kirche zur Barmherzigen Muttergottes, die dankbare Seeleute und Kapitäne stifteten.

Strand von Lapad

Nördlich der beiden Parkplätze am Nordrand der Altstadt liegt die **Talstation der Kabinenseilbahn (25)**, die hinauf auf den Dubrovniker Hausberg **Brdo Srđ** führt. Bei unserem letzten Besuch war die Bahn wegen Renovierungsarbeiten allerdings außer Betrieb. Erkundigen Sie sich also besser vorher bei der Touristeninformation, ob die Bahn wieder in Betrieb ist, bevor Sie sich auf den Weg zur Talstation machen. Von einem Parkplatz an der Straße nach Cavtat oberhalb von Dubrovnik kann man auch hinaufwandern. Der Ausblick von oben ist jedenfalls grandios.

mit der Seilbahn auf den Sergiushügel

Praktische Hinweise – Dubrovnik

Dubrovnik

📞 Information: **Turistička zajednica Grada Dubrovnika**, Dr. Ante Starčevića 7 20001 Dubrovnik-Pile, Tel. 020-42 75 91, geöffnet 8 – 20 Uhr. E-Mail: ured.pile@tzdubrovnik.hr, www.tzdubrovnik.hr

Turistička zajednica Gruž, Gruška obala b.b., Gruž, Tel. 41 79 83, geöffnet 8 – 20 Uhr.
Hilfreich ist die Broschüre **Vodič Dubrovnik Guide**, die monatlich von der Touristenbehörde herausgegeben wird, über Veranstaltungen, Busfahrpläne, Hotels, Restaurants, Museen, Parkplätze, Autovermietungen, Taxistände, Postämter, Banken u. v. a. in Dubrovnik, Cavtat und Župa unterrichtet, gratis abgegeben wird und bei den Infobüros und in größeren Hotels ausliegt.

Flughafen Dubrovnik, der Flughafen liegt rund 18 km südöstlich von Dubrovnik bei 20117 Cilipi-Konvale, Tel. 020-77 33 77, Web: 222.airportdubrovnik.hr. Es bestehen Busverbindungen von und nach Dubrovnik, Fahrtdauer rund 20 Minuten.

Flughafen

Unweit südlich des kleinen Hafens vor der Altstadt von Dubrovnik ist im alten Gebäudekomplex der früheren Quarantänestation **Lazareti** heute ein riesiger Souvenirsupermarkt eingerichtet.

Einkaufen

❖ Feste, Folklore: **Dubrovniker Sommerfestspiele** unter freiem Himmel in der Altstadt, Mitte Juli bis Ende August.

Feste, Folklore

ROUTE 10: DUBROVNIK

Restaurants

✄ Restaurants: **Jadran**, Poljana P. Miličevića 1, Tel. 020-42 86 72; populäres, alteingesessenes Lokal im Atrium des einstigen Klarissinnen-Convents, moderate Preise

Nautika, Brasalje 3, Tel. 020-44 25 73; außerhalb des Pile-Tors, ein recht elegantes Lokal, zählt mit zu den besten Restaurants der Stadt mit herrlichem Meerblick, nicht billig, aber gute Küche, einladende Terrasse.

Gradska Kavana, das Stadt-Café ist schon fast so etwas wie eine Institution in der Dubrovniker Altstadt. – Und andere Restaurants.

Hotels

🛏 Hotels: **Grand Hotel Imperial** am Rande der Altstadt, nahe Pile-Tor ist zur Zeit im Wiederaufbau. Eröffnungstermin unklar.

Hotel Excelsior, ****, 182 Zi., Frana Supila 12, Tel. 020-35 33 53, Fax 020-41 42 14; modernes, komfortables Firstclass Hotel im Stadtteil Ploče unmittelbar am Meer östlich der Altstadt, von einigen der Zimmer schöner Stadtblick, Restaurant, Terrasse, Schwimmbad, Sauna, Fitnesseinrichtungen, eigener Strand. Parkplatz.

Hotel Argentina, ****, 125 Zi., Frana Supila 14, Tel. 020-44 05 55, Fax 020-43 25 24; Firstclasshotel in schöner Lage am Felsstrand, alle Zimmer mit Meerblick. Restaurant, Café, Frei- und Hallenbad, Fitnessraum, Sauna. Eigener Felsstrand mit Betonflächen. Garage und Parkplatz.

Hotel Villa Dubrovnik, 50 Zi., gut geführtes, renommiertes Haus, Terrassenrestaurant mit Stadtblick. Eigener Strand, Café, Parkplatz. – Und andere Hotels, z. B. auf der Halbinsel Lapad, 4 km westlich der Stadt.

Jugendherberge

Jugendherberge: **Omladinski Hostel**, V. Sagrestana 3, Dubrovnik, Tel. 020-42 32 41, e-mail: hfs-du@du.hinet.hr, westlich der Altstadt auf dem Wege nach Lapad.

Camping

Mlini

▲ – **Camping Kate**, Tel. 020-48 70 07; 1. Apr. – 31. Okt.; ca. 7 km südlich von Dubrovnik an der Straße 8 am Ortsrand, zweigeteiltes Wiesengelände mit unterschiedlichen Bäumen, schöne aussichtsreiche Lage; ca. 1 ha – 40 Stpl.; einfache Standardausstattung.

AUSFLÜGE AB DUBROVNIK

Sergius-Berg, 412 m, nördlich der Altstadt, mit der Seilbahn erreichbar, Talstation im Stadtteil Ploče nahe dem Nordtor der Stadtmauer oder zu Fuß in ca. 90 Minuten.

Bootsausflug zur Insel Lokrum

Die **Insel Lokrum** ist mit ständig verkehrenden Ausflugsschiffen ab der Anlegestelle im alten Stadthafen von Dubrovnik zu erreichen. Die bewaldete Insel ist zum Nationalpark erklärt worden. Herrliche Möglichkeiten zum Schwimmen (felsige Klippenküste) und Spazieren Gehen. Fast am Südwestende der Insel stößt man auf die Ruine eines **Benediktinerklosters**. Es stammt aus dem 12. Jh, musste seine Klosterfunktion während der Besatzung durch napoleonische Truppen aber aufgeben. Danach ging die Insel in den Besitz des habsburgischen Erzherzogs Maximilian über, der aus dem Kloster 1859 seine Sommerresidenz machte und das Kloster zum Schlösschen umbauen lies, heute mit naturhistorischen Ausstellungen und hübschem Garten-Restaurant.

Aus der Zeit der französischen Truppenbesatzung stammt auch noch eine Festung namens **„Fort Royal"**, das heute ein beliebte

ROUTE 10: DUBROVNIK

Aussichtspunkt ist, von dem aus man einen herrlichen Blick bis nach Dubrovnik hat. Ein anderes Ausflugsziel auf der Insel ist ein kleiner See mit dem düsteren Namen „Totes Meer".

→ **Route:** Die **Adria-Magistrale** führt hoch über dem Meer von Dubrovnik über **Kupari** nach **Cavtat.** ●

Abstecher nach Cavtat

☑ *Mein Tipp!* An einem der beiden Parkplätze oberhalb von Dubrovnik sollte man unbedingt anhalten. Steintreppen führen den Hang hinauf, von wo ein **herrlicher Blick** auf die sich im Meer ausbreitende Altstadt von Dubrovnik möglich ist. Gute Fotografiermöglichkeit!

herrlicher Blick auf Dubrovnik ***

Cavtat, das antike *Epidaurum*, könnte als der „Geburtsort" von Dubrovnik bezeichnet werden. Als nämlich Slawen Epidaurum im 7. Jh. zerstörten, rettete sich ein Teil der Bevölkerung auf eine kleine Insel weiter westlich und gründete eine neue Gemeinde mit Namen Ragusa, das heutige Dubrovnik.

Im 14. Jh. wurde Cavtat von den Bewohnern Ragusas neu aufgebaut. Von der antiken Stadt ist nichts mehr zu sehen. Erdbeben versenkten auch die letzten Reste im Meer. Heute erfreut sich Cavtat größter Beliebtheit als sommerliches Ferienziel.

Das kleine Städtchen mit seinen malerischen Gässchen liegt am Ende einer schönen Bucht mit Kieselstränden und palmenbestandener Promenade, und ist umgeben von modernen Hotelanlagen aller Kategorien, einige davon mit Meerwasserhallenbad.

Sehenswert ist die **Rektorenresidenz**, ein Renaissancepalais aus dem 16. Jh., das heute als Stadtmuseum dient mit einer bedeutenden Bibliothek und graphischen Sammlungen des Rechtswissenschaftlers Bogišic; dann das **Franziskanerkloster** mit einem Kreuzgang im Renaissancestil (15. Jh.) und dem **Mausoleum** der Familie Račić, ein Werk des Bildhauers Mestrovic.

Leider liegt Cavtat ziemlich genau in der Einflugschneise des Dubrovniker Flughafens Cilipi, was natürlich eine erhöhte Lärmbelastung mit sich bringt.

Praktische Hinweise – Cavtat

Cavtat

☎ Information: **Turistička zajednica**, Tiha 3, 20210 Cavtat, Tel. 020-47 80 25. E-mail: info@tzcavtat-konavle.hr. Web: www.tzcavtat-konavle.hr.

✗ Restaurants: **Kolona**, Put Tihe, Tel. 020-47 82 69; beliebtes Lokal der Stadt, Fisch und andere Meeresfrüchte werden hier fangfrisch serviert. – Und andere Restaurants.

Restaurants

🛏 Hotels: **Hotel Croatia**, ****, 480 Zi., Frankopanska 10, Tel. 020-47 55 55, Fax 020-47 82 13, sehr komfortables Firstclass-Hotel auf einer Halbinsel ca. 500 m vom Zentrum Cavtats entfernt. Restaurant, Coffee Shop, Schwimmbäder, Tennis, Sauna. Eigener Strand. Parkplatz.
Hotel Cavtat, ***, 90 Zi., Tel. 020-47 82 46, Fax 020-47 13 40; im Ort gelegenes, gepflegtes Haus der Mittelklasse mit gut eingerichteten Zimmer an schöner Küste. Eigener Strand. Restaurant, Café. Parkplatz.

Hotels

149

ROUTE 11: DUBROVNIK – OMIŠ

Cavtat Hotels

Supetar, ***, 29 Zi., Tel. 020-47 82 78, Fax 020-47 82 13, ansprechend gelegenes Mittelklassehotel, Restaurant, Terrasse. – Und andere Hotels.

Camping

▲ – **Campingplätze** findet man rund 25 km südöstlich von Cavtat bei **Molunat**, schon ganz in der Nähe zur Grenze nach Montenegro.

11. DUBROVNIK – OMIŠ

⊙ **Entfernung:** Rund 195 km, ohne Abstecher.

➔ **Strecke:** Über die Straße 8/E65 bis **Makarska** – Fähre nach **Sumartin/Insel Brač** und zurück nach Makarska – Straße 8/E65 bis **Omiš**.

⇔ **Abstecher** zur **Insel Brač** (Seite 153).

⊕ **Reisedauer:** Mindestens ein Tag.

⌘ **Höhepunkte:** Die **Küste der Makarska Riviera** *** – der **Strand Zlatna rat** *** bei **Bol** auf der Insel Brač.

Rückreisevariante mit dem Schiff, eine erholsame Alternative

Eine überlegenswerte Variante der Rückreise ist die, mit dem Fährschiff von Dubrovnik nach Split, Zadar oder gar bis Rijeka zu fahren. Dies ist besonders für den Autofahrer eine erholsame Abwechslung. Auf bequeme Weise erlebt man die schöne Adriaküste und die Inselwelt vom sonnigen Deck des Schiffes aus. Es verkehren die Schiffe der kroatischen Reederei Jadrolinija (Dubrovnik, Hafen Gruž, Tel. 020-41 80 00) bis zu vier mal in der Woche. Die Reise nach Zadar dauert etwa 14 Stunden, nach Rijeka ca. 22 Stunden.

➔ **Route:** Der weitere Verlauf unserer Reise durch Kroatien führt von Dubrovnik entlang der Adriaküste nordwestwärts zurück, zunächst bis **Omiš**. Bis **Zaton Doli** entspricht der Weg zwangsläufig dem letzten Teil der Anreiseroute nach Dubrovnik, siehe Route 9, Split – Dubrovnik. ●

Rund 12 km nordwestlich von Zaton Doli passiert man den Grenzkontrollpunkt zur Republik Bosnien Herzegowina. Zur Ein- bzw. Durchreise von **Bosnien Herzegowina** wird der Reisepass verlangt. Gewöhnlich fallen die Grenzkontrollen bei der Ein- wie bei der Ausreise aber sehr moderat und großzügig aus. Der schmale Landkorridor Bosnien Herzegowinas, der bei **Neum,** dem einzigen Seebad Bosnien Herzegowinas, bis an die Küste reicht, ist gerade mal runde 10 km breit.

Wieder auf kroatischem Territorium erreicht man auf kurvenreicher Straße den Fluss Neretva, der hier in einem verwirrenden, weiten Delta aus Wasserläufen, Kanälen und verschilften Seen ins Adriatische Meer mündet. Man sieht weite Obst- und Gemüseplantagen

ROUTE 11: DUBROVNIK – OMIŠ

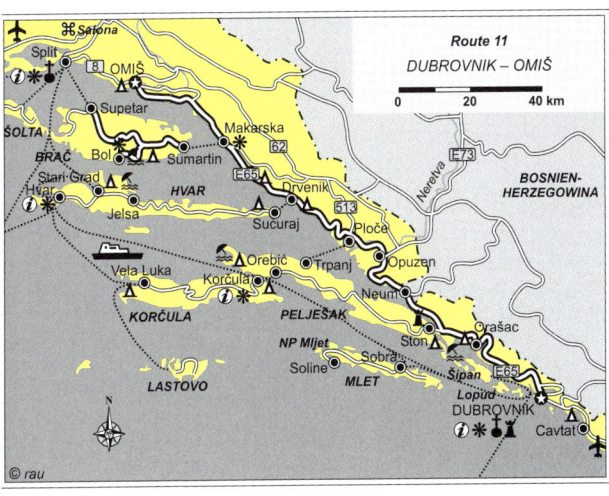

In dieser Gegend kann man ausgezeichnete Fischgerichte bekommen, vor allem Karpfen und Aale.

In **Opuzen** zweigt die Straße 9 ostwärts ab, führt durch das Neretvatal hinein nach Bosnien-Herzegowina und nach Mostar und weiter nach Sarajevo.

Im weiteren Verlauf unserer Route führt die 8/E65 kurvenreich, da etliche Buchten umfahren werden müssen, hoch über dem türkisfarbenen Meer entlang und zieht dann durch felsiges Bergland landeinwärts. Der Blick wird freigegeben auf den tiefer liegenden **See Bačinska jezera** nördlich von Ploče.

Ploče, das auf alten Karten noch als *Kardeljevo* (benannt nach S. *Kardelj*, einem politischen Weggenossen von Marschall Tito) auftaucht, hat als Hafenstadt an der Makarska Riviera eine gewisse Bedeutung als Umschlagplatz von Gütern und als Fähranleger. Ab Ploče verkehren täglich zwischen 5 Uhr und 20 Uhr etwa alle zwei Stunden **Autofähren nach Trpanj** auf der Halbinsel Pelješac.

Autofähren nach Trpanj/Pelješac

Traumhaft schöne **Kieselstrände**, von Felsen unterbrochen, findet man entlang der Küste ab **Gradac**, dem südlichsten Punkt an der Makarska Riviera.

sehr schöne Küstenlandschaft der Makarska Riviera
**

Auch **Zaostrog** wartet mit einladenden **Kiesstränden** auf. Zu den Sehenswürdigkeiten dort zählt das **Franziskanerkloster** aus dem 15./16. Jh.

Zaostrog

▲ – **Camping Dalmacija**, Tel. 021-92 93 00, Fax 021-62 93 00, www.zaostrog.net; 1. März – 31. Okt.; 4 km südlich Drvenik; viele kleine Terrassen unterhalb der Küstenstraße 8/E65 an einem abschüssigen Hang, Kiesstrand; ca. 4 ha – 300 Stpl.; Standardausstattung.

Camping

ROUTE 11: DUBROVNIK – OMIŠ

Autofähren zur Insel Hvar

Ab **Drvenik**, einem winzigen Hafenstädtchen, verkehren regelmäßig (in den Sommermonaten täglich etwa im Zwei-Stunden-Intervall) **Autofähren nach Sućuraj** am äußersten Ostende der langgestreckten Insel Hvar.

Die **Inselstraße von Sućuraj bis Jelsa auf Hvar** ist aber vor allem für Fahrer von grossen Wohnwagengespannen oder ausladenden Wohnmobilen eine gewisse Herausforderung. Das tückische an der kurvenreichen Straße ist weniger ihre nicht allzu üppige Breite, sondern vielmehr das Fehlen jeglicher Art von Randstreifen. Die Kante des Randes der auf einer Art Damm verlaufender Straße ist meist betoniert und fällt größtenteils ohne Sicherung unmittelbar ab, oft einen halben Meter und mehr. Bei Gegenverkehr ist man gezwungen bis hart an diesen Rand heranzufahren. Reine Nervensache, aber auf Dauer und mit einem breiten Fahrzeug ab etwa zwei Meter eben schon etwas lästig. Um das Befahren dieser recht unangenehmen Straße zu vermeiden, haben wir die Routenführung so angelegt, dass wir ab Split die Autofähre nach Star Grad auf der Insel Hvar nehmen und später von dort mit der Fähre weiter nach Korčula reisen.

Die Straße zwischen Jelsa, Starigrad und Hvar ist dagegen gut ausgebaut. Eine Beschreibung der **Insel Hvar** finden Sie in Etappe 9, Split – Dubrovnik.

Makarska Riviera **

Zwischen Gradac und Omiš erstreckt sich die **Makarska Riviera**, ein herrlicher Küstenabschnitt, der durch das hohe, fast unmittelbar vom Meer aus aufragende Bergmassiv Biokovo noch an Reiz gewinnt. An diesem Küstenstreifen werden **Sandstrände** etwas häufiger, wie etwa bei Donja Brela und bei Baška Voda.

Camping

Živogošće

▲ – **Camping Dole**, Tel. 021-62 87 49, Fax 021-62 87 50; östlich außerhalb des Ortes, Gelände in einem naturbelassenen, unebenen Pinien- und Olivenhain, große Platzteile sind von Mietzelten belegt; einfache Standardausstattung mit wenig gepflegten Sanitäranlagen; langer, schmaler Kiesstrand.

Ein hübsches Küstenstädtchen, das sich vom Meer mit schmalen Kiessträndern hinaufzieht bis zu seinem markanten Kirchturm, ist **Igrane.**

Als malerisch an einer weiten Bucht gelegener Ferienort präsentiert sich **Makarska**, Hauptort und bedeutenstes Ferienziel an der gleichnamigen Makarska Riviera. Unmittelbar hinter der Hafenstadt erhebt sich der 1.421 m hohe Berg Vosač im **Biokovo-Massiv**.

Makarska macht eine Ausnahme in der sonst recht einheitlichen Geschichte dalmatinischer Küstenstädte. Es war 150 Jahre von den Türken besetzt. Nennenswerte Spuren aus jener Zeit sind aber nicht mehr vorhanden.

In Zentrum der Stadt mit ihrer palmenbestandenen **Promenade** am hübschen Bootshafen erinnert ein Denkmal an den Volks-

ROUTE 11: DUBROVNIK – OMIŠ

Makarska, Hauptort der gleichnamigen Riviera

dichter Andrija Kačič-Miošić. Besichtigen kann man das **Franziskanerkloster** mit einer kostbaren Bibliothek und einer großen Sammlung von Muscheln und Schneckenhäusern, die aus allen Meeren unserer Erde stammen. Sehenswert auch die **Kathedrale Sveti Marko**.

Praktische Hinweise – Makarska

Makarska

☎ Information: **Turistička zajednica,** Tomislava 16, 21300 Makarska, Tel./Fax 021-61 20 02. Web. www.makarska.com.

🍴 Restaurants: **Riva,** Tomislava 6, zählt mit zu den besten Restaurantadressen im Zentrum, gute, bodenständige Küche, moderate Preise, schöne Terrasse. – Und andere Restaurants.

Restaurants

🛏 Hotels: **Hotel Meteor**, ***, 270 Zi., Sataliste Donja Luka 1, Tel. 021-60 26 00, Fax 021-61 14 19; elegant eingerichtetes, vollklimatisiertes Firstclasshotel an der autofreien Uferpromenade, etwa 500 Meter vom Zentrum entfernt gelegen, alle Zimmer mit Meerblick. Restaurant, Café, Swimmingpools, Tennis, eigener Kiesstrand. Parkplatz.
Hotel Biokovo, **, 50 Zi., Put Cvitačke 9, Tel. 021-60 22 00, Fax 021-61 24 93; angenehmes Mittelklassehotel an der Promenade von Makarska gelegen, dennoch ruhige Zimmer aufgrund Doppelglasfenster. Restaurant, Café, Hallenschwimmbad, Sauna. Parkplatz. – Und andere Hotels.

Hotels

INSEL BRAČ

Ab Makrska bestehen bis zu 5 mal täglich **Autofährverbindungen** nach **Sumartin** auf der **Insel Brač**, Fahrzeit ca. 30 Minuten.

Autofähre nach Brač

ROUTE 11: DUBROVNIK – OMIŠ

der Strand Zlatna rat bei Bol, Insel Brač
Foto: Kroatische Zentrale für Tourismus, München

Brač ist mit einer Fläche von fast 400 qkm die drittgrößte der kroatischen Adriainseln. Das landschafltiche Erscheinungsbild der Insel ist vielfältig. Teils ist sie von Hügelland mit Kiefernwäldern oder Macchiabewuchs durchzogen, das im Süden Höhen von fast 780 m (Vidova gora) erreicht. Im Nordosten dagegen ist das Terrain flacher. Viele der Anhöhen sind kahle Karstberge. Dazwischen dehnen sich zerklüftete Taleinschnitte aus. Die Inselküste ist zwar teils felsig und steil, vor allem im Norden. Im Süden aber findet man auch lange flache Küsten mit Kiesstränden.

der Strand bei Bol ***

Eines der attraktivsten Küstengestade auf Brač ist zweifellos der **Strand Zlatna rat** bei **Bol** auf der Südseite der Insel. Manche halten ihn gar für den schönsten Strand an der kroatischen Adria überhaupt. Markant ist die Form des Strandes, der sich vor einem Kiefernwald als langgestrecktes Kieselsteinkap ins Meer erstreckt und seine Form im Laufe der Zeit der vorherrschenden Meeresströmung anpasst.

Die wichtigsten Orte und beliebtesten Touristenziele sind das erwähnte **Bol** und das Haupt- und Hafenstädtchen **Supetar**. Gute Bademöglichkeiten bieten auch die Küstengestade bei **Povlja** im Nordosten, **Sutivan** im Nordwesten, sowie bei **Milna** an der Westküste.

Die berühmten **Steinbrüche** von Brač, aus denen der strahlend weiße Kalkstein für den Diokletianpalast in Split und (zumindest teilweise) auch für das Weisse Haus in Washington (USA) stammt, liegen in der Nähe der Nordküste bei Pučišća und Splitska.

Windsurfen, Drachenfliegen und **Tauchen** sind die Sportarten, die auf Brač gut betrieben werden können. Bol z. B. ist ein

154

ROUTE 11: DUBROVNIK – OMIŠ

Zentrum der Windsurfer in Kroatien und geübte Drachenflieger starten gerne vom Vidova gora aus.

Man kann von Brač entweder von Supetar aus mit der Autofähre direkt weiter nach Split reisen oder zurück nach Sumartin und mit der Fähre wieder zurück nach Makarska fahren und von dort aus über die Küstenstraße die Reise fortsetzen.

Praktische Hinweise – Insel Brač

Insel Brač

Supetar
☎ Information: **Turistička zajednica,** Porat 1, am Hafen, 21400 Supetar, Tel. 021-63 05 51. E-mail: tzg-supetar@st.hinet.hr. Web: www.supetar.hr

Bol
☎ Information: **Turistička zajednica,** Porat Boshih Pomoraca, 21402 Bol, Tel. 021-63 56 38, Fax 021-63 59 72.

Supetar
✕ Restaurants: **Vinoteka**, Put Gustirn Luke, Tel. 021-63 09 69; rustikale Kneipe in Hafennähe, serviert werden hauptsächlich Fischspezialitäten.

Restaurants

Bol
✕ Restaurants: **Konoba Gušt**, Riva Frane Radića, Tel. 021-63 59 11; im Zentrum am Hafen zwischen Postamt und Bank und gegenüber vom Hotel Kaštil gelegen, einladendes Gasthaus mit rustikalem Ambiente, einfache, deftige Küche zu erschwinglichen Preisen. – Und andere Restaurants.

Supetar
⌂ Hotels: **Hotel-Restaurant Bretanide**, Hrvatskih Velikana 26, Tel. 63 10 38, Fax 63 00 17; kleines, privat geführtes Hotel der einfacheren Kategorie, am Ostrand der Stadt, einige Zimmer sind zum Meer hin ausgerichtet und deshalb die bessere Wahl.

Hotels

U. a. gibt es große Ferienhotel- und Appartementkomplexe wie Hotel Kaktus, Hotel Palma oder Hotel Pliva mit umfangreichem Freizeit- und Sportangebot, die aber in der Hochsaison oft einen Mindestaufenthalt von mehreren Tagen verlangen.

Bol
⌂ Hotels: **Elaphusa**, ***, 130 Zi., Zlatni rat, Tel. 63 52 88, Fax 63 51 50, renoviertes, sehr komfortables Mittelklassehotel mit eigenem Strand, Hallenbad und Sauna. Restaurant, Café. Parkplatz. – Und andere Hotels.

▲ – **Camping Supetar,** Tel. 021-63 12 60, Fax 021-63 00 22; 1. Juni – 30. Sept; westlich des Ortes, ebenes Laubwaldgelände; ca. 2 ha – 150 Stpl.; einfache Standardausstattung. Bootsslipanlage.

Camping

Bol
▲ – **Camping Kito**, Tel. 021-63 55 51, Fax 021-63 55 51, www.bolnabracu.com; 1. Mai – 31. Okt.; westlich des Ortes, Terrassengelände im Olivenhain; ca. 0,4 ha – 60 Stpl.; Standardausstattung. Bootsslipanlage.

– **Camping Ranč,** überschaubare Campingmöglichkeit der einfacheren Art, hinter dem gleichnamigen Restaurant.

ROUTE 11: DUBROVNIK – OMIŠ

der Strand von Brela gilt als einer der schönsten an der Makarska-Riviera
Foto: Kroatische Zentrale für Tourismus, München

HAUPTROUTE

Brela, eine kleiner, hübscher Ort am Fuße des Biokovogebirges, wo sich die Kiefernwälder bis an die malerische Küste mit **schönen Stränden** ziehen, gilt als nördlichster Ort der malerischen Makarska Riviera. Leider tragen manche der Touristeneinrichtungen nicht gerade zur Verschönerung der Küste bei.

Omiš liegt rund 26 km westlich von Split. Das alte Hafen- und Industriestädtchen, das im Mittelalter als berüchtigtes Seeräubernest bekannt war, liegt vor einer imposanten Felskulisse am Ausgang einer Schlucht. Hier bricht der Fluss Cetina zwischen zwei Gebirgsstöcken hindurch und mündet ins Meer.

Hervorgegangen aus der römischen Siedlung Oneum sah Omiš im Lauf seiner Geschichte viele fremde Herren, darunter von 1444 fast 300 Jahre lang die Venezianer und danach bis 1918 die Habsburger. Die Ruine der mittelalterlichen Festung Fortica oberhalb des Städtchens erinnert an Zeiten, als sich Omiš den Angriffen von Sarazenen, Kreuzrittern und Osmanen erwehren musste.

Zu den eher bescheidenen Sehenswürdigkeiten in der Stadt zählen die **Heiliggeistkirche** im Renaissancestil und die barocke **Pfarrkirche Sveti Petar**. Trotz einladender Küstenabschnitte hat es Omiš auf Grund seiner Industrieanlagen aber nicht eben leicht, sich zu einem anziehenderen Ferienort zu entwickeln.

Omiš

Hotels

Camping

Praktische Hinweise – Omiš

Wer eine Hotelunterkunft sucht, sollte weiter bis Split fahren und sich dort eine Bleibe suchen (Hotels in Split siehe dort, Route 8). Die Unterkunftsmöglichkeiten in Omiš, wie z. B. im zentral gelegenen **Hotel Plaža**, Tel. 021-86 10 40, sind von eher bescheidener Art.

▲ – **Camping Galeb**, Tel. 021-86 44 30, Fax 021-86 44 58, www.galeb.hr; 1. Mai – 30. Sept.; am westlichen Stadtrand an der Straße 8 beim Stadion; ebenes Wiesengelände nahezu ohne Schatten; schmaler Sand- und Kiesstrand; ca. 6 ha – 450 Stpl.; Standardausstattung mit Restaurant, Laden, Tennis.

ROUTE 11: DUBROVNIK – OMIŠ

an der Cetina in Omiš

ABSTECHER INS TAL DER CETINA

Für die Weiterfahrt bieten sich zwei Möglichkeiten an. Die schnellere führt an der Küste entlang, die schwierigere, aber vielleicht schönere, durchs Inland.

Wählt man letztere Version, zweigt man in Omiš am östlichen Flussufer landeinwärts ab und folgt auf guter Straße dem schönen, grünen Cetina-Tal. Man passiert die **Mühle Radmanove mlinice**, ein Ausflugslokal und Forellenrestaurant bei einer ehemaligen Wassermühle an der Cetina. Man kann den Abstecher zu einer Rundfahrt ausweiten und nach Osten weiterfahren. Danach steigt die Straße an, wird ab Kučiće auf 4 km etwas schlechter (war lange unbefestigt) und führt dann durch herrliche Berglandschaft auf die Hauptstraße Nr. 39. Dort kommt man durch den Marktflecken **Zadvarje** (jeden Dienstag ländlicher Markt). Der ehemalige Wasserfall, der lange die Sehenswürdigkeit des Ortes war, ist aber einem Wasserkraftwerk zum Opfer gefallen. Über eine gut ausgebaute Passstraße gelangt man wieder hinunter an die Küste und auf die Straße 8.

schönes Cetina-Tal

12. OMIŠ – NP PLITVIČKA JEZERA

⊙ **Entfernung:** Rund 265 km.

➔ **Strecke:** Über die Straße 8/E65 bis **Split** – Straße 1/E71 über **Klis, Sinj, Knin, Ostrić, Gračac** bis **Plitvička jezera**.

🕒 **Reisedauer:** Mindestens ein Tag, ohne Besuch des Nationalparks Plitvicer Seen.

✣ **Höhepunkte:** Ein ausgedehnter Spaziergang oder eine Wanderung durch die **Seenlandschaft des Nationalparks Plitvicer Seen** ***.

➔ **Route:** Weiterreise auf der Straße 8/E65 bis **Split** (siehe Route 8). ●

Route 12
OMIŠ – NP PLITVIČKA JEZERA

Auf dem Wege nach Split passiert man mehrere kleine Küstenorte. Etwa auf halbem Wege zwischen Omiš und Split liegt **Sveti Martin**, ein kleiner, aber über tausend Jahre alter, historischer Ort, der schon 839 erwähnt wird. Damals wurde hier nämlich zwischen dem venezianischen Dogen Peter Tradonik und dem kroatischen Fürsten Mislav ein Friedensvertrag geschlossen.

Die Gegend um Sveti Martin ist bei Alteingesessenen auch als **Küste von Poljica** bekannt, die einstmals Teil der historischen, längst wieder verschwundenen *Dorfrepublik Poljica* war. Dieser kleinen Teilrepublik gelang es eine relativ lange Zeit hindurch, ihre politische Unabhängigkeit zu wahren. Das „Poljicer Statut", das die Unabhängigkeit festschrieb, stammt aus der Zeit um 1440 und war in der Volkssprache „Bosančica" abgefasst, was das Dokument zu einem der interessantesten kroatischen Rechtsschriften macht.

ROUTE 12: OMIŠ – NP PLITVIČKA JEZERA

→ **Route:** Von der Umgehungsstraße im Norden von Split Abzweig auf die Straße 1/E71 nordwärts und über **Klis** zunächst bis **Sinj**, das 30 km nach dem Abzweig erreicht wird. •

Klis verdankt seine Existenz im wesentlichen der mächtigen **Festung**, die in ihren Ursprüngen aus dem 9. Jh. stammt, als Fürst Trpimir hier Befestigungen zum Schutze der Übergänge über das Kozak- und Mosor-Gebirge anlegen ließ. Dieser Weg war schon damals eine bedeutende Straßenverbindung vom Hinterland an die Küste der Adria. Die Türken unternahmen viele Versuche, Klis einzunehmen. Lange scheiterten alle Angriffe nicht zuletzt dank der klugen Verteidigung durch die Kapitäne Petar Kružić und Grgur Orlović. Erst 1537 fiel Klis an die Türken, die dann über hundert Jahre die Herrschaft über die Stadt behielten.

Reiterfest „Alka" in Sinj

Auch in den Annalen von **Sinj** einem kleinen, recht hübschen Städtchen im kroatischen Hinterland, tauchen Türken auf, aber auch Illyrer, Römer und Venezianer, die hier einstmals sesshaft waren. Lange Zeit, nämlich über 150 Jahre lang zwischen 1524 und 1686, war Sinj z. B. in türkischer Hand. Nach seiner Befreiung widerstand die Stadt 1715 energisch einer zweiten Belagerungswelle durch die Osmanen.

An die Zeit der Belagerung durch die Türken erinnert die jedes Jahr am ersten Sonntag nach dem 15. August abgehaltenen Ritter- und Reiterspiele **„Sinjska Alka"**. Höhepunkt des bunten Volksfestes sind die Wettkämpfe, bei denen Reiter in historischen Kostümen und Uniformen in vollem Galopp mit einer Lanze einen aufgehängten Ring (Alka) treffen müssen.

→ **Route:** Weiter über **Knin** (64 km), **Otrić** und **Gračac** (59 km) auf der Straße 1/E71, einer sehr stark befahrenen Verbindungsstraße zwischen Zagreb und der Adria, bis **Plitvička Jezera** (85 km), dem **Nationalpark Plitvicer Seen**. •

Von Sinj führt die Straße 1/E71 nach Nordwesten und hinauf ins dalmatinische Hochland. Die Straße passiert den langgestreckten Stausee **Peručko jezero**, der vom Fluss Cetina gespeist wird, der wiederum einige Kilometer nordöstlich des Ortes **Vrlika** an den Hängen des 732 m hohen Barišića vrh entspringt.

Knin – Markant ist die mittelalterliche **Festung** auf dem Spas-Berg oberhalb der betriebsamen Stadt. Die Burg ist die größte

ROUTE 12: OMIŠ – NP PLITVIČKA JEZERA

Befestigungsanlage im Hinterland Kroatiens. Die Gegend um Knin ist altes Siedlungsgebiet, wie reiche archäologische Fundstätten aus dem frühen Mittelalter beweisen.

Die Fahrt durch das kroatische Hinterland zu den Plitvicer Seen führt durch die Landschaft der **Kraijna**, die während des Krieges in den 90er Jahren stark umkämpft war und besonders unter den Kriegswirren gelitten hat. Zerschossene, ausgebrannte oder verlassene Häuser erinnern noch heute an Kämpfe, Vertreibung, Tod und Elend. Diese traurigen Zeugen fallen um so mehr ins Auge, wenn man von den unbeschwert wirkenden Küstenregionen kommt.

Hier soll ein **Hinweis** weitergegeben werden, der auf die erhebliche **Gefährdung durch Landminen** in abgelegenen, bzw. vom Tourismus kaum oder wenig frequentierten Gegenden aufmerksam macht. In diesem Zusammenhang werden vor allem Ostslawonien (30 bis 50 km vor der Grenze zu Jugoslawien und an der Grenze zu Ungarn, insbesondere Gebiete um Vukovar und Vinkovci) genannt, weiter Westslawonien (Gebiete um Duravar, Pakrac, Virovitica), dann das westliche und südwestliche Grenzgebiet zu Bosnien, der Raum südlich von Sisak und Karlovac, östlich von Ogulin, Otocac, Gospic, um Knin herum und im Hinterland der Küste zwischen Zadar und Split, sowie südöstlich von Dubrovnik.

In dem Hinweis heißt es weiter: „In diesen Gebieten wird dringend davor gewarnt, Straßen und Wege zu verlassen. Achtung Minen wurden oft dicht am Straßenrand verlegt und oftmals fehlt jede Kennzeichnung von Minengebieten! Auch die Gärten verlassener Häuser und leerstehender Gebäude sollten auf keinen Fall betreten werden. **Keine Gefahr** besteht (lt. diesen Hinweisen) in unmittelbarer Nähe der Küste, auf den Inseln, auf der Halbinsel Istrien, im Großraum Zagreb sowie in den Nationalparks Plitvicer Seen, Paklenica und Krka".

NATIONALPARK PLITVICER SEEN

Die Zugänge zum Nationalpark liegen an der Straße 1/E71. Von Süden aus Richtung Gračac kommend passiert man zuerst den **Eingang 2 (Velika Poljana)** und etwa 3 km weiter den **Eingang 1**. Am Eingang 2 findet man einen großen Parkplatz, Souvenir- und Imbisspavillons, Toiletten, ein Informationszentrum, in dem auch die Eintrittskarten zu erwerben sind, sowie die **Hotels Jezero, Plitvice** und **Bellevue**. Am Eingang 1 liegen Parkplätze, ein Informationszentrum und das Restaurant „Lička Kuća".

Rund 6 km weiter nördlich vom Eingang 1 erreicht man die Zufahrt zum **Campingplatz Korana**, der weiter unten genauer beschrieben wird. Ab dem Campingplatz verkehrt morgens um 9 Uhr ein Transferbus (kostenpflichtig, zuletzt 10 Kuna) zum Eingang 1 des Nationalpark, Rückfahrt um 17 Uhr.

Während des Krieges in Ex-Jugoslawien kam der Nationalpark aus bedrückendem Anlass in die Schlagzeilen, als im März 1991 serbische Milizen aus der weiter südöstlich gelegenen Krajina hierher vordrangen und das Terrain und die Anlagen des Nationalparks un-

ROUTE 12: OMIŠ – NP PLITVIČKA JEZERA

er ihre Kontrolle brachten. Bei Schießereien während der Aktion kam der kroatische Polizeibeamte Josip Jović ums Leben, der als erster Toter in diesen Kriegshandlungen eine traurige Bekanntheit erlangte.

Bereits 1928 wurde die außergewöhnliche Landschaft und ihre artenreiche Flora und Fauna unter Schutz gestellt. 1948 dann wurde ein 266 qkm großes Gebiet um die Plitvicer Seen und ihre Zuläufe vom kroatischen Parlament zum Nationalpark erklärt. Das von der UNESCO 1979 in die Liste für kulturelles und natürliches Welterbe aufgenommene Gebiet des Nationalparks **Plitvička jezera** gehört ohne Zweifel zu den schönsten Landschaften Europas. Der National-

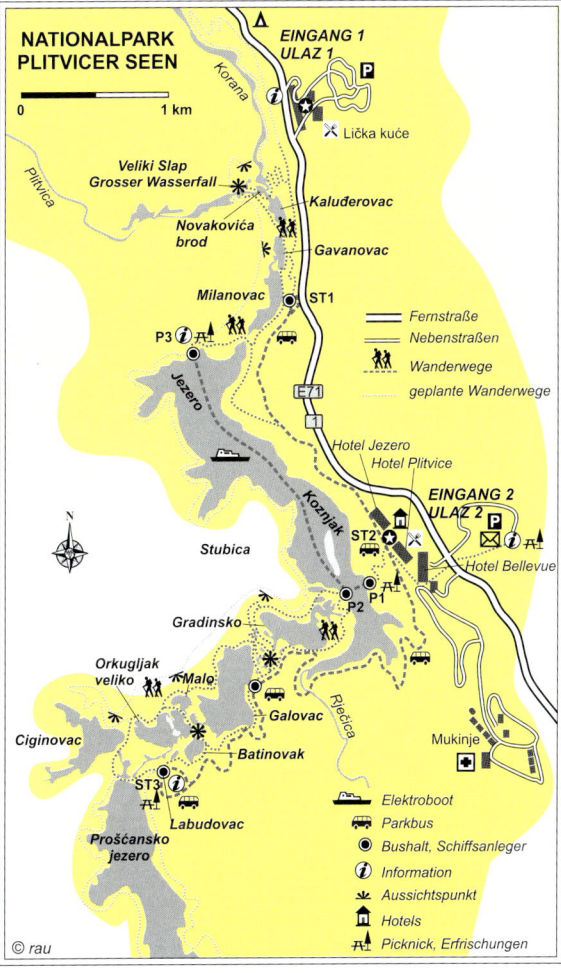

park umfasst heute eine Fläche von 330 qkm, davon entfallen 200 ha auf Seen und 14.000 ha auf Wald, der in seinem natürlichen, urwaldähnlichen Zustand erhalten wird.

In der unberührten Natur abgelegenerer Teile des Parks leben neben Kleinwild und Rehen, noch Bären, Wölfe, Wildschweine und Wildkatzen.

In einem langen Tal, umgeben von hohen bewaldeten Bergen, reihen sich auf einer Länge von etwa 8 km stufenweise 16 größere und kleinere Seen aneinander. Schäumende Kaskaden und rauchende Wasserfälle verbinden sie miteinander und überbrücken den Höhenunterschied von insgesamt 156 m zwischen dem 639 m hoch gelegenen **Proščansko jezero** und dem nur noch 483 m hoch

ROUTE 12: OMIŠ – NP PLITVIČKA JEZERA

im Nationalpark Plitvicer Seen

gelegenen Ablauf des Korana-Flusses. Dazwischen bilden mehrere verschieden hohe Travertinbarrieren zahlreiche größere und kleinere Seen, von denen der weit verzweigte, lange **Jezero Kozjak**, auf dem Elektroboote verkehren, der größte ist.

Interessant ist, wie diese grandiose Seenlandschaft entstand und weiter entsteht. Kalzium- und Magnesiumkarbonat, vom fließenden Wasser aus dem Gestein gewaschen, lagert sich an natürlichen Barrieren, wie Felsen oder Baumstämmen, ab. Algen und Moosbewuchs tun ein übriges. Schließlich entstehen Dämme, deren Grundsubstanz Travertin ist. Dahinter bilden sich Seen und das Wasser sucht sich, Kaskaden und Wasserfälle bildend, seinen Weg nach unten. Einerseits wachsen die Barrieren durch Ablagerungen ständig weiter, andererseits zerstört die Wasserkraft die Dämme an anderer Stelle, so dass das ganze Seensystem sich zwar unermesslich langsam, aber doch stetig verändert.

Plitvicer Seen ***

Wanderung ab Eingang 2 (Velika Poljana)

An großen Tafeln am Eingang kann man sich orientieren und über den Verlauf der gut durch unterschiedliche Farben markierten Wanderpfade und die dazu benötigte ungefähre Zeit informieren. Sehr empfehlenswert ist der Erwerb einer Panoramakarte.

Vom Eingang 2 aus beginnen wir unsere erste kleine **Wanderung durch den südlichen Teil des Nationalparks**, für die man mindestens einen halben Tag (mindestens 5 bis 6 Stunden) Zeit haben sollte. Um aber auch den nördlichen Abschnitt kennen zu lernen, der durch den Eingang 1 am einfachsten erreicht wird, ist mindestens noch ein weiterer halber Tag vonnöten. Die nicht gerade billigen Eintrittskarten gelten zwei Tage und berechtigen auch zur Benützung der Transportmittel (Trollybus und Elektroboote) im Park.

Der erste Ausflug, vom Eingang 2 ausgehend, könnte so aussehen: Vom Eingang, an der Haltestelle der Panorama-Trollybusse vorbei, geht man hinunter zur Anlegestelle (Cafeteria Kozjačka Draga) der Elektroboote, mit denen man über den Jezero Kozjak zur gegenüberliegenden Anlegestelle bei den Wasserfällen Kozjacki slapovi kommt. Ab hier beginnt der Weg durch eine wahre Wunderwelt

ROUTE 12: OMIŠ – NP PLITVIČKA JEZERA

...us Wasserfällen jeder Form und Größe, ...äldern, klaren Seen und wassergetränkten Moosteppichen. Auf markierten, gepflegten Pfaden und über Holzstege wandert man durch diese märchenhafte Landschaft.

Schließlich gelangt man hinauf zum **Prošćansko jezero** (Mietboote) und hat von dort Gelegenheit, mit dem Trollybus zum Eingang 2 zurückzufahren.

Wanderung ab Eingang 1

Vom Eingang 1 aus sind die **höchsten Wasserfälle** im Park zu erreichen, der hufeisenförmige **Sastavci** und der 78 m hohe **Slap Plitvice**. Beide sind prächtige Naturschauspiele. Vom Höhenrandweg, der vom Eingang 1 ausgeht, bieten sich herrliche Panoramablicke auf den westlichen, eher schluchtartigen Teil des Naturparks.

Wer gut zu Fuß ist kann bis zum Umkehrpunkt der Park-Trollybusse gehen, mit diesen zum Eingang 1 fahren und dort weitere Wanderungen (s. o.) anschließen.

Wasserfall Slap Plitvice

Praktische Hinweise – Plitvička jezera

Plitvička jezera

☎ Information: **Nacionalni Park Plitvička jezera**, 53231 Plitvička jezera, Tel. 053-75 10 15, Fax 053-75 10 13. E-mail: np-plitvice@np-plitvice.tel.hr. Web: www.np-plitvice.tel.hr. Das Büro ist auch zuständig für die Reservierung von Zimmern in den Hotels am Eingang 2.

Hotels

🏨 Hotels am Eingang 2 zum Nationalpark Plitvicer Seen:
Hotel Jezero, **, 220 Zi., Tel. 053-75 14 00, Fax 053-75 15 00, das größte der drei Hotels, vor wenigen Jahren komplett renoviert. Restaurant, Bar, Sonnenterrasse, Fitnessraum, Sauna. Musik- und Tanzabende. Parkplatz.
Hotel Plitvice, **, 51 Zi., Tel. 053-75 11 00, Fax 053-75 11 65, das beste der drei Hotels. Restaurant, Bar. Parkplatz.
Hotel Bellevue, 70 Zi., Tel. 053-7 5 16 00, Fax 053-75 19 65, das einfachere der drei Hotels, Restaurant.
Motel Grabovac, **, 36 Zi., Tel. 053-75 19 99, Fax 053-75 18 92, rund 12 km nördlich des Nationalparks an der Straße nach Karlovac und Zagreb. Funktionelle Zimmer, Restaurant. Parkplatz.

Camping

▲ – **Camping Korana**, Tel. 053-75 18 88, Fax 051-75 18 82, www.np-plitvice.com; Ende März – Anf. Okt.; an der Straße 1/E71, ca. 6 km nördlich vom Eingang 1 des Nationalparks Plitvicer Seen; gut erschlossenes, sehr weitläufiges, welliges Gelände mit zahlreichen dolinenartigen Trichtern, teils leichter Schatten durch Laubbäume, betonierte Flächen im Eingangsbereich werden als Stellplätze für Wohnmobile benutzt; angelegter Badesee; ca. 30 ha – 600 Stpl.; Standardausstattung mit Restaurant, Laden, zeitgemäße, aber zahlenmäßig unzureichende Sanitärausstattung. 45 Mietbungalows.

ROUTE 13: NP PLITVIČKA JEZERA – ZAGREB

13. NP PLITVIČKA JEZERA – ZAGREB

⊙ **Entfernung:** Rund 360 km.

➔ **Strecke:** Über die Straße 1/E71 bis **Vrelo Koreničko** – Straße 52 über **Otočac** bis **Senj** – Straße 8/E65 bis **Rijeka** – Straße 3/E65 über **Karlovac** bis **Zagreb**.

🕐 **Reisedauer:** Mindestens ein Tag.

✣ **Höhepunkte:** Die Kathedrale und der Stadtplatz in **Senj** – ein kurzer Spaziergang an der Hafenpromenade von **Rijeka** – die Altstadt in **Karlovac**.

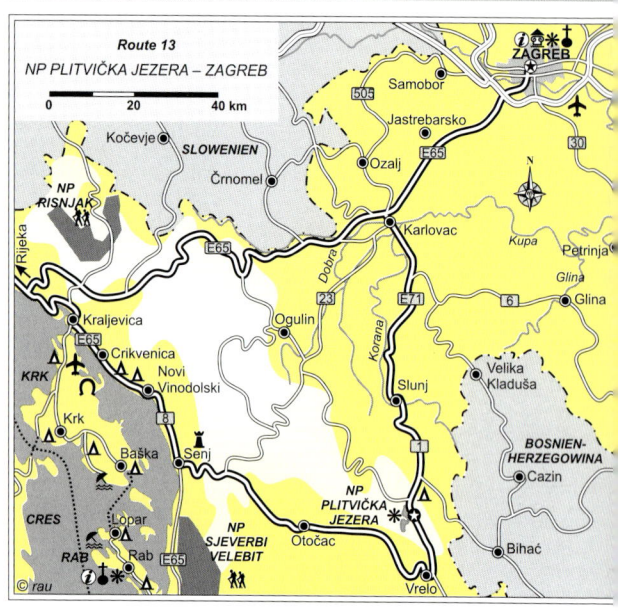

direkt nach Zagreb

Der direkteste Weg von den Plitvicer Seen in die Hauptstadt Kroatiens Zagreb führt über die Straße 1/E71 nordwärts über **Slunj** nach **Karlovac** und von dort über die mautpflichtige Autobahn nach **Zagreb**, Entfernung rund 145 km.

Hauptroute

Der Weg unserer Hauptroute führt zunächst zurück an die Küste bei Senj und weiter nach Rijeka. Dort kann man dann je nach zur Verfügung stehender Zeit entscheiden, ob man über Ljubljana in Slowenien und über Klagenfurt zurückkreisen möchte oder die Reise über Zagreb ausdehnt.

➔ **Route:** Vom Nationalpark Plitvicer Seen zunächst auf der Straße 1/E71 17 km zurück (südwärts). Ab **Vrelo** folgen wir

ROUTE 13: NP PLITVIČKA JEZERA – ZAGREB

er Straße 53 westwärts bis **Otočac** (44 km), eine beschauli-
he Kleinstadt, und weiter auf der Straße 50 bis **Žuta-Lokva**
(20 km). Dort stoßen wir auf die Straße 23. Ihr folgen wir
westwärts und über die gut ausgebaute Passstraße bei **Vrat-
ik** in Serpentinen hinab nach **Senj** (21 km). ●

Senj, eine historische Stadt, eine der ältesten in Kroatien und
och heute ein Verkehrsknotenpunkt am Schnittpunkt von Land-
nd Wasserwegen, liegt am Ausgang eines Taleinschnitts zwischen
en Gebirgszügen Velika Kapela und Velebit. Schon die Römer be-
utzten den Weg über das Gebirge an die Küste, wie Reste einer
Römerstraße beweisen.

Ausgangs des Mittelalters war Senj der Zufluchtsort der Usko-
en, Flüchtlinge aus den von Türken eroberten Landesteilen, die
ich auch als engagierte Kämpfer gegen die Herrschaft Venedigs
inen Namen machten.

Zu den bemerkenswerten Bauwerken der Stadt zählt die roma-
ische **Kathedrale,** die in ihren Ursprüngen aus dem 11. Jh. stammt,
m 18. Jh. bis ins 19. Jh. aber komplett umgebaut wurde. Damals
ntstand auch der freistehende Glockenturm. Beachtung verdie-
en außerdem die repräsentativen Stadtbauten im Stil der Gotik
nd der Renaissance am Alten Stadtplatz **Trg Marka Balena** sowie
ie **Festung Nehaj** aus der Mitte des 16. Jh. etwas außerhalb auf
inem Hügel hoch über der Stadt.

Praktische Hinweise – Senj

Senj

Offizielle Vertretung des **Kroatischen Automobilclubs HAK,** Obalka kralja
Zvonimira, Senj, Tel./Fax 053-88 11 20.

▲ **– Camping Bunica,** Tel. 053-61 67 16; Anf. Apr. – 30. Sept.; ca. 10 km
vor Senj; kleines, privat geführtes Minicamp in einem Taleinschnitt mit Terrassen unterhalb der Straße an einer kleinen Bucht, Restaurant; ca. 0,5 ha –
30 Stpl.; minimale Sanitärausstattung. – Und andere private **Minicamps.**

Camping

Den Weg nach Zagreb kann man ganz erheblich abkürzen, wenn
an nicht den Umweg über Rijeka nimmt, sondern ab Senj
ordwärts direkt nach Karlovac und weiter nach Zagreb fährt.

Auf der Fahrt von Senj auf der Küstenstraße oberhalb des Mee-
es nach Nordwesten erlebt man eine sehr **schöne Küstenszene-
ie** bis hinauf nach **Klenovica** und rund um den Fjord Žrnovnica.

Das Städtchen **Novi Vinodolski** ist jedes Jahr am dritten Wo-
henende im Juli Schauplatz eines ausgelassen gefeierten **Som-
merkarnevals.** Der Umzug durch die Stadt, an dem oft mehr als
000 Masken teilnehmen, dauert mehrere Stunden. Novi Vinodolski
at aber auch ernsthafte historische Fakten aufzuweisen. So wurde
ier im Jahre 1288 ein Vertrag zwischen Bauern und Adel ausge-
andelt, welcher die Feudalherrschaft auf eine neue, für beide Sei-
en erträglichere Rechtsgrundlage stellte. Das Schriftstück, das
ahrscheinlich älteste Dokument in dieser Angelegenheit in ganz

ROUTE 13: NP PLITVIČKA JEZERA – ZAGREB

Kroatien, ist als „Vinodoler Gesetz" oder „Vinodolski Code" in di
Geschichtsbücher eingegangen.

Camping

Klenovica

▲ – **Camping Klenovica**, Tel. 051-79 62 51, Fax 051-79 62 52, 1. Mai – 30. Sept.; bei km 267 der Straße 2; naturbelassene Wiese mit einzelnen Olivenbäumen; an felsigem Strand; ca. 8 ha – 500 Stpl.; einfache Standardausstattung

Hotels

Novi Vinodolski

Hotels: **Hotel Lišanj**, **, 125 Zi., Lišanjska 1, Tel. 051-66 56 00, Fax 051-24 43 29; modernes Mittelklassehotel am eigenen Fels- und Kiesstrand Zimmer mit Balkon und teils Meerblick. Restaurant, Café, Frei- und Hallenbad, Sauna. Parkplatz.

Camping

▲ – **Camping Zagori,** Tel. 051-24 46 44, Fax 051-2446 22; 1. Mai – 30 Sept.; unterhalb der Straße 8 bei Km 256; ausgedehntes Hanggelände mit dichtem Buschwald und steinigem Untergrund, bis ans Meer reichend; Kiesbucht und steile Felsküste; ca. 14 ha – 400 Stpl.; Standardausstattung mit Restaurant, Laden. Tennis.

Hotels

Selce

Hotels: **Hotel Varaždin**, **, 120 Zi., Mihovila Jelicica 14, Tel. 051-76 41 11, Fax 051-76 40 91; im Ortsbereich gelegenes gut ausgestattetes Mittelklassehotel. Restaurant, Café, Swimmingpools im Freien und in der Halle Sauna. Parkplatz. – Und andere Hotels

Camping

▲ – **Camping Selce**, Tel. 051-76 40 38, Fax 051-76 40 66, www.jadrancrikvenica.com; 1. Apr. – 31. Okt.; im Ort beschildert; zu einer ebenen Wiese am Meer abfallender Hang mit Olivenbäumen und Pinien; Lage durch Hotel- und Appartementbauten beeinträchtigt; ca. 8 ha – 500 Stpl. + 150 Dau. Standardausstattung mit Restaurant, Laden. Bootsslipanlage.

Auf kurvenreichen Landstraßen kann man von **Crikvenica** au einen Abstecher in die Berge des Hinterlandes nach **Grižane** unter nehmen.

wo „Michelangelo der Miniaturen" geboren wurde

Das kleine Städtchen mit Frankopanen-Festung und bemerkens werter Kirche ist Geburtsort des Künstlers **Julije Klović**, der al herausragender Miniaturenmaler in der Kunstwelt ganz Europa bekannt wurde. Klović, ein Zeitgenosse El Grecos (dessen Karrier in Toledo er gefördert haben soll) und gelegentlich auch als „Michelangelo der Miniaturen" bezeichnet, war 1498 geboren worden un malte für hohe Würdenträger in Rom ebenso wie für gekrönte Häup ter wie den ungarischen König Ludwig II. Klovićs Werke sind heut in Museen in New York und London zu sehen. Klović starb im Jahr 1578.

Brücke zur Insel Krk

Kurz vor **Kraljevica** zweigt die Straße zur **Insel Krk** ab, die übe eine mautpflichtige, hohe Bogenbrücke zu erreichen ist. Nähere über die Insel Krk finden Sie unter Route 5, Kvarner Bucht.

Hotels und Camping

Kraljevica

Hotels: **Uvala Scott**, *, 250 Zi., Tel. 051-28 12 26, Fax 051-28 13 66 moderne Hotel- und Appartementsiedlung am Meer, mit eigenem Fels- und

ROUTE 13: NP PLITVIČKA JEZERA – ZAGREB

Kiesstrand sowie betonierten Liegeflächen. Restaurant, Café, Bar, Sauna. Parkplatz.
▲ – **Camping Oštro**, Tel. 051-28 12 81, Fax 051-28 14 04; 1. Mai – 30. Sept.; bescheidener Übernachtungsplatz; ca. 8 ha – 200 Stpl.; einfache Standardausstattung.

Die Schlote eines Kohlekraftwerks kündigen an, dass man den einstmals recht malerischen Ort **Bakar** in der gleichnamigen Bucht erreicht. Bis 1994 hatte der Qualm des Kraftwerks den Reiz des eigentlich hübschen Kapitäns- und Seehandelsstädtchens gründlich zerstört. Jetzt ist das Kraftwerk stillgelegt und Bakar gibt sich alle Mühe, seine frühere Anziehungskraft wieder zu erlangen.

Wenig später grüßen von weitem andere hohe Schlote einer riesigen Raffinerie, bis man schließlich kurz vor Rijeka eine in einer Meeresbucht liegende Werftanlage passiert.

Durch Vororte mit hässlichen Hochhäusern erreicht man schließlich **Rijeka**, Kroatiens wichtigsten Hafen, Ausgangspunkt vieler Schiffsreisen, Knotenpunkt des Straßen-, Eisenbahn- und Luftverkehrs, bedeutendes Industriezentrum mit Schiffswerften und Raffinerien und Universitätsstadt.

Zur Römerzeit war die heutige Bezirkshauptstadt als *Tarsatica* bekannt. Aus jener Zeit stammt übrigens auch der Name für die Region Kvarner. Er leitet sich ab aus dem lateinischen Wort *Quarnarius*, womit die vier Zugänge in die Bucht aus allen vier Himmelsrichtungen bezeichnet wurde.

Im 13. Jh. wurde Rijeka dem Heiligen Römischen Reich einverleibt, später von etlichen Adelsgeschlechtern verwaltet. 1509 brennen Venezianer die Stadt nieder. 1511 kommt Rijeka zu Österreich, 1717 wird es Freihafen und 1779 quasi als Exklave mit der ungarischen Krone verbunden. Von 1809 bis 1813 steht die Stadt unter französischem Diktat und ist bis 1918 wieder ungarisch. Nach einem Putsch 1919 Anschluss an Italien. 1945 endlich kommt Rijeka zu Kroatien.

In einer Hinterhofschmiede in Rijeka soll es übrigens gewesen sein, wo in der zweiten Hälfte des 19. Jh. ein Herr namens Giovanni Lupis den ersten Torpedo konstruiert haben soll. Zusammen mit dem Ingenieur Robert Whitehead baute er den ersten Prototypen, der bei seiner Erprobung vor der Küste Rijekas im wahrsten Sinne des Wortes voll einschlug. Der erfolgreiche, Aufsehen erregende Test rief österreichische und später auch englische Marineexperten auf den Plan, die die beiden Erfinder offenbar mit reichlich Aufträgen versorgten. Denn bald schon entstand in Rijeka eine Torpedofabrik, die bis zum Ende des Zweiten Weltkrieges bestand.

Rijeka die „Torpedostadt"

Außer einem Spaziergang entlang der Geschäftsstraße am Hafen mit ihren Büropalästen von Handelshäusern und Schifffahrtsgesellschaften, einem Bummel durch den älteren Teil der Stadt gegenüber den Passagierkais oder einer Fahrt hinauf zur alten Frankopanen-Festung Trsat (Aussichtsrestaurant) über der Stadt, bietet Rijeka wenig touristisch Interessantes. In der Nähe liegt ein Fran-

167

ROUTE 13: NP PLITVIČKA JEZERA – ZAGREB

ziskanerkloster und das Heiligtum der Trester Madonna, Unsere Liebe Frau von Trsat, (wertvolle Handschriften). In der Kirchengruft dort findet man viele Gräber von Mitgliedern des Fürstengeschlecht der Frankopane (12. bis 15. Jh.) und anderer kroatischer Adeliger

Zu den bemerkenswerten Bauwerken in der Stadt zählen der alte Stadtturm, das Römische Tor, der barocke St. Vitus Dom und die Kirche Mariä Himmelfahrt.

In diesem Zusammenhang muss auch das Kroatische Volkstheater „Ivan Pl. Zajc" erwähnt werden. Es ist benannt nach Komponisten und Dirigenten, der der italienischen Operntradition sehr verbunden war. Zajc war 1832 in Rijeka geboren worden und starb in Zagreb im Jahre 1914. Zajc hinterlies weit über tausend musikalische Werke, von denen die Oper „Nikola Šubić Zrinski" einen besonderen Platz einnimmt.

Rijeka

Praktische Hinweise – Rijeka

☎ **Information**: **Turistička zajednica**, Užarska 14, 51000 Rijeka, Tel. 051-21 31 45. E-Mail: tz-rijeka@ri.tel.hr

Offizielle Vertretung des **Kroatischen Automobilclubs HAK**, Dolac 11 Tel../Fax 051-21 24 42.

Restaurants

✕ Restaurants: **Korkyra**, Slogin kula 5, Tel. 051-33 95 28; beliebtes gemütliches Lokal mit guter, preisgünstiger Regionalküche. Sonntag Ruhetag. – Und andere Restaurants.

Hotels

🛏 Hotels: **Hotel Bonavia**, ***, 120 Zi., Dolac 4, Tel. 051-35 71 00, Fax 051-35 59 69; das zentral gelegene Viersternehotel kürzlich renoviert worden und bietet einen zeitgemäßen Komfort. Restaurant, Café. Garage, Parkplatz.

Hotel Jadran, *, 32 Zi., Šetalište XIII Divizije 46, Tel. 051-21 62 30, Fax 054-43 62 03; 3 km östlich des Stadtzentrum am Meer gelegen mit eigenem Strand, einfach gestaltete Zimmer. Restaurant. Parkplatz. – Und andere Hotels.

NATIONALPARK RISNJAK

Weiter nördlich von Rijeka (Luftlinie kaum mehr als 15 km) erstreckt sich um den 1.528 m hohen Berg **Veliki Risnjak** die dicht bewaldete Gebirgslandschaft des **Nationalparks Risnjak**. Das rund 64 qkm große Schutzgebiet in den Bergen Gorski Kotar umschließt auch das Quellgebiet des Flusses Kupa.

Interessant ist die Gegend wegen ihrer Flora, die vor allem wegen der Lage des Gebietes am Übergang von den Alpen zum Dinarischen Gebirge auf relativ kleinem Raum einen großen Artenreichtum aufweist. Außerdem leben hier noch Tierarten, die in der Welt der Alpen seltener geworden sind wie z. B. Braunbären, Schlangenadler oder Luchse.

Das dünn besiedelte Gebiet, das sich seit vielen Generationen seine Ursprünglichkeit bewahren konnte, ist ein beliebtes Ziel für erfahrene Kletterer und Bergwanderer. In **Razloge** beginnt z. B. ein **Wanderweg zur Karstquelle der Kupa**, die rund 80 m tief ist und

Korčula, Stadttor Veliki Revelin

der Leuchtturm bei Sućuraj am Ostende der Insel Hvar
Kroatiens Küsten sind ein Eldorado für Segler

Wassersport jedweder Art ist ein bevorzugtes Freizeitvergnügen

Küstengestade der Insel Hvar

Trogir ist Anlaufstelle fast aller Segeltörns

Trogirs Uferpromenade mit dem Stadtpalast Lučić und der Dominikanerkirche

*Dubrovnik
die Johannesfestung Sv. Ivan (links) am alten Hafen von Dubrovnik*

im Hafen von Mali Lošinj
ein romantischer Tagesabschluss auf der Insel Pelješac

ROUTE 13: NP PLITVIČKA JEZERA – ZAGREB

die man in etwa einer Stunde erreicht. Der Fluss Kupa, der längste Wasserlauf in den Bergen von Gorski Kotar, und die benachbarte Dobra, werden von Kanuten und Kajakfahrern wegen ihrer Stromschnellen favorisiert.

Eine längere Tour von etwa drei Stunden, startet am Nationalparkhaus Bela Vodica auf 690 m Höhe und führt hinauf zum Gipfel des Risnjak. Der erste Teil bis zur Berghütte in 1.448 m Höhe ist ein leicht ansteigender Wanderweg, der ohne allzu große Mühe zu begehen ist. Auf festes Schuhwerk, einen Wetterschutz und einen Getränkevorrat sollte man aber dennoch nicht verzichten. Schwieriger, steiler und anstrengender ist der Rest des Weges durch Felsen hinauf zum Gipfel. Hier sollte man schon etwas Erfahrung im Bergwandern haben und über gute Trittsicherheit verfügen. Der Lohn für die Anstrengungen aber ist bei klarem Wetter ein weiter Ausblick über die Wälder bis hin zur Kvarner Bucht mit ihren Inseln.

Wandern im Risnjak Nationalpark

Auf der Weiterreise von Rijeka nach Nordosten erreicht man nach 86 km die Stadt **Karlovac**, das frühere Karlstadt. Der Name der Stadt am Fluss Kupa erinnert an den Stadtgründer, den österreichischen Erzherzog Karl. Im 16. Jh. legte er am Zusammenlauf dreier Flüsse den Grundstein zu einer Sternschanze, einem vorgeschobenen Posten an der österreichischen Militärgrenze, um die im Lauf der Zeit die Stadt entstand. Heute ist Karlovac eine Industriestadt.

Sehenswertes findet man allenfalls in der **Altstadt**, wie das ehemalige **Franziskanerkloster** am Jelčića Platz, und die **Dreifaltigkeitskirche** daneben, sowie das **Stadtmuseum,** das in einem ehemaligen Barockpalast der Frankopani eingerichtet wurde.

➔ **Route:** Über die gebührenpflichtige Autobahn M7/E96 erreichen wir rasch **Zagreb**, das 61 km nordöstlich von Karlovac liegt. Als Fortsetzung der Autobahn führt eine Schnellstraße hinein nach **Zagreb**. ●

Blumenmarkt in Zagreb

14. ZAGREB

⏱ **Reisedauer:** Mindestens ein Tag, ohne Abstecher.
✠ **Höhepunkte: Gornji grad**, die historische Oberstadt Zagrebs mit der **Markuskirche** – der alte Stadtteil **Kaptol** mit der **Kathedrale** – die **Museen** der Stadt.

Zagreb, Kroatiens Hauptstadt mit rund 1 Mio. Einwohnern, blick auf eine wechselvolle Geschichte zurück. Die Ursprünge der Stad gehen zurück auf eine Römersiedlung, die sich auf Grund ihrer Lage am Kreuzungspunkt von Handelswegen rasch entwickelte. Viel später dann, im 11. Jh. wurde Zagreb zum Bischofsitz erhoben, de aber 200 Jahre später von den Mongolen gründlich zerstört wurde

Das heutige Zagreb entstand durch die Zusammenlegung de 1242 von König Bela IV. durch Verleihung der Goldenen Bulle zu Reichsstadt ernannten Kaufmanns- und Handwerkersiedlung **Gradec** (Gornji grad) mit dem schon 1094 zum Bistum erhobenen Städtchen **Kaptol**. Der erste bislang älteste bekannte Stadtplan stamm aus dem Jahre 1570 und zeigt zwei benachbarte, aber deutlich getrennte und jeweils mit eigenen Stadtmauern versehene Stadtteile Ab dem 16. Jh. – Zagreb wurde 1557 zur Hauptstadt Kroatiens ernannt – begann für weite Teile Kroatiens und auch für Zagreb die Zeit der habsburgischen Verwaltung, die Zagreb 1728 als Hauptstadt Kroatiens bestätigt. Eine administrative Vereinigung der beiden bis dahin selbständigen Stadtteile fand aber erst im Jahre 1890 statt. Die Stadt Zagreb, wo 1906 übrigens der Füllfederhalter erfunden wurde, weist eine besuchenswerte **Innenstadt** auf.

Stadtspaziergang

Wir beginnen unseren Stadtspaziergang am weiten zentraler **Stadtplatz Trg bana Josipa Jelačića (2)** zwischen den historischer Altstadtvierteln **Kaptol** und **Gornji grad** im Norden und der Neu stadt **Donji Grad** im Süden. Das Denkmal mitten auf dem autofreien Platz erinnert an Josip Jelačić, ranghoher Militär und Stellvertreter der Habsburger in Kroatien, der im 19. Jh. gegen Ungarn zog um für seine kroatischen Landsleute mehr Autonomie zu erstreiten

Zagrebs historische Oberstadt

Unmittelbar am Südrand des Platzes liegt das Hotel Dubrovnik und an der Ostseite des Platzes das Büro der **Touristeninformation (1)**. Dort beginnen wir unseren Rundgang durch die Oberstad **Gornji grad**. Die Oberstadt wurde schon 1093 urkundlich erwähn und 1242 vom kroatisch-ungarischen König Bela IV. zur freien Königsstadt erklärt. Wir gehen weiter durch die Bakačeva ulica

Zagrebs Kathedrale

nordwärts hinauf bis zum Platz vor der **Marienkathedrale (3** (vormals St. Stephansdom) mit ihren beiden 105 m hohen Türmen Das heutige Erscheinungsbild des ehemals romanischen Kirchenbaus stammt aus dem 19. Jh. Damals wurde die etwa 600 Jahre

ROUTE 14: ZAGREB

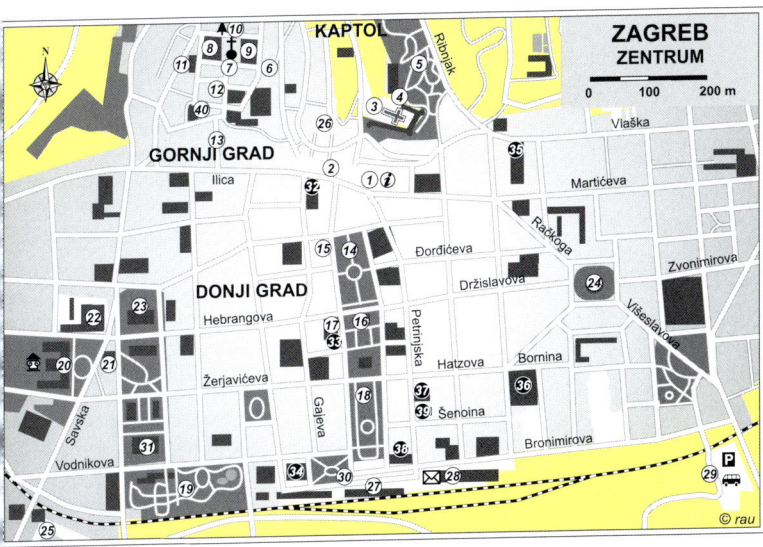

ZAGREB – **1** Information – **2** Trg bana Josipa Jelačića – **3** Marienkathedrale – **4** Erzbischöfliche Residenz – **5** Stadtpark Ribnjak – **6** Kamenita vrata – **7** Markuskirche – **8** Banski dvori – **9** Parlamentsgebäude Sabor – **10** Stadtmuseum – **11** Naturhistor. Museum – **12** Kroatisches Museum für Naive Kunst – **13** Schrägaufzug Uspinjača – **14** Park Zrinjevac – **15** Archäolog. Museum – **16** Strossmayer-Galerie – **17** Galerie für Moderne Kunst – **18** Kunstpavillon – **19** Botanischer Garten – **20** Mimara-Museum – **21** Ethnograph. Museum – **22** Museum für Kunsthandwerk – **23** Kroatisches Nationaltheater – **24** Galerie Kroatischer Künstler – **25** Technikmuseum – **26** Dolac Markt – **27** Bahnhof – **28** Hauptpost – **29** Busbahnhof – **30** Einkaufszentrum – **31** Nationalbibliothek – **32** Hotel Dubrovnik – **33** Hotel Palace – **34** Hotel Esplanade – **35** Hotel Jadran – **36** Hotel Sheraton – **37** Hotel Astoria – **38** Hotel Central – **39** Jugendherberge – **40** Kroatisches Museum für Geschichte

alte Kirche nach einem verheerenden Erdbeben im Jahre 1880 im neugotischen Stil vollkommen restauriert und umgebaut.

Im **Kirchenmuseum** der Kathedrale, der sog. Schatzkammer, werden kostbare liturgische Gerätschaften, sakrale Exponate und Dokumentationen aus der langen Geschichte des Zagreber Bistums ausgestellt.

Umgeben ist die Kathedrale von der **Erzbischöflichen Residenz (4)** mit vier markanten Rundtürmen. Östlich davon erstreckt sich im Schatten der Kathedrale der **Stadtpark Ribnjak (5)**.

Vom Platz vor der Kathedrale gehen wir nach Westen zum **Gemüsemarkt Dolac (26)** und an dessen Nordseite durch die schmale Skalinska ulica weiter nach Westen, überqueren in der Nähe der Apotheke die von Kneipen und Straßencafés gesäumte Fußgängerzone **Tkalčićeva** und treffen auf die parallel verlaufende Radićeva. Ihr folgen wird ein kurzes Stück nordwärts und nehmen die nächste Möglichkeit links (westlich). Sie führt zum **Kamenita vrata (6)**, dem einzigen von der mittelalterlichen Stadtbefestigung und Wehranlage noch erhaltenen Stadttor. Es stammt aus dem 13. Jh. Im Torturm

ROUTE 14: ZAGREB

Kathedrale, Zagreb

Naturhist. Museum (11)

Geschichtsmuseum
Di. – Fr. 10 – 17 Uhr, Sa. + So. 10 – 13 Uhr. Eintritt.

ist die Kapelle der Jungfrau Maria von Kamenita vrata der Schutzpatronin der Stadt Zagreb eingerichtet.

Ganz in der Nähe des Tores sieht man das Denkmal des hl. Georg hoch zu Ross.

Wir gelangen zum Mittelpunkt der Oberstadt Gornji Grad am Markov trg. Beherrscht wird der hübsche kleine Platz von der markanten **Markuskirche (7)**, die durch die Wappen Kroatiens, Dalmatiens und Sloweniens auf dem Dach auffällt. St Markus war seit dem 13. Jh die Pfarrkirche des damals noch eigenständigen Städtchens Gradec.

Die Kirche wird flankiert vom **Banski dvori (8)** (Ban Palais, Palais des Vizekönigs) links und dem **Parlamentsgebäude Sabor (9)** rechts.

Rund 300 m nördlich der Markuskirche findet man das **Museum der Stadt Zagreb (10)**, geöffnet Di. – Fr. 10 - 18 Uhr, Sa. + So. 10 – 13 Uhr, Eintritt. Die Ausstellungen dort geben Einblick in die Stadtentwicklung von der Vorgeschichte bis in unsere Zeit.

Unweit nordwestlich vom Ban Palais liegt an der Demetrova Straße das **Naturhistorische Nationalmuseum (11)**. Neben prähistorischen Exponaten werden hier die Funde aus der Höhle von Krapina ausgestellt.

Schließlich kann man das **Kroatische Museum für Geschichte (40)** besichtigen, das an der Matoševa Straße unweit südlich des Ban Palais liegt.

Kunstliebhaber sollten auf einen Besuch im **Kroatischen Museum für Naive Kunst (12)** nicht verzichten. Es liegt unweit südlich des Markusplatzes an der Ćirilometodska Straße.

Wir gehen weiter südwärts und gelangen mit dem **Schrägaufzug Uspinjača (13)** (Seilbahn), der schon seit 1888 seinen Dienst versieht, hinab zur Straße Ilica (Fußgängerzone) und zurück zum Platz Trg bana Josipa Jelačića, Ausgangspunkt unseres Bummels durch die Altstadt.

ROUTE 14: ZAGREB

Sehenswertes in Zagrebs Unterstadt

Es bietet sich an, den Stadtspaziergang durch die neuere Unterstadt **Donji grad** fortzusetzen und vom Trg bana Josipa Jelačića südwärts durch die Straße Praška (anfangs Fußgängerzone) Richtung Bahnhof zu gehen. Dabei passiert man den **Park Zrinjevac (14)** (trg Nikole Subića Zrinskog) mit einem hübschen Pavillon in der Mitte.

Westlich des Parks liegt das **Archäologische Museum (15)**, ulica Teslina, mit frühgeschichtlichen Sammlungen, einer ägyptischen Abteilung und einer Münzsammlung.

Danach sieht man am Nordrand des anschließenden begrünten Platzes Stossmayerov trg an der Straße Andrije Hebranga die **Strossmayer-Galerie (16)** mit einer sehenswerten Sammlung alter Meister aus dem 15. und 16. Jh. Achten Sie im Innnenhof auf die als **Baščenska Ploča** bekannte Steintafel. Sie stammt aus der Gegend des Hafenstädtchens Baška auf der Insel Krk und ist die bislang älteste Tafel mit glagolitischen Schriftzeichen, die gefunden wurden.

An der Westseite der Praška liegt die Zagreber **Galerie für Moderne Kunst (17)** (täglich außer montags geöffnet, freier Eintritt).

Wir gehen über die Praška weiter südwärts Richtung Bahnhof, kommen am Hotel Palace vorbei und erreichen wenig später an der Ecke zur Straße Baruna Trenka den Park Tomislavov trg. Am Nordrand des Platzes findet man den **Kunstpavillon (18)**. Am Südrand des Platzes, dem Bahnhof gegenüber, steht ein Reiterdenkmal König Timoslavs.

Man kann vom Bahnhof am Hotel Esplanade, einem renommierten alteingesessenen Haus, vorbei nach Westen gehen, einen Bummel durch den einladenden **Botanischen Garten Botanički vrt (19)** anschließen und danach am markanten Gebäude der Nationalbibliothek und am Marulićev trg vorbei nordwärts gehen.

Folgt man der nächsten Querstraße Vukotinovićeva nach links (Westen), kommt man kurz darauf zum modernen Hotel InterContinental. Nördlich des Hotels liegt am Platz Rooseveltov trg das **Mimara-Museum (20)** mit Kunstwerken aus allen Epochen. Großen Anteil an den Exponaten hat die in Fachkreisen weit über Kroatien hinaus bekannte Kunstsammlung mit fast 4.000 Stücken von Ante und Wiltrud Topić-Mimara. Das Museum ist in einem großen, sehr repräsentativen Gebäude aus dem Jahre 1895 eingerichtet, das ehemals als Gymnasium diente.

Östlich gegenüber liegt das **Ethnographische Museum (21)** am Mažuranićev Platz, mit Exponaten der jugoslawischen Volkskunst (Folklore-, Kunsthandwerk- und Werkzeugsammlungen) und Ausstellungen über die Kulturen in Afrika, Asien, Australien und Ozeanien.

Einen Straßenzug weiter nördlich kann das westlich des markanten Stadttheaters gelegene **Museum für Kunsthandwerk (22)** besucht werden.

Stadtspaziergang

Archäol. Museum (15)
Di. – Fr. 10 – 17 Uhr, Sa. + So. 10 – 13 Uhr. Eintritt.

Kunstgalerie alter Meister ** (16)
tgl. a. Mo. 10 – 13 Uhr, Di. auch 17 – 19 Uhr. Eintritt.

Mimara-Museum ** (20)
Di. – Sa. 10 – 17 Uhr, Do. nur bis 14 Uhr. Eintritt.

Ethnogr. Museum (21)
Di. – Do. 10 – 18 Uhr, Fr. – So. 10 – 13 Uhr. Eintritt.

173

ROUTE 14: ZAGREB

*das National-
theater in Zagreb*

Schließlich geht man am Trg Maršala Tita mit dem prächtigen Gebäude des **Kroatischen Nationaltheaters (23)** (Drama, Oper, Ballett) vorbei und durch die Straßen Masarykova und Teslina (tagsüber Fußgängerzonen) zurück zum Ausgangspunkt am Trg bana Josipa Jelačića.

Mitten im östlichen Teil der Unterstadt Donji grad liegt am weiten Platz Trg Žrtava fašizma (Trg hrvatskih velikana) der Rundbau der **Galerie Kroatischer Künstler (24)**.

Technikmuseum (25)
Di. – Fr. 9 – 17 Uhr,
Sa. + So. 9 – 13
Uhr. Eintritt.

Technikbegeisterte werden auf einen Besuch im **Technikmuseum (25)** am Südwestrand der Stadt nicht verzichten wollen. Zu sehen sind Dampfmaschinen und Lokomotiven ebenso, wie Modelle von Raumschiffen und Satelliten sowie eine Ausstellung über das Transportwesen allgemein. Dem Museum ist ein **Planetarium** angeschlossen.

Zagreb

Praktische Hinweise – Zagreb

☎ Information: **Turistička zajednica**, Kaptol 5, 10000 Zagreb, Tel. 01-489 85 55. E-Mail: zagreb.convention@ccb.hr

Offizielle Vertretung des **Kroatischen Automobilclubs HAK**, Siget 17, 41000 Zagreb, Tel./Fax 01-65 26 887, 01-65 26 011.

ADAC Zagreb, Tel. 01-344 06 66.

Flughafen

Flughafen Zagreb, Pleso bb, p. p. 40, 41150 Zagreb, Tel. 01-45 62 222, Information: 01-65 25 222.

Der Flughafen liegt rund 17 km südlich des Stadtzentrums. Es bestehen regelmäßige Busverbindungen zum Flughafen ab dem zentralen Busbahnhof, Drziceva Straße. Die Zubringerbusse verkehren täglich von 7.00 Uhr bis 17 Uhr (ab Flughafen) bzw. 16.30 Uhr (ab Busbahnhof). Die Fahrt dauert rund 25 Minuten.

ROUTE 14: ZAGREB

❖ **Feste, Folklore: Musik-Biennale** zeitgenössischer Musik, im April.
Zeichentrickfilm Weltfestival, im Juni.
Eurokaz, ein internationales Festival des Avantgarde-Theaters, im Juni und Juli.
Internationales Folklorefestival, Mitte Juli.
Zagreber Sommer, Anfang Juli bis Mitte August.
PIF, ein internationales Puppentheater-Festival, im August und September.

Feste, Folklore

🍴 Restaurants: **Kaptolska Klet**, Kaptol 5, Tel. 01-48 14 838, gegenüber der Kathedrale, lokale Spezialitäten, moderate Preise.
Purger, Petrinjska 33, Tel. 01-48 73 394, Fleisch- und Fischspezialitäten, Terrasse.
Kvaksi, Marticeva 71, Tel. 01-46 11 888, Zagreber Küche, gutbürgerlich.
Baltazar, Nova Ves 4, Tel. 01- 46 66 824, Fleisch vom Grill und hausgebackenes Brot sind stadtbekannt.
Kaptolska Klet, Kaptol 5, Tel. 48 14 838; beliebtes Lokal gegenüber der Kathedrale, gemütliches Ambiente mit Korbmöbeln, Terrasse. Fleischgerichte aller Art vom Rost, hausgemachte Würste sowie regionale Speisen. – Und andere Restaurants.
Übrigens: Ein Menü mit typisch Zagreber Spezialitäten könnte so aussehen – Pilzcremesuppe, mit Hüttenkäse gefüllte Teigtaschen (zagoski štrukli) und Truthahn mit Teigwaren (purica z mlincima).

Restaurants

🛏 Hotels: **Hotel Esplanade**, ****, 215 Zi., Mihanovićeva 1, Tel. 01-45 66 666, Fax 01-45 77 907; bestes Haus der Stadt 1925 im klassischen Stil erbaut, beim Hauptbahnhof, schöne sehenswerte Art Deco-Hotelhalle, mit ausgezeichnetem, stadtbekannten Restaurant. Teuer. Garage. Parkplatz.
Hotel Dubrovnik, ***, 262 Zi., Gajeva 1, Tel. 01-45 55 155, Fax 01-42 44 51; gehobenes Mittelklassehotel in zentraler Lage, guter Ausgangspunkt zu Stadtbesichtigungen. Zimmer mit zeitgemäßem Komfort und schalldichten Fenstern. Restaurant, Café. Garage, Parkplatz.
Hotel Palace, ****, 123 Zi., Strossmayerov trg 10, Tel. 01-48 144 611, Fax 01-48 11 358; 4-Sterne-Hotel mit alter Pracht, zentral und für Theater- und Museumsbesuche günstig gelegen. Restaurant, Café. Parkplatz.
Hotel Astoria, **, 60 Zi., Petrinjska 71, Tel. 01-48 41 222, Fax 01-48 41 212; Mittelklassehotel mit ordentlichen Zimmern, Nähe Bus- und Bahnstation. Chinesisches Restaurant.
Hotel Jadran, **, 48 Zi., Vlaška 50, Tel. 01- 45 53 777, Fax 46 12 151; Mittelklassehotel in sehr günstiger, zentraler Lage nahe des Platzes Trg Jelačića, Zimmer zur Straße laut. Restaurant.

Lučko
Motel Plitvice, *, 70 Zi., Obilazinica Blvd. in Lučko, Tel. 01-65 30 444, Fax 01-65 30 445; ein gutes Stück außerhalb der Stadt an der Autobahn E-70 Richtung Belgrad bei Km 179 zwischen Ausfahrten Zagreb zapad und Zagreb jug.; April bis Oktober geöffnet, im Vorort Lučko, **mit angeschlossener Campingmöglichkeit**. Restaurant, Café. Parkplatz. – Und andere Hotels.

Hotels

ZAGREBS UMGEBUNG

Maksimir, nordöstlich der Stadt, eine der größten und schönsten **Parkanlagen** Kroatiens, wurde bereits 1794 angelegt, mit wunderschönem alten Baumbestand und lauschigen Seen. Im Park findet man den besuchenswerten **Zoo** Zagrebs.

Medvedgrad, eine 750 Jahre alte königliche Stadt mit historischer Festung auf einem grünen Hügel, liegt im bewaldeten Berg-

175

ROUTE 14: ZAGREB

land Medvednica unweit nördlich von Zagreb. Heute ist in der Festung u. a. der „Altar des Vaterlandes" eine Heldengedenkstätte eingerichtet.

In den unter Naturschutz stehenden schier endlosen Wäldern rings um Medvedgrad können Sie stundenlange Spaziergänge unternehmen.

Ein gutes Stück südlich von Zagreb liegt in der fruchtbaren Turopolje-Ebene am Zusammenfluss von Save und Sava und Kupa das Städtchen **Sisak**. Das historische Städtchen mit einer annähernd 2500-jährigen Geschichte liegt am Rand der Landschaft **Banovina**, einer Region, die Jahrhunderte lang umkämpft war und immer wieder von Eroberern aus dem Osten bestürmt wurde. Nicht von ungefähr wurde Sisak schon früh stark befestigt wie die **Festung Okić** an der Mündung der Kupa in die Sava beweist. Im Jahre 1593 verteidigte sich Sisak wieder einmal erfolgreich gegen die Osmanen und schlug die Angreifer so vernichtend, dass die Stadt mit dem Ehrentitel *Antemurale Christianitatis* (Schutzwall des Christentums) in die Geschichte Kroatiens einging.

DURCH KROATISCH ZAGORIEN

Die Landschaft nördlich von Zagreb ist bekannt unter dem Namen **Kroatisch Zagorien**. Während Dalmatien in den Händen Venedigs war und der südliche Rest Kroatiens unter türkischer Herrschaft stand, war Zagorien immer die letzte unbesetzte Bastion der „Rest der Reste des kroatischen Königreiches".

Zagorien ist noch heute ein bäuerlicher, beschaulicher Landstrich mit über die Hügel verstreuten Kirchen und Schlössern und einer bodenständigen, heimatverbundenen Tradition. Aber nicht nur Brauchtum und Folklore haben in Kroatisch Zagorien ihren hohen Stellenwert behalten, auch die Küche Zagoriens hat ihren Ruf als deftige Hausmannskost nicht eingebüßt.

Kulturelles Zentrum Kroatisch Zagoriens ist die 4.000-Seelen-Gemeinde **Krapina** an der Straße 1/E59, etwa auf halbem Wege von Zagreb nach Maribor in Slowenien gelegen. Man hat eine **mittelalterliche Burg**, in der heute das Stadtmuseum eingerichtet ist, ein Franziskanerkloster mit der **Katharinenkirche** aus dem 17. Jh. und man hat vor allem die Höhle „Husnjakov breg". Dort fand man Skelettreste eines Urzeitmenschen, des sog. „Homo Crapiniensis", die heute zwar im Landesmuseum in Zagreb zu sehen sind, dem Städtchen Krapina aber Popularität verschafften.

Jeden September feiert man das Liederfestival „Festival kajkavske poperke". Dann singt man in erster Linie Volksweisen im hiesigen Dialekt.

Schloss Veliki Tabor
tgl. 10 – 18 Uhr.
Eintritt.

Veliki Tabor liegt ein gutes Stück westlich von Krapina im äußersten Nordwestzipfel Kroatiens. Die alte, trutzige und irgendwie geheimnisvoll wirkende Festung der Grafen von Ratkay stammt aus dem 15. Jh. Der feudale Landsitz ist Schauplatz einer Legende, die sich um das traurige Schicksal des Burgfräuleins Veronika Desnić-

ROUTE 14: ZAGREB

Schloss Trakošćan
Foto: Kroatische Zentrale für Tourismus, München

...ka, das einstmals lebendig in die Festungsmauer eingemauert wurde. Große Ausstellung mittelalterlicher Waffen.

Einige Kilometer weiter südlich, in **Kumrovec**, wurde 1892 Josip Broz Tito geboren. Titos Mutter stammte aus dem benachbarten Slowenien, sein Vater war Kroate. Dem überzeugten Kommunisten gelang es 35 Jahre lang als Staatsoberhaupt die aus sechs Teilrepubliken bestehende ehemalige Sozialistische Föderative Republik Jugoslawien unangefochten zu regieren.

Auf der Weiterreise von Krapina folgen wir der Straße 1/E59 etwa 7 km nach Norden (ab Krapina ca. 10 km) und zweigen ostwärts ab nach **Trakošćan**. Nach wenigen Kilometern erreicht man den Weiler. Vom Parkplatz an der Straße führt ein guter Fußweg hinauf zum äußerst romantisch und hoch über einem dunklen Waldsee gelegenen **Schloss Trakošćan** (ein Handzettel über die Schlossgeschichte in deutscher Sprache war bei unserem letzten Besuch erhältlich).

Schloss Trakošćan **
tgl. 9 – 18 Uhr.
Eintritt.

Der ehemalige Sitz der Fürsten Draškovic entstand im 15. Jh. und war bis 1945 bewohnt. Seine Glanzzeit erlebte das prächtige Anwesen zwischen 1840 und dem ersten Weltkrieg. 1840 wurde das damals zu zerfallen drohende Schloss so restauriert, wie es der Besucher heute vorfindet.

Die beiden unteren Geschosse sind noch möbliert und vermitteln den Eindruck gemäßigten Wohlstandes des Landadels in Kroatisch-Zagorien (verglichen mit westeuropäischen Fürstenschlössern in Italien oder Frankreich zum Beispiel).

Gleich unterhalb des Schlosses liegt das **Hotel Coning**, Tel. 042-79 62 24, ein Haus der einfacheren Kategorie, aber mit netten Zimmern.

ROUTE 14: ZAGREB

Vom Schloss **Trakošćan** fahren wir weiter über **Bednja**, **Lepoglava** und **Ivanec** nach **Varaždin**, das knapp 40 km entfernt liegt.

Burg von Varaždin

Varaždin, die über 800 Jahre alte (800-Jahrfeier war 1981) Handels- und königliche Freistadt an der Drau, war im 18. Jh. zeitweise Hauptstadt Kroatiens und Sitz des Kroatischen Königsrates und Landtages. Aus jener Zeit stammen auch die zahlreichen schönen **Barockpalais** und **Kirchen**, die das Stadtzentrum so sehenswert machen. In die Stadtbesichtigung sollte auch die mit Mauern und Türmen bewehrte, mitten in der Stadt gelegene **Burg** aus dem 13. Jh. mit einbezogen werden. Dort ist heute das **Stadtmuseum** eingerichtet.

Varaždin

Praktische Hinweise – Varaždin

☎ Information: **Turistička zajednica**, Ulica Ivana Padovca 3, 42001 Varaždin, Tel./Fax 042-21 09 87, E-Mail: tzg-varazdin@vz.tel.hr

Feste, Folklore

❖ Feste, Folklore: **Varaždiner Barockabende**, Ende September bis Anfang Oktober.

Restaurants

✗ Restaurants: **Tempio**, Preslerna 3, Tel. 042-21 01 36; eines der besten Lokale der Stadt, eine Art Buschenschenke, mit Tischen und Bänken. Lokale Gerichte wie Husarska Pečenka (Grillsteak mit Zwiebeln und Speck) oder die Kopriva genannte Brennesselsuppe.
Park, Habdelića 6, Tel. 042-21 14 98; angenehmes Lokal mit schönem Blick auf einen Park. Spezialitäten sind Grilladen aller Art. – Und andere Restaurants.

Hotels

🛏 Hotels: **Hotel Turist**, *, 80 Zi., Aleja Kralja Zvonimira 19, Tel. 042-39 53 95, Fax 042-21 44 79; 3-Sterne-Haus mit modernem Komfort. Restaurant, Café, Sauna. Parkplatz. – Und andere Hotels.

Campingmöglichkeiten gibt es seit den Kriegswirren der 90er Jahre in der gesamten Gegend um Varaždin bis zur ungarischen Grenze nicht mehr. Bis zur Drucklegung dieser Ausgabe des Reiseführers war nicht zu erfahren, ob neue Plätze eingerichtet bzw. alte reaktiviert werden sollen.

Von Varaždin gelangt man auf der Autobahn rasch zurück nach Zagreb. Oder man tritt von Varaždin über Maribor in Slowenien und über Österreich die Heimreise an.

Varaždin, Rathausplatz

ANSCHRIFTEN

PRAKTISCHE UND NÜTZLICHE INFORMATIONEN VON A BIS Z

ANSCHRIFTEN

Fremdenverkehrsämter

Kroatische Zentrale für Tourismus
– 60311 Frankfurt, Kaiserstr. 23, Tel. 069-23 85 350, Fax 069-23 85 35 20; www.kroatien.hr, e-mail: KZFT@gmx.de
– 80469 München, Rumfordstr. 7, Tel. 089-22 33 44, Fax 089-22 33 77; www.kroatien.hr; e-mail: kroatientourismus@t-online.de
– 1010 Wien, Am Hof 13, Tel. 0043-1-585 38 84, Fax 0043-1-585 38 84, e-mail: office@kroatien.at

Automobilclub

Kroatischer Autoklub (HAK), Siget 17, 10000 Zagreb, Tel. 01-65 26 887; www.hak.hr.

Busgesellschaften

Deutsche Touring GmbH, Am Römerhof 17, 60486 Frankfurt, Tel. 069-7 90 30, Fax 069-70 74 904; www.deutsche-touring.de.

Konsularische Vertretungen

Kroatische Vertretungen in der Bundesrepublik:
– **Botschaft der Republik Kroatien** mit Konsularabteilung, Ahornstr. 4, 10787 Berlin, Tel. 030-23 62 89 55/56, Fax 030-23 62 89 67. Außenstelle in Bonn.
Generalkonsulate in Hamburg, Frankfurt, Stuttgart und München.

Konsularische Vertretungen in Kroatien:
– **Botschaft der Bundesrepublik Deutschland**, Ulica grada Vukovara 64, 10000 Zagreb, Tel. 01-61 58 100, 61 58 101, Fax 01-61 58 103.
– **Österreichische Botschaft**, Jabukovac 39, 10000 Zagreb, Tel. 01-48 34 459, Fax 01-48 34 461. **Konsulat** in Rijeka.
– **Schweizerische Botschaft**, Bogovićeva 3, 10000 Zagreb, Tel. 01-48 10 891, Fax 01-48 10 890.

Schifffahrtsgesellschaften

Jadrolinija, Riva 16, 51000 Rijeka, Tel. 00385 (0)51-666 130, Fax 00385 (0)51-337-110. Web: www.jadrolinija.hr.
Kroatiens größte Personenschifffahrtsreederei mit den meisten internationalen und inländischen Fährverbindungen. In Deutschland über DER-TOUR, Frankfurt/Main zu buchen.
Sem Marina, www.sem.hr/english.html
Adriatica, www.adriatica.it.

Fluggesellschaften

Croatia Airlines, Savska 41, Zagreb, Tel. 01-481 96 33, Info: Tel. 0800 77 77, Reservierung.: 062 77 77 77; www.croatiaairlines.hr.
Lufthansa, Airport Zagreb, Tel. 01-456 21 87; www.lufthansa.com.

Weitere Internetadressen

Touristeninformation:
www.kroatien.hr und
www.croatia.net.
Istrien: www.istrien-virtuell.de
Kroatisches Informationszentrum: www.hic.hr.
Kroatisches Außenministerium: www.mvp.hr/mvprh-www-eng/index.html.
Informationen über Umwelt und Gesundheitsdienst: www.mzopu.hr.
Verband des nautischen Tourismus: www.hgk.hr
Adriatic Club International (ACI) in Opatja: www.aci-club.hr
Zum Sporttauchen braucht man eine Genehmigung: Info: www.diving-hrs.hr

179

PRAKTISCHE UND NÜTZLICHE INFORMATIONEN VON A BIS Z

CAMPING

Kroatien weist derzeit rund 130 Campinganlagen auf, die sich verständlicherweise an der Küste, vor allem auf der istrischen Halbinsel konzentrieren. Mehr als die Hälfte des kroatischen Campingtourismus spielt sich in Istrien ab. Alleine um Rovinj und Poreč findet man fast ein halbes Hundert Campingplätze mit teils über tausend Stellplätzen. Im Inland dagegen ist das Campingplatz-Netz eher dünn.

In den letzten Jahren entstanden vor allem an der istrischen und norddalmatinischen Küste einige neue Anlagen, die sich sehen lassen können, von der Sanitärausstattung wie auch von der Ausdehnung des Geländes her. Der breite Durchschnitt der Campingplätze aber wird bezüglich der Ausstattung nach wie vor nur einfachen Ansprüchen gerecht.

Die landschaftliche Lage zahlreicher Plätze ist sehr ansprechend und sie ist es, die für manches sonstige Manko entschädigt. Viele Campings liegen direkt am Meer.

Obwohl auf vielen der großen Ferienanlagen neue, moderne Sanitärgebäude entstanden sind und manche der schon früher vorhandenen Sanitärgebäude im Vergleich zur Zeit vor 1990 nicht wieder zu erkennen sind, bleiben (allerdings auf einer ständig sinkenden Anzahl von Plätzen) sanitäre Einrichtungen mit starken Abnutzungserscheinungen und mit nicht immer ausreichender Funktionstüchtigkeit der Installationen aber immer noch ein leidiges Thema.

Waschbecken und Duschen sind auf den meisten Anlagen zwischenzeitlich mit Warmwasser ausgestattet worden. Häufig findet man auch Geschirrwaschbecken, manchmal sogar Wäschewaschbecken vor. Woran es aber auf einigen Campinganlagen immer noch hapert, ist die Kapazität dieser Einrichtungen, die bei einer Vollbelegung – und die tritt zwischen Mitte Juli und Mitte August garantiert ein – einfach nicht ausreichen und dann hoffnungslos überlastet sind. Wartezeiten und Schlangestehen vor allem bei Duschen, aber auch vor Toiletten, sind dann auf manchen Plätzen keine Seltenheit. Mitunter kommen dann noch Defekte an den Installationen, Stromausfälle oder Wassermangel hinzu, was zu überaus unerfreulichen Zuständen in den Sanitäranlagen führen kann.

Stromanschlüsse für Caravans sind (gegen Gebühr) vielfach vorhanden. Es gibt Kühlboxen zu mieten. Und auf fast jedem Platz findet man ein Restaurant und, zumindest auf den größeren Ferienplätzen an der Küste, oft zusätzlich eine Imbisstheke und Einkaufsgelegenheiten, die auf großen Anlagen einem Supermarkt nicht nachstehen.

Abendliche Musikveranstaltungen im Freien sind auf Ferienplätzen in der Hauptsaison üblich, aber nicht für alle Gäste die reine Freude. Denn in der Sommersaison schließen viele der Freiluftdiscotheken erst weit nach Mitternacht. Tennisplätze, Schwimmbäder, Ball- und Kinderspielplätze oder Minigolfanlagen, sofern vorhanden, müssen sich Camping- und Hotelgäste oft teilen. Viele der Großcampingplätze sind nämlich Teil einer touristischen Großurbanisation mit Hotels, Appartement- und Bungalowsiedlungen, Marinas, Bootsverleih, Windsurfschule, Reitstall, Tennisplatz etc.

Bei der Anmeldung müssen auf fast allen Campingplätzen Reisepass oder Personalausweis der Reisenden, ersatzweise das Camping Carnet International (CCI), an der Rezeption abgegeben werden. Man bekommt die Dokumente spätestens am nächsten Tag zurück, muss dann aber bei mehrtägigem Aufenthalt ein Camping Carnet (CCI) oder den Ausweis eines Familienmitgliedes für die Dauer des Aufenthalts hinterlegen.

CAMPING

Einige Plätze gewähren gegen Vorlage des CCI in der Vor- und Nachsaison eine Ermäßigung. Auf jeden Fall sollte man sich – zumindest vor der Anmeldung zu einem längeren Aufenthalt – den genauen Übernachtungspreis angeben lassen, inklusive aller Orts-, Aufenthalts- und Kurtaxen, Versicherungs- und Anmeldegebühren. Generell kann zur Preisgestaltung der Campingplätze gesagt werden, dass sich Kroatien auch auf diesem Tourismussektor längst dem Niveau anderer Mittelmeeranrainer angeglichen hat. Die Zeiten, als ein Campingurlaub an der kroatischen Küste etwas für Sparsame war, sind vorbei!

Mit nicht zu hoch geschraubten Erwartungen an die Platzausstattung kann man in Kroatien zweifellos erholsame Campingferien verbringen. Wie gesagt, die herrlichen Küstengestade, die Bade-, Tauch- und Wassersportmöglichkeiten machen vieles wett.

FKK-Camping – Unter den Mittelmeerländern ist vor allem Kroatien und hier besonders Istrien das Ziel einer jährlich wachsenden Schar von FKK-Anhängern. Viele der Campingplätze stehen ausschließlich den Freunden hüllenlosen Sonnenbadens zur Verfügung. Andere stellen nur einen separaten Platzteil oder Strandabschnitt für Naturisten bereit.

Campinganlagen, die ganz oder teilweise FKK-Anhängern zur Verfügung stehen, sind: Naturist Camping Kanegra bei **Savudrija**; Camping und Naturist Ladin Gaj bei **Umag**; Solaris Naturist und Naturist-Center Ulika bei **Poreč**; Naturist Camping Istra bei **Funtana**; Naturist Camping Park Koversada bei **Vrsar**; Naturist-Camping Valalta und Naturist-Camping Monsena bei **Rovinj**; Camping und Naturist Baldarin bei **Punta Križa/Cres** und Camping und Naturist Kovačine bei **Cres auf Cres**; Naturist Camping Politin und Naturist Camping **Konobe bei Punat/Krk** und Naturist Camping Bunculuka bei **Baška/Krk**; Camping und Naturist **Slanica bei Murter**; Naturist Camping Miran bei **Pirovac**; Naturist Camping Nudist bei **Vrboska/Hvar**; Camping und Naturist Mlaska bei **Sucuraj auf Hvar**.

Baden und sonnen im Adamskostüm ist an vielen Stränden, auch außerhalb von Campingplätzen und Hotelanlagen, verbreitet und wird toleriert.

Ergänzt wird das Angebot an Campingplätzen – die Großanlagen werden fast alle von regionalen Touristikunternehmen kommerziell geführt – von vielen mehr oder weniger kleinen, privat geführten **Mini-Camps**. Ausstattung, Gestaltung und Größe der Mini-Camps sind so vielfältig, dass kaum allgemein gültige Kriterien genannt werden können. Man findet Camping-Stellplätze der einfachsten Art im Hof hinter dem Wohnhaus oder dem Restaurant an der Durchgangsstraße ebenso wie Camps in hübschen Obst- oder Olivenhainen am Meer. Die Preisgestaltung ist so individuell wie die Ausstattung der Plätze, erreicht aber selten einmal die Höhe der Gebühren großer Ferienanlagen. Hier wird man sich also erst eingehend erkundigen und ein bisschen umsehen, bevor man sich häuslich niederlässt.

Wildes Campen ist in Kroatien nicht erlaubt. Ist man gezwungen, wegen Überfüllung eines Platzes oder in Ermangelung eines solchen wild zu campieren, ist es dringend geraten, sich vorher bei der Gemeinde oder bei der Polizei (milicija) die Erlaubnis dafür einzuholen.

☑ *Mein Tipp!* Für Zelturlauber: Nehmen Sie unbedingt Stahlheringe und ein kräftiges Schlagwerkzeug mit. Eines dieser gewöhnlich benutzten Gummihämmerchen ist hier völlig untauglich. Der mitunter graslose und meist steinige Boden ist auf manchen Campingplätzen im Sommer hart wie Beton. Aluminiumheringe verbiegen sich da sehr leicht!

181

PRAKTISCHE UND NÜTZLICHE INFORMATIONEN VON A BIS Z

Hinweise über Angaben zu den in diesem Reiseführer erwähnten Campingplätze

Die in diesem Reiseführer erwähnten Campingplätze wurden in erster Linie danach ausgesucht, ob sie an oder in der Nähe der beschriebenen Route liegen.

Unsere Beschreibungen und Einstufungen von Campingplätzen können gar nicht anders als subjektiv ausfallen. Zu viele Faktoren, die auf Grund individueller Vorstellungen jedes einzelnen Reisenden die unterschiedlichsten Stellenwerte haben können, spielen eine Rolle.

Bei der Auflistung der Campinganlagen in den durch Einrücken und Rasterunterlegung kenntlich gemachten **Info-Blocks „Praktische Hinweise"** folgen dem **Platznamen** die **Telefonnummer** mit Vorwahl, dann die **Öffnungszeit** (die große Mehrzahl der Campingplätze ist von Mitte/Ende April bis Ende September geöffnet) und die Lokalisierung oder **Zufahrt**.

Bei der Beschaffenheit des **Geländes** wird bei der Beschreibung der Campingplätze in diesem Reiseführer die Art angegeben, die überwiegt, z. B. Wiesengelände, ggf. mit weiteren Details wie schräg, terrassiert, steinig, sandig etc.

Die **Größe des Platzes** wird in Hektar (ha), die **Aufnahmekapazität** in „Stellplätzen" (Stpl.) angegeben. In der Hochsaison hält aber kaum ein Platz die Obergrenze der offiziellen Aufnahmekapazität ein.

Bei unseren Charakterisierungen der besichtigten Campingplätze haben wir versucht, die **Platzeinrichtungen** so zu skizzieren, wie wir sie bei unserem Besuch vorgefunden haben. Außerdem haben wir drei **Kategorien** geschaffen, mit denen grundlegende Merkmale vor allem in der Sanitärausstattung charakterisiert werden – Mindestausstattung, Standardausstattung (mit den Varianten einfache bzw. gehobene Standardausstattung) und Komfortausstattung (mit der Variante umfangreiche Komfortausstattung), wobei die Übergänge zwischen den geschaffenen Kategorien fließend sind.

Mindestausstattung: Einfacher Platz mit bescheidenen, veralteten oder vernachlässigten Einrichtungen, die außer WC, Kaltwasserwaschbecken, Kaltduschen, keine oder völlig unzeitgemäße Einrichtungen für Hygiene und Körperpflege aufweisen. Die Anzahl der Installationen reicht für die Größe des Platzes oft nicht aus.

Standardausstattung: Der Durchschnittscampingplatz mit WC's, Kalt- und Warmwasserwaschbecken und Duschkabinen in den Waschräumen, davon auch mit Warmwasseranschluss. Engpässe im Sanitärbereich bei Vollbelegung möglich. Einige Stromanschlüsse für Caravans, Restaurant oder Snackbar.

Komfortausstattung: Außer ausreichend WC's, Warmwasserwaschbecken und Warmduschen in zeitgemäßen, gepflegten Sanitäranlagen werden auch Geschirr- und Wäschewaschbecken erwartet, ebenso Stromanschlüsse für Caravans in ausreichender Zahl. Das Terrain soll durch Wege erschlossen sein, Platzbeleuchtung und im Gelände verteilte Müllbehälter, Restaurant und Einkaufsmöglichkeit aufweisen.

Umfangreiche Komfortausstattung: Zusätzlich zu den vorgenannten Merkmalen wird erwartet, dass die Anlage und Pflege des Platzes, seine Führung und die Ausstattung, Bauweise und Pflege der Sanitäranlagen gehobenen Ansprüchen genügen. Möglichst komplette Warmwasserausstattung, zahlenmäßig reichhaltige, moderne Installationen, Sporteinrichtungen (z. B. Tennisplatz, Schwimmbad), Freizeit- und Unterhaltungsmöglichkeiten, sowie Stranddüschen und Einrichtungen für

Boots- und andere Wassersportarten sollte eine so eingestufte Campinganlage aufweisen.

DEUTSCHSPRACHIGE RUNDFUNKSENDUNGEN

Für ausländische Radiohörer kann vor allem das zweite Programm des Kroatischen Rundfunks von Interesse sein. Dort wird während der Touristensaison täglich nach den Nachrichten in Kroatisch der Verkehrslagebericht des Kroatischen Automobilklubs in englischer, deutscher und italienischer Sprache gesendet.

Zusätzlich gibt es zwei mal täglich Reportagen über den nautischen Tourismus in diversen Fremdsprachen.

Darüber hinaus kann sich der ausländische Gast zu jeder vollen Stunde im zweiten Programm des Kroatischen Rundfunks über Nachrichten und Informationen zum Straßenzustand unterrichten lassen, die direkt aus den Studios von Bayern 3, Ö3, RAI Uno und dem englischen Virgin Radio gesendet werden.

EINREISEBESTIMMUNGEN

Persönliche Dokumente

Für die **Einreise nach Österreich** ist ein gültiger Personalausweis oder ein gültiger Reisepass notwendig. Kinder unter 16 Jahren müssen im Pass des Vaters oder der Mutter eingetragen sein oder einen eigenen Kinderausweis haben.

Slowenien schreibt für einen Aufenthalt bis 30 Tage den Personalausweis vor. Mit Reisepass darf man sich bis zu drei Monaten in Slowenien aufhalten. Für Kinder unter 16 gilt das vorher gesagte.

Zur **Einreise nach Kroatien** ist für einen Aufenthalt bis zu 30 Tagen lediglich ein mindestens noch drei Monate gültiger Personalausweis ausreichend. Für einen längeren Aufenthalt bis zu 90 Tagen ist ein noch mindestens 3 Monate gültiger Reisepass erforderlich.

Die Mitnahme des Reisepasses wird dringend empfohlen, falls die Anreise nach Dubrovnik auf dem Landweg geplant ist. Dabei muss ein nur wenige Kilometer breites Stück des Territoriums von Bosnien-Herzegowina passiert werden. Für die Einreise nach Bosnien-Herzegowina ist der Reisepass zwingend vorgeschrieben. Kinder unter 16 Jahren müssen im Pass der Eltern eingetragen sein oder über einen Kinderausweis mit Lichtbild verfügen.

Einreise mit dem Auto

In Kroatien, ebenso in Österreich und Slowenien, müssen Führerschein und Fahrzeugschein mitgeführt werden. Dringend empfohlen wird das Mitführen einer auch für Kroatien gültigen Internationalen Grünen Versicherungskarte. Erkundigen Sie sich bei Ihrer Autoversicherung vor Reiseantritt nach ausreichendem Versicherungsschutz. Da die Mindestdeckungssummen in Kroatien (auch in Slowenien) deutlich unter unserem Versicherungsniveau liegen empfiehlt sich der Abschluss einer Kasko-(Kurzkasko-)Versicherung und einer Insassenunfallversicherung.

Das Nationalitätskennzeichen „D" muss am Auto angebracht sein. Ein Satz Scheinwerfer-Glühlampen muss als Ersatz mitgeführt werden.

Haustiere

Für über 3 Monate alte Tiere ist ein Internationaler Impfpass mit Bescheinigung einer Tollwutimpfung nötig, die mindestens 14 Tage alt sein muss und höchstens 6 Monate alt sein darf.

Zollbestimmungen

Einfuhr: Für die Reise benötigte persönliche Gebrauchsgegenstände sowie Reiseproviant können zollfrei eingeführt werden. Dazu zählen auch

183

PRAKTISCHE UND NÜTZLICHE INFORMATIONEN VON A BIS Z

Campingausrüstung und Bootsgeräte. Alle Gegenstände, die eingeführt werden, müssen auch wieder ausgeführt werden.

Weiter dürfen pro Person zollfrei eingeführt werden: 200 Zigaretten oder 50 Zigarren oder 250 g Tabak, 2 Liter Wein und 1 Liter Spirituosen. Elektronische Geräte (z. B. Videokameras, Notebooks, CD-Player, etc.) und Sportausrüstungen müssen bei der Einreise als Eigenbedarf deklariert werden.

Sport- und Jagdwaffen mit Munition und Funkgeräte bedürfen der Anmeldung bei der Einreise und der Genehmigung zum Betrieb von Seiten der kroatischen Botschaft im Herkunftsland.

Ausfuhr: Alle Gegenstände, die eingeführt wurden – Reiseproviant zählt dazu nicht – müssen auch wieder ausgeführt werden. Souvenirs und Waren dürfen ausgeführt werden, soweit die Menge nicht auf einen Wiederverkauf bzw. Handel damit schließen lässt. Sollten Sie wertvolle Gegenstände ausführen wollen, wird eine Kaufquittung und Geldwechselbestätigung verlangt. Archäologische, kunsthistorische und andere für das Land wichtige und wertvolle Gegenstände, erfordern für die Ausführung eine Genehmigung der staatlichen Organe bzw. des Zolls. Kfz-Treibstoff darf im Tank und bis zu 10 Litern im Reservekanister ausgeführt werden.

ESSEN UND TRINKEN

So unterschiedlich wie das Land, seine Sitten und Gebräuche sind, so unterschiedlich und vielfältig ist die kroatische Küche. Und es ist ein Glück, dass die Kroaten selbst gerne gut essen und trinken. Und so kann man an der Küste oder im Inland immer mit einem nicht gerade raffinierten, aber schmackhaften Gericht und einem guten Tropfen rechnen.

Natürlich gibt es entlang der Küste vor allem in den Touristenhotels längst auch diese farblose sog. „internationale" Küche. Aber in vielen Restaurants werden auch einheimische Spezialitäten oder Nationalgerichte angeboten. Und die sollte man probieren! Selten wird man enttäuscht sein.

Im ganzen Land ist es noch verbreitet, dass sich zumindest samstags und sonntags vor den Kneipen und Gaststätten (Gostionica oder Konobe) Lämmer, Hammel oder Ferkel am Spieß (janje/odojak na raznju) über dem Holzkohlengrill drehen, und dann mit Tomaten, Zwiebeln, grünem Paprika und Reis oder Pommes frites serviert werden.

Überhaupt weist die kroatische Küche viel Gegrilltes auf, ob Fleisch oder Fisch. Unerklärlich bleibt, warum auch in Istrien und Dalmatien – wie übrigens auch in manch anderen Mittelmeerländern – Fisch gerade an der Küste erheblich teurer ist, als ein Fleischgericht.

Und immer greift der Koch kräftig nach dem Olivenöl, wenn er seine Speisen zubereitet. Ebenso sind Paprika, Tomaten, Zwiebeln und natürlich der aromatische Knoblauch quasi Standardgewürze, die ausgiebig verwendet werden.

Ganz natürlich ist es, dass an der Adriaküste die Speisen ein wenig an Italien erinnern, waren es doch die Venezier, die lange Zeit die Küste von Istrien bis Dubrovnik beeinflussten.

Die Küche Istriens und Kvarner z. B. bietet feine Fischgerichte, Fischeintöpfe, Fischsuppen, Meeresfrüchterisotto und ähnliches ebenso, wie herzhafte Hausmannskost aus dem bäuerlich geprägten Hinterland.

Eine der Spezialitäten sind Muscheln aus den Gewässern des Limfjord. Große Tradition haben in den Weinbaugebieten Istriens die Weinsuppe, die ein bisschen an die italienische Minestrone erinnert, oder Risottogerichte mit Trüffeln oder mit Tintenfisch. Die kostbaren Trüffelpilze werden von eigens dafür trainierten Hunden oder Schweinen aufgespürt.

ESSEN UND TRINKEN

Unter den Weinen aus Istrien werden der Bujer Malmsy, der Porecer Cabernet und Merlot, oder der Terrano aus der Gegend um Buzet gelobt.

Im Norden schmeckt's schon mal österreichisch, aber auch ungarisch. Und im Süden findet man durchaus auch Gerichte, die nicht nur dem Namen nach osmanischer Herkunft sind.

Übrigens: Die erste Rezeptsammlung, die die Zubereitung von nicht weniger als 554 Gerichten beschreibt und die als erstes kroatisches Kochbuch gilt, stammt von einem Herrn namens Ivan Bierlings und wurde 1813 aus dem Deutschen übersetzt.

Außer den bekannten Grilladen **Cevapčiči** (gewürztes Hackfleisch in kleinen Würstchen vom Rost), **Raznjiči** (gemischte Fleischsorten am Spieß vom Rost) und **Pljeskavica** (kräftig gewürztes Hackfleischschnitzel vom Rost), die auch in jedem Balkanrestaurant zu Hause serviert werden, seien noch einige typische Spezialitäten und Zutaten erwähnt, wie man sie im Land auf den Speisekarten findet. Allerdings sollte man nicht davon ausgehen, dass jedes Gasthaus ein Spezialitätenrestaurant ist.

Leider ist auch Kroatien nicht von dem traurigen Phänomen verschont geblieben, dass die Küche in gleichem Maße schlechter wird, in dem der Tourismus steigt. Dabei liegt die Schuld keineswegs bei den Gastgebern. Man bietet eben an, was die breite Masse auf der Speisekarte zu finden wünscht.

Ajvar – Mus aus Paprika und Eierfrüchten. Als Beilage.

Baklava – orientalische Mehlspeise, süßer Blätterteig mit Walnüssen, Mandeln, Haselnüssen, Zucker und Honig.

Basa – dicke Sauermilch

Bobići – junger Mais

Bosdanski Ionac – Bosnischer Topf. Rindfleisch mit Gemüse, Kartoffeln, Zwiebeln und Knoblauch gekocht und mit Weinessig abgeschmeckt. Wird im Tontopf serviert.

Brodet, brudet – eine Art Eintopf mit verschiedenen Fischarten, Krebsen, Muscheln und Tintenfisch, in einer Sauce aus Öl, Zwiebeln, Knoblauch, Petersilie und Wein gekocht.

Buzara – Meereskrebse oder Muscheln in Sauce.

Ćešnjovke – fein mit Knoblauch gewürzte Schweinswürste.

Ćobanac – ein Gericht, das aus der rustikalen Küche der Hirten stammt und aus Schweinefleisch, Gemüse und Teigwaren zubereitet wird.

Djuveč – Fleischstücke mit Zwiebeln, Reis und Kartoffeln im Tontopf gegart. Benannt nach dem Tongefäß.

Fiš paprikaš – eine fein gewürzte Suppe aus Süßwasserfischen.

Grota – eine Spezialität von der Insel Pag, Rindfleischfilet, gefüllt mit rohem, geräuchertem Schinken und Schafskäse, im Gemüsesud gegart und serviert.

Koruzna potica na opeki – im Ofen gebackene Maismehlspeise.

Mejaš – Schweineschnitzel gut gewürzt und mit Gemüse und Pilzen gefüllt.

Mlinci – ganz dünne gewalzte Teigfladen, die auf einer Platte gebacken, dann zerbrochen und mit kochend heißem Wasser übergossen und gut gewürzt mit Bratensaft und Fett übergossen serviert werden.

Musaka – im Ofen gegartes Schweinehackfleisch mit Kartoffeln, Milch und Eiern.

Pašticada – dalmatinisches Eintopfgericht, Rindfleisch mit Speck, Knoblauch und Nelken gespickt in Wein, und je nach Region zusammen mit Feigen, Rosinen, Backpflaumen, Lorbeerblättern und Rosmarin gedünstet.

Peka – glockenförmiger Deckel, der zur Zubereitung von Gerichten auf der Ofenglut dient.

185

PRAKTISCHE UND NÜTZLICHE INFORMATIONEN VON A BIS Z

Pisanika – das beste Stück Fleisch vom Rind oder Schwein, Lendenstück oder Filet.

Podvarek – Schweinefleisch oder Puter mit Sauerkraut.

Pršut – (Prosciutto) geraucher, luftgetrockneter Schinken aus Istrien oder Dalmatien, wird gerne als Vorspeise genommen.

Punjena paprika – gefüllte Paprikaschoten (Reis und Schweinehack) in Tomatensauce.

Purica s mlincima – Puter mit Mlinci, einer auf der Herdplatte gebackenen Flade.

Rožata – typisch dalmatinische Süßspeise, ähnlich Karamelpudding.

Sarma – aus dem Türkischen, Gehacktes mit Reis vermischt, in Kohl oder Weinblätter gewickelt und gegart.

Šiš-Čevap – im Türkischen ‚Fleisch am Spieß'. Kalbfleisch und Zwiebeln am Spieß, serviert meist mit einem Gemisch aus Kartoffeln und Reis.

Sogan-dolma – türkisch, gefüllte Zwiebeln. Rinderhack mit Reis und Pfeffer in Zwiebelhäute gefüllt und gekocht.

Stajerski kostrun – gewürztes Hammelfleisch gebraten mit Zwiebeln.

Štrukli – Teigblätter gekocht, mit Käse gefüllt. Eine Mehlspeise.

Svinjski kotlet na zagorski način – Schweinekotelett mit Würstchen, Sauerkraut und Salzkartoffeln.

Svinjsko meso in klobase v tunki – Würstchen und Schweinefleisch werden mit Sauce in einer Holzterrine serviert.

Teleća pisanica – ein Gericht aus der Feudalküche Kroatiens. Kalbsfilet mit Pilzen und pikanter Tomatensauce.

Zagrebački odrezak – Zagreber Schnitzel nach Gutsherrenart. Paniertes Schnitzel, gefüllt mit Schinken und Käse.

In Fischrestaurants an der Küste serviert man Tintenfische, Makrelen, Gold- und Zahnbrassen, Seeaale, Hummer, Scampi und Muscheln aus der Bucht von Ston.

Und was trinkt man?

Es ist kaum zu glauben, aber Kroatien wartet mit nicht weniger als über 100 **Weinsorten** auf. Da ist der kräftige rote **Dingač**, der an den Südhängen der Halbinsel Pelijesac wächst. Auf den sandigen Böden bei Lumbarda auf der Insel Korčula gedeiht der bernsteinfarbene, erstklassige **Grk**, aber auch die trockenen Weine **Pošip** und **Žlahtina**. Die Felder um Mostar bringen den „großen" Zilavka hervor. Von der Insel Hvar kommt der **Prc**. Und nicht zu vergessen, der **Prošek** aus auserlesenen, getrockneten Trauben, der überwiegend an den Hängen zwischen Omiš und Makarska angebaut wird. Großen Zuspruch finden auch der rote **Plavač** und der weiße **Gastelet**. Von der Insel Vis kommen der **Opolo** und der **Vugava**.

Beliebte Dessertweine sind der süße **Malvazija** und der **Muškat** aus Istrien. Und dies ist erst eine kleine Auswahl. Wer gerne Wein trinkt, sollte ruhig immer nach einem lokalen Tropfen fragen. Die Vielfalt ist groß.

Unter den härteren Sachen ist der **Šljivovica**, ein Pflaumenschnaps, bekannt. Die stärkste Version mit 40 – 55 % Alkohol heißt übrigens „Prepecenica", der „Übergebrannte" (oder Doppelbrand). Weitere hochprozentige Spirituosen sind der **Travarica**, ein Magenbitter ähnlicher Kräuterschnaps und der **Lozovača**. Letzterer wird vornehmlich in Istrien angeboten.

Feine Liköre sind der Cherry Brandy und der Maraschino, hergestellt aus der dalmatinischen Kirsche, der Maraske.

Auch der **Komovica**, ein Destillat aus Wein und der **Vinjak**, der jugoslawische Weinbrand, sind beliebt.

Zum Schluss ein paar Kräuterschnäpse, die auch gerne als Magenberuhiger genommen werden. Zu ihnen zählen der **Pelinkovac**, der **Stari graničar**, der **Travarica** und der **Vlahov**.

Reichhaltig ist auch das Angebot an Bier verschiedener lokaler Brauerei-

n. Meist wird es in der Qualitätsstufe „Export" angeboten. Bier nach Pilsener Art findet man weniger häufig.

Alkoholfreie Getränke in Form von Obstsäften, Limonaden und Mineralwasser sind überall erhältlich.

Selbstversorger machen es sich am einfachsten, wenn sie vormittags auf dem Markt einkaufen. Hier findet man Obst und Gemüse der Saison, oft Fisch, Eier, mitunter Geflügel, seltener Fleisch. Außerdem hat jeder Ort seinen Gemischtwarenladen, wo Brot, Wurst, Milch, Käse, Konserven und ähnliches zu finden sind. Zudem hat jede auch kleinere Stadt ihren Supermarkt. Dort findet man heute fast alle Artikel, wie man sie von zu Hause gewöhnt ist. Allgemein stellt die Selbstversorgung keine Probleme dar.

FESTE UND FOLKLORE

kaum ein traditionelles Fest ohne folkloristische Elemente

Der Festkalender im kroatischen Alltag wird von offiziellen Festen ebenso geprägt, wie von kirchlichen Ostern, Weihnachten, Fest zu Ehren eines Schutzpatrons, Prozessionen), bäuerlichen (Getreideernte, Weinlese) und privaten Festen (Richtfest eines Hauses, Hochzeit, Taufe, Geburtstag, Begräbnis) geprägt. Und viele der lokalen Feste sind fast immer mit Essen und Trinken verbunden, wie das Sankt Martins Fest z. B., das viele Familien mit Freunden in Weinkellern oder Restaurants bei einem deftigen Gansgericht feiern.

Vielfach werden noch die alten Traditionen gepflegt, nach denen zu jedem richtig begangenen Fest das entsprechende Gericht gehört. Nahm man anlässlich eines religiösen Festes, z. B. an Kirchweih, an einer längeren Prozession teil, stärkte man sich nach altem Brauch mit einem Schweinefleisch-Kartoffeleintopf.

An Karfreitagen und an Heiligabend kommt ein Gericht aus Stockfisch und an den Weihnachtstagen Truthahn, Geflügel und Sarma, das sind mit Hackfleisch gefüllte Kohlblätter, auf den Tisch. Und am Neujahrstag gibt es traditionsgemäß Schweinefleisch.

Einige der wichtigsten Brauchtums- und Folklorefeste, sowie die bekanntesten Saisonfestivals während der Sommermonate:

Baška, Insel Krk – Fischertag, Ende August.

Dubrovnik – Dubrovniker Sommerfestival, im Juli und August. Dramen, Opern, Ballett, Philharmonie- und Kammerkonzerte, Chor- und Folkloreensembles vor der Kulisse der historischen Altstadt.

187

PRAKTISCHE UND NÜTZLICHE INFORMATIONEN VON A BIS Z

Jelsa, Insel Hvar – Weinfestival, Mitte August.
Koper – Folklorefestival, Ende Juli.
Korčula – Moreska, traditionelle Ritterspiele und symbolischer Schwertertanz aus dem 16. Jh., Ende Juli und Wiederholungen im Laufe des Sommers.
Omiš – Festival dalmatinischer Trachtengruppen, im August.
Osor – Musikabende Mitte Juli bis Ende August.
Opatja – Festival der Unterhaltungs- und Volksmelodien, Juli und August.
Plitvice – Plitvicer Hochzeit, Folklore und Trauung von Paaren bei den Wasserfällen, im Mai.
Portoroz – FormaViva, internationales Symposium der Bildhauer, im Juli und August.
Pula – Melodien Istriens, Lieder- und Folklorefestival, im Juni. Filmfestspiele in der Arena, im Juli.
Punat, Insel Krk – Fischertag, Ende Juli. Punater Nacht, Mitte August.
Sinj bei Split – Sinjskaalka, historische Ritterspiele zum Gedenken an die Vertreibung der Osmanen, im August.
Split – Spliter Sommer, Festival mit Theater, Konzert, Folklore und Unterhaltungsmusik, Juli und August.
Šibenik – Šibeniker Sommer, Konzerte und Folklore, Juli und August.
Varaždin – Barockabende, Ende September bis Anfang Oktober.
Zadar – Musikabende in der Donatuskirche im Juli und August.
Zagreb – Internationale Folkloreschau, Ende Juli. Zagreber Sommerabende, Unterhaltung, Folklore, Musik und Kulturveranstaltung unter freiem Himmel, von Juli bis August.

FKK

Die Freikörperkultur und hüllenloses Baden und Sonnenbaden haben in Kroatien eine lange Tradition. Einer der ersten soll der englische König Edward VIII. gewesen sein, der im August 1934 auf der Insel Rab im Adamskostüm in die Fluten der Adria sprang. Dabei muss man wissen, dass damals auch gekrönten Häuptern das Nacktbaden ohne Genehmigung nicht gestattet war. König Edward erwarb die Erlaubnis auch gleich für seine Frau. Dadurch ist dokumentiert, dass in Kroatien 1934 erstmals offiziell genehmigtes Nacktbaden stattfand.

Vor allem Istrien hat sich als ein Mekka für textilfreie Sonnenanbeter herausgebildet. Schon 1961 entstand bei Vrsar die Anlage Koversada, damals eine der ersten FKK-Anlagen an der Adriaküste. Seitdem entwickelt sind besonders Istrien, an dessen Westküste sich die meisten und größten textilfreien Strände und Einrichtungen befinden, immer mehr zur FKK-Hochburg in Europa.

GESETZLICHE FEIERTAGE

1. Januar – Neujahrstag,
6. Januar – Dreikönigstag,
Ostersonntag, Ostermontag,
1. Mai – Maifeiertag, Tag der Arbeit,
im Juni – Fronleichnam,
22. Juni – Tag des antifaschistischen Kampfes,
25. Juni – Staatsfeiertag,
5. August – Tag des Sieges und der Dankbarkeit,
15. August – Mariä Himmelfahrt,
8. Oktober – Tag der Unabhängigkeit,
1. November – Allerheiligen,
25. und 26. Dezember – Weihnachtsfeiertage.

GESUNDHEITSVORSORGE

Zwischen Deutschland und Kroatien besteht ein Gesundheitsabkommen. Mit einem Auslandskrankenschein, den Ihnen Ihre Krankenkasse ausstellt, können Sie in Kroatien notwendige ärztliche Behandlungen erhalten.

Eine zusätzliche Auslandskrankenversicherung ist empfehlenswert.

HOTELS UND ANDERE UNTERKÜNFTE

Vor allem in den bekannten Urlaubsregionen an der Adriaküste sind vielerorts kleine Hotelstädte entstanden, die neben **Hotels** auch **Appartementsiedlungen** und **Bungalowdörfer** aufweisen. Nicht selten ist auch noch ein Campingplatz angeschlossen. Diese Siedlungen haben gemeinsame Restaurants, Unterhaltungsetablissements, Strände und Sportstätten.

Für das Beherbergungsgewerbe in Kroatien ist ein neues Klassifizierungssystem erarbeitet und definiert worden, nach dem seit der Saison 2002 alle Hotels, Appartementhotels, Privatappartements, Ferienhäuser und Pensionen kategorisiert sind. Wie zu erfahren war, seien bei der Klassifizierung komplett neue Kriterien angewandt worden, was zu Auf- aber auch zu Abwertung von Objekten geführt habe.

Die einzelnen Kategorien werden bei Hotels, Appartementhotels und Ferienhäusern mit ein bis fünf Sternen, bei Pensionen und Privatzimmern mit ein bis drei Sternen symbolisiert.

Einige der Grundlagen der **Klassifizierung**, die für jede Unterkunftsart eigens festgelegt wurde, sind z. B. Größe der Zimmer, bestimmte Mindesteinrichtungen, über die das Hotel verfügen muss, eine vorgeschriebene Anzahl von Park- oder Garagenplätzen u. ä. Verfügt ein Haus über Einrichtungen, die über die Mindestanforderungen hinaus gehen, kann es Punkte sammeln, die den Einstieg in die nächst höhere Kategorie ermöglichen.

Wie zu erfahren war, soll die Erfüllung dieser Standards jedes Jahr aufs neue überprüft werden.

Innerhalb dieser Klassifizierung gibt es allerdings ein nicht zu übersehendes Gefälle in Ausstattung, Service und Führung der einzelnen Betriebe zwischen den touristisch erschlossenen Regionen an der Küste und dem Hinterland.

Leider entsprechen die Leistungen mancher Häuser in den Fremdenverkehrszentren nicht immer den geforderten Preisen. Bei der Preisbildung spielen neben der Klassifizierung des Hotels, auch die Bedeutung des Fremdenverkehrsortes und die Lage des Hotels eine maßgebende Rolle. Erhebliche Preisnachlässe werden in der Vor- und Nachsaison gewährt.

Ohne rechtzeitige Reservierung ist in der Hauptreisezeit oder zu Zeiten von Messen und Festspielen ein Unterkommen in Hotels aufs Geratewohl nur schwer möglich. Man wird dann auf die überall im Lande angebotenen **Privatunterkünfte** (sobe = Zimmer) ausweichen müssen. Reservierungen dafür übernehmen die örtlichen Touristenbüros.

In nahezu allen Fremdenverkehrsorten wird eine Aufenthaltstaxe, manchmal zusätzlich eine Orts- oder Kurtaxe, erhoben.

Das kroatische Fremdenverkehrsamt (siehe Anschriften) gibt kostenlos ein **Hotelverzeichnis** sowie ein Verzeichnis von Privatunterkünften mit Preisen heraus.

Hinweise über Angaben zu Hotels in diesem Reiseführer:

Um eine grobe Übersicht über die Preiskategorie der angegebenen Hotels zu vermitteln, haben wir fünf Preiskategorien geschaffen, die mit ein bis fünf Sternchen (*) gekennzeichnet sind. Dabei wurden die von den Hotels angegebenen Doppelzimmerpreise für zwei Personen inkl. Frühstück in der Hauptsaison Juli und August zu Grunde gelegt. Es ist zu beachten, dass Nebensaisonpreise oft erheblich niedriger sind!

Es bedeuten:

* = Zimmerpreis bis 70,- Euro
** = Zimmerpreis bis 110,- Euro

189

PRAKTISCHE UND NÜTZLICHE INFORMATIONEN VON A BIS Z

*** = Zimmerpreis bis 150,- Euro
**** = Zimmerpreis bis 200,- Euro
***** = Zimmerpreis ab 200,- Euro

Bei der **Hotelbeschreibung** folgt dem **Hotelnamen** die mit Sternchen (*) symbolisierte **Preiskategorie**, danach **Anzahl der Zimmer, Anschrift, Telefonnummer**, ggf. **Lage und Besonderheit des Hauses**, sowie Angaben über das Vorhandensein von Restaurant, Fitnesseinrichtungen, Bademöglichkeit und Parkplatz.

Jugendherbergen

Jugendherbergen findet man in größeren Städten wie Dubrovnik, Korčula, Pula und in Punat auf der Insel Krk, in Šibenik, Zadar und in Zagreb.

Informationen über kroatische Jugendherbergen gibt's beim Kroatischen Ferien- und Jugendherbergsverband *Hvratski ferijalni i hostelski savez* in Zagreb Tel./Fax 01-48 47-472.

KLIMA UND REISEZEIT

Kroatien, das landläufig als ausgesprochenes Sommerferienland bekannt ist, weist zwei ganz unterschiedliche Klimazonen auf – **mediterranes Klima** an der Küste, mit sehr milden Wintern und heißen, trockenen, aber durch ständige Meeresbrisen angenehmen Sommer und **kontinentales Klima** im Binnenland, mit kalten, gebietsweise schneereichen Wintern und heißen Sommern.

Durchschnittstemperaturen

Grad C	Jan	Feb	Mrz	Apr	Mai	Jun	Jul	Aug	Sep	Okt	Nov	Dez
Dubrovnik												
min.	6	6	8	11	14	19	21	21	19	14	10	8
max.	12	12	14	17	21	26	29	28	26	21	16	14
Hvar												
min.	6	6	8	11	15	19	21	21	19	15	11	9
max.	12	12	14	18	22	27	29	29	26	21	16	14
Pula												
min.	2	2	3	7	11	16	18	18	15	19	6	5
max.	9	10	12	17	20	25	27	27	24	11	13	11
Rijeka												
min.	3	3	5	9	13	17	19	19	17	12	7	5
max.	9	12	17	20	25	28	26	24	18	13	11	9
Split												
min.	5	5	7	11	15	20	22	22	19	14	9	8
max.	10	11	12	18	22	28	30	30	26	20	15	12

Wassertemperaturen

Grad C	Jan	Feb	Mrz	Apr	Mai	Jun	Jul	Aug	Sep	Okt	Nov	Dez
Dubrovnik	14	13	12	14	20	22	23	25	23	21	20	16
Hvar	14	13	12	13	18	21	23	24	22	20	18	17
Pula	7	6	8	11	15	20	23	23	21	17	13	10
Rijeka	8	7	8	11	15	20	23	23	21	17	13	10
Split	13	12	11	13	19	21	24	24	22	21	17	15

An der Küste dagegen kennt man Schnee so gut wie gar nicht. Die Adriaküste mit den Inseln zeichnet sich durch ihre große Zahl an Sonnentagen aus. Auf der Insel Hvar z. B. soll es nicht weniger als 120 „reine Sonnentage" geben, in Dubrovnik immerhin noch 113.

Von den **Winden**, die im Sommer an der Adriaküste mit dazu beitragen, die sommerlichen Temperaturen erträglicher zu machen – z. B. der Südwestwind „Jugo", der Südwind „Ostro", der Westwind „Punenat" oder der Nordwestwind „Maestral" – verdient vor allem der kalte Nordwind „Bora" (burja) Erwähnung. Zwar ist der Bora ein typischer Begleiter des Winters an der Adria, doch tritt er zuweilen auch in sommerlichen Schlechtwetterperioden Mitteleuropas an der kroatischen Küste auf. Dort dann aber so unvermittelt böenartig und mit solcher Vehemenz, dass er für den Autofahrer und vor allem für Wohnwagengespanne auf der Küstenstraße ‚Adria Magistrale' zur nicht zu unterschätzenden Gefahr werden kann. Am stärksten tritt der Bora-Sturmwind, der oft bei wolkenlosem Wetter und bei schönstem Sonnenschein bläst, an Küstenstrichen auf, an denen die steilen Bergmassive bis nahe an die Meeresküste reichen wie beispielsweise bei Crikvenica oder bei Senj.

Die **beste Zeit für eine Reise** nach Kroatien ist zweifellos die Zeit von Anfang/Mitte Mai bis Ende Juni und der September, hier vor allem die erste Hälfte des Monats.

Wer lediglich die Küste und die Inseln besuchen will, kann von Mai bis Anfang Oktober mit angenehmen Voraussetzungen rechnen. Eine Einschränkung muss hier allerdings für die Monate Juli und August gemacht werden. Dann nämlich ist die kroatische Adria das Ziel eines nicht enden wollenden Touristenstromes, was nicht selten eine Überbelastung vieler Ferienorte, ihrer touristischen Einrichtungen und als Folge eine oft erhebliche Beeinträchtigung des Erholungswertes der ansonsten einladenden Urlaubsgebiete mit sich bringt.

Das Reisen im Landesinnern wird im Juli und August durch extrem hohe Sommertemperaturen belastet.

MINIWORTSCHATZ – KLEIN, ABER NÜTZLICH

Um es gleich vorwegzunehmen, großen Verständigungsschwierigkeiten wird man auf einer Kroatienreise nicht begegnen. Deutsch wird fast überall verstanden. Besonders in den vielbesuchten Küstenstädten, aber auch in weniger vom Tourismus frequentierten Gegenden wird immer jemand zu finden sein, der einem in deutscher Sprache weiterhelfen kann.

Im Folgenden also nur einige Worte, die auf Hinweisschildern oder auf Landkarten zu finden sind und einige Begriffe, die von allgemeiner Hilfe sein können.

Zunächst aber eine unerlässliche Hilfe zur Aussprache bestimmter Buchstaben:

c – wie z in Zimmer
č – wie tsch in Matsch
ć – wie tch
Dj, dj, đ – wie dsch (weich)
h – wie ch in acht
s – wie ß in weiß
š – wie sch
v – wie w
z – wie s, stimmhaft (wie Sommer)
ž – wie j in frz. Jour

Allgemeines

Apotheke – ljekarna
Arzt – liječnik
Auf Wiedersehen – do vidjenja
Ausgang – izlaz
Bank – banka
bitte – molim
Brief – pismo
Briefkasten – poštanski sandučic
Briefmarke – poštanska marka
danke (schön) – hvala (lepo)
Eingang – ulaz

PRAKTISCHE UND NÜTZLICHE INFORMATIONEN VON A BIS Z

Einschreiben – preporuceno pismo
Entschuldigung – izvinite
Ferngespräch – medjugradski razgovor
Frauen, Damen – ženski
Geldwechsel – menjanje novca
geöffnet – otvoreno
geschlossen – zatvoreno
groß – velik
Guten Abend – dobro veče
Guten Morgen – dobro jutro
Guten Tag – dobar dan
Hilfe! – Upomoć!
Herren, Männer – , gospodin, muški
Ich verstehe nicht – ne razumijem
Ja, Nein – Da, Ne
klein – malo
Krankenhaus – bolnica
links – lijevo
Porto – poštarina
Postamt – pošta
Postkarte – dopisnica
Quittung – namira, priznanica
rechts – desno
Reisepass– pasoš
Reisescheck – putni ček
Scheck – ček
Theater – kazalište
Toiletten – zahodi
Überweisung – uputnica
Unterschrift – potpis
verboten – zabranjeno
Verzeihung – oproštaj
Wie heißt das? – kako se to zove?
Wieviel kostet das? – koliko to stoji? koliko košta?
wo? – gdje
Zahnarzt – zubar
Zimmer – soba, sobe
Zimmer frei – slovodne sobe
Zimmer belegt – nema slobodne

Verkehr
Abfahrt – odlazak
Achtung! – pazi!
Ankunft – dolazak
Auskunft – informacije
Autobahngebühren – cestnina
Bahnhof –kolodvor
Busstation – autobusna postaja
Fähre – trajekt, skela
Fahrkarte – vozna karta
Fahrplan – red vožnje
geradeaus – pravo
Gleis – kolosek
Gute Fahrt – sretan put
Hafen – luka
links, rechts – lijevo, desno
Polizei – milicija
Schiff – brod
Straße – put, ulica
Umleitung – obvoz
Zug – vlak

Auto
abschleppen – povuči
abschmieren – podmazali kola
Anlasser – starter
aufladen – napunili
Batterie – baterija, akumulator
Bremse – kočnice
Fahrzeug – kola
Getriebeöl, Schmieröl – podmazno ulje
Glühlampe (Birne) – sijalica
Kühler – hladnjak
Kühlwasser – voda zahladjenje
Kupplung – spojka, kvačilo
Ölwechsel – izmena ulja
Panne – kvar
Rad, wechseln – točak, izmijenili
Reifen – vanjski plašt, spoljna guma
Scheibenwischer – brisač stakla
Sicherheitsgurt – sigurnosni pojas
Sicherung – osigurače
Tankstelle – bezinska stanica
Unfall – nezgoda
Vergaser – rasplinjač
Werkstatt – radionica
Zündkerze –svjećice
Zündung – paljenje

Essen und Trinken
Abendessen – večera
Bier – pivo
Braten – pečenje
Brot – hleb, kruh
Ei, gekocht, Spiegel- – jaje, kuvano, przeno
Eintopf – paprikas
Eis – sladoled
Fisch – riba
Fleisch – meso

MINIWORTSCHATZ – KLEIN, ABER NÜTZLICH

- Rindfleisch – goveje meso, govejina
- Schweinefleisch – svinjsko meso
- Lammfleisch – janjetina
- Hammelfleisch – ovnonina
- Frühstück – doručak
- Gabel – vilica
- Gasthaus – gostiona, gostionica
- Gemüse – povrće
- Getränkelokal – bife, kafana
- Glas – čaša
- Hacksteak – pljeskavica
- Herr Ober – konobar, kelner
- Honig – med
- Kaffee – kavana
- Kartoffel – krumpiri
- Knoblauch – beli luk
- Leber – džigerica
- Limonade – limunada
- Löffel – kašika
- Messer – nož
- Milch – mlijeko
- Mineralwasser – mineralna voda
- Mittagessen – ručak
- Obst – voće
- Pfeffer – biber
- Pflaumenschnaps – šljivovica
- Rechnung – račun
- Reis – pirinac, riza
- Restaurant – restoran
- Rotwein – crno vinoSaft – sok
- Salat – salata
- Salz – so
- Schnaps – rakija
- Schnitzel – odrezak, šnicel
- Schweinekotelett – krmenadla
- Speisekarte – jelovnik
- Suppe – corba, juha
- Tee – čaj
- Teller – tanjur
- vom Rost – sa rostilja
- warm – topao
- Wasser – voda
- Wein – vino
- Weinbrand – vinjak
- Weißwein – bijelo vino
- zahlen bitte! – da platim
- Zucker – šećer
- Zwiebel – luk

Im Lande unterwegs

bife – Cafeteria
centra grada – Stadtzentrum
cesta – Straße
crkva – Kirche
dvorac – Schloss
dzamija – Moschee
gora – Berg
grad, grada – Stadt
hamam – türkisches Bad
istok – Osten
izlaz – Ausfahrt, Ausgang
jadran – Adria
jama – Höhle, Grotte
jezero – See
jug – Süden
kapelica – Kapelle
mlinice – Mühle
most – Brücke
muzej – Museum
omladinski dom – Jugendherberge
otvoreno – geöffnet
otok – Insel
put – Weg, Pfad
prirodni park – Naturpark
rijeka – Fluss
sabor – Parlament
samostan – Kloster
sever – Norden
slapovi – Wasserfall
spilja – Höhle
spomanik – Denkmal
stanica – Haltestelle
stari (grad) – Alt(stadt)
sveti (Stefan) – heiliger (Stefan)
televiziski toranj – Fernsehturm
toranj trg ulica – Turm
tisak – Zeitungsstand
toplica – Heilbad, Kurort
trajekt – Fähre
trg – Platz
ulaz – Einfahrt, Eingang
ulica – Straße
usponi – Steigung
uvala – Bucht
vodopad – Wasserfall
vrh – Gipfel, Anhöhe
zamak – Burg
zapad – Westen
zatvoreno – geschlossen

Zahlen

eins – jedan

PRAKTISCHE UND NÜTZLICHE INFORMATIONEN VON A BIS Z

zwei – dva
drei – tri
vier – četiri
fünf – pet
sechs – šest
sieben – sedam
acht – osam
neun – devet
zehn – deset
elf – jedanaest
zwölf – dvanaest
dreizehn – trinaest
vierzehn – četrnaest
fünfzehn – petnaest
zwanzig – dvadeset
fünfzig – pedeset
hundert – sto, jedna stotina
fünfhundert – pet stotina
tausend – hiljada (tisuca)
Wieviel kostet das? – koliko to stoji?
nichts – ništa
(zu) viel – (pre) mnogo
wenig – malo
weniger – manje
mehr – vise

Zeit

Montag – ponedeljak
Dienstag – utorak
Mittwoch – sreda
Donnerstag – četvrtak
Freitag – petnak
Samstag – subota
Sonntag – nedjelja
Wann? – kada?
Ostern – juče
heute – danas
morgen – sjutra
gestern – jučer
jetzt – sada
sofort – odmah
später – kasnije
nie – nikad
Wie spät ist es? – koliko je sati?
Tag – dan
Woche – sedmica
Monat – mjesec
Jahr – godina

MIT DEM AUTO DURCH KROATIEN

Straßennetz

Kroatien verfügt über ein Straßennetz von insgesamt 27.840 km Länge. Die beiden wichtigsten Hauptverkehrsadern des Landes sind die Straße 4/E70, die den Norden des Landes durchzieht, sowie die Straße 8/E65 entlang der Adriaküste.

Die Straße 4/E70, der ehemals berüchtigte **Autoput**, heute als **Autocesta** bekannte Transitstrecke nach Griechenland, führt durch den Norden Kroatiens und ist auf großen Teilabschnitten zur gebührenpflichtigen Autobahn ausgebaut. Weitere Autobahnabschnitte sind geplant oder im Bau. Die zweispurigen Streckenteile dieser Fernstraße sind aber nach wie vor mit Vorsicht zu genießen. Starker Lastwagen- und saisonaler Urlaubsverkehr führen nicht selten zu Kolonnen und Staus mit entsprechenden Gefahrenquellen. Viel Geduld, Zeit und defensives Fahren sind die besten Begleiter auf diesen Strecken. Der Verlauf der Straße führt – vom slowenischen Ljubljana kommend – südlich vorbei an Zagreb und weiter über Slavonski Brod nach Belgrad, Niš und vorbei an Skopje an die griechische Grenze.

Die Straße 8/E65, die fast 700 km lange **Jadranska magistrala** (Adria-Magistrale), immer noch eine der schönsten Panoramastraßen am Mittelmeer, beginnt in Rijeka und führt entlang der gesamten kroatischen Adriaküste über Senj, Zadar, Šibenik, Split, Makarska bis Dubrovnik und Cavtat und weiter bis Kotor in Montenegro.

Diese Straße, die in der Ferienzeit wegen des immensen Verkehrsaufkommens aber nicht die reine Freude sein kann, ist durchgehend gut und zweispurig ausgebaut. Allerdings lassen eine kurvenreiche, oft unübersichtliche Trassenführung, mitunter langsame Lkws und im Sommer starker Reiseverkehr keine hohen Durchschnittsgeschwindigkeiten zu. Riskante Überholmanöver können gerade auf dieser Strecke schnell das Ende der Urlaubsreise bedeuten. Besonders tückisch sind der starke, unvermittelt, auch bei schönstem Sonnenschein und klarem Himmel auftretenden und sehr böigen Bora-Wind sowie der Straßenbelag der Adria-Magistrale bei Regen.

Zwischen diesen beiden Hauptverkehrsadern gibt es zahlreiche Querverbindungen, die alle ordentlich, zum Teil sehr gut ausgebaut, gut beschildert und sämtlich ohne große Schwierigkeiten zu befahren sind.

Dazu kommt ein relativ dichtes Tankstellennetz, was eine Autoreise durch Kroatien problemlos macht. Lediglich auf Nebenstraßen, vor allem in den weniger stark besiedelten Gebirgsregionen, muss man gelegentlich mit Überraschungen, sprich unbefestigten Wegstrecken rechnen. Äußerste Aufmerksamkeit des Fahrers ist bei Nachtfahrten sehr angebracht.

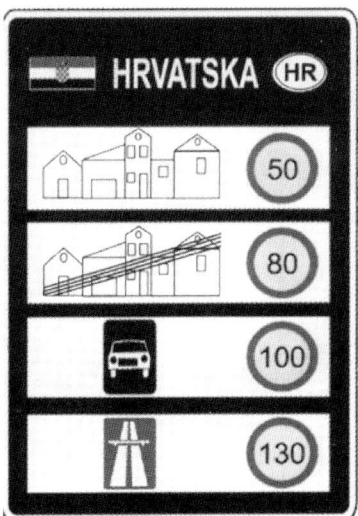

Verkehrsregeln

Die **Verkehrszeichen** entsprechen den international festgelegten Verkehrszeichen, die Verkehrsregeln sind denen im übrigen Europa angeglichen.

Die zulässigen **Höchstgeschwindigkeiten** betragen – wenn nicht anders ausgeschildert – in Ortschaften 50 km/h, auf Landstraßen 80 km/h, auf Schnellstraßen 100 km/h und auf Autobahnen 130 km/h. Für Kfz mit Anhänger gilt außerhalb geschlossener Ortschaften 80 km/h.

Schulbusse dürfen nicht überholt werden, solange Kinder ein- oder aussteigen.

Marschkolonnen, Linienbusse und Schienenfahrzeuge haben Vorrang beim Eingliedern in den Verkehr.

Während des gesamten Überholvorganges muss geblinkt werden. Kolonnenspringen ist nicht erlaubt.

Promillegrenze: 0,5 Promille. Es gilt **Anschnallpflicht**. Das **D-Schild** muss am Wagenheck angebracht sein.

Motorradfahrer haben auch tags mit Abblendlicht zu fahren. Fahrer und Mitfahrer müssen Schutzhelme tragen.

Beim **Abschleppen** müssen am Zugfahrzeug an der Front und am abgeschleppten Fahrzeug am Heck Warndreiecke angebracht werden. Es ist empfehlenswert, sich nur vom Kroatischen Automobilclub (HAK) oder von dessen durch Clubzeichen ausgewiesene Vertragspartner abschleppen zu lassen.

Fahrzeuge mit Anhänger müssen zwei **Warndreiecke** mit sich führen. Ausgefallene Beleuchtung am Fahrzeug wird bei Kontrollen mit Bußgeld belegt. **Ersatzbirnen sind vorgeschrieben!**

Handys dürfen offiziell vom Fahrer während der Fahrt nicht benutzt werden (aber fast jeder telefoniert am Steuer trotzdem).

Unfälle müssen bei der Polizei gemeldet werden, die Beteiligten müssen das Eintreffen der Polizei abwarten. Achten Sie darauf, dass Sie bei Unfällen mit größeren Schäden unbedingt ein **Polizeiprotokoll** (potvrda) erhalten. Ohne dieses Protokoll kann es bei der

PRAKTISCHE UND NÜTZLICHE INFORMATIONEN VON A BIS Z

Entfernungsübersicht

Städte	Dubrovnik	Frankfurt	München	Pula	Rijeka	Šibenik	Split	Zadar	Zagreb
Dubrovnik	–	1473	1153	711	601	305	216	377	572
Frankfurt	2091	–	396	891	971	1148	1232	195	896
München	1153	396	–	571	651	947	1044	875	576
Pula	711	891	571	–	110	406	503	334	292
Rijeka	601	971	651	110	–	296	393	224	182
Šibenik	305	1267	947	296	296	–	97	72	338
Split	216	1232	912	503	393	97	–	169	365
Zadar	377	1195	875	334	224	72	169	–	288
Zagreb	572	896	576	292	182	338	365	288	–

Ausreise mit einem stark beschädigten Auto zu Problemen kommen!

Gespanne und z. B auch **Bootsanhänger** dürfen auf kroatischen Strassen ohne Sondergenehmigung nur verkehren, wenn sie nicht breiter als 2,50 m, nicht länger als 18 m und nicht höher als 4 m sind.

Die landesweit einheitliche **Notrufnummer des Kroatischen Automobilclubs (HAK) ist 987, aus Mobilfunknetz mit Vorwahl 01!** Die Notrufnummer soll laut Meldung rund um die Uhr erreichbar sein. Darüber hinaus erreicht man den HAK unter der Nummer 01-4554 und 464 08 00. Internet: www.hak.hr. E-Mail: info@hak.hr

Die **ADAC-Notrufstation in Kroatien** mit deutschsprechenden Mitarbeitern erreicht man in Zagreb ganzjährig unter der **Nummer 01-344 06 66**. Bei Anrufen aus Zagreb ist die Vorwahl 01 wegzulassen.

Mautpflicht: Folgende Straßenabschnitte und Tunnels waren bis Redaktionsschluss für die Ausgabe dieses Reiseführers mautpflichtig:

Zagreb – Karlovac – Vukova Gorica; Zaprešićć – Krapina; Zagreb – Velika Koanica, Varaždin – Goričan; Rijeka – Kupjak, sowie Učka-Tunnel und Krk-Brücke. Mautgebühren können auch mit Euro bezahlt werden.

Tankstellen und Kraftstoffpreise

1 Liter Diesel – HRK 5,22/ EUR 0,73
1 Liter Bleifrei Eurosuper 95 – HRK 6,35/ EUR 0,89
1 Liter Bleifrei Eurosuper Plus 98 – HRK 6,85/ EUR 0,96

Tankstellen sind täglich von 7.00 bis 20.00 Uhr, in der Urlaubssaison bis 22.00 Uhr geöffnet. An Fernverbindungsstraßen und in größeren Städten sind Nachttankstellen durchgehend geöffnet.

NOTRUFNUMMERN

Landesweit gelten folgende Notrufnummern:
Polizei – 92
Feuerwehr – 93
Unfall, ärztlicher Notruf – 94
Pannenhilfe (HAK) – 987, aus dem Mobilfunknetz 01 987.
Touristeninformation – 0800 200 200
ADAC-Notrufstation für Kroatien in Zagreb – 01-344 06 66, bei Anrufen aus Zagreb ist die Vorwahl 01 wegzulassen!
ADAC-Notrufzentrale in München – 0049-89-22 22 22
ADAC-Ambulanzdienst in München – 0049-89-76 76 76
ÖAMTC-Notrufzentrale in Wien – 0043-1-982 13 04

POST UND TELEFON

ÖFFNUNGSZEITEN

Banken
Mo – Fr 7.00 – 19.00 Uhr.
Sa 8.00 – 13.00 Uhr.
So geschlossen

Behörden
Mo – Fr 8.00 – 16.00 Uhr.

Geschäfte
Mo – Fr 8.00 – 20.00 Uhr, in kleineren Orten evtl. 8.00 – 12.00 Uhr und 16.00 – 20.00 Uhr.
Sa 8.00 – 14.00 Uhr.
In größeren Städten und Touristenhochburgen sind viele Geschäfte bis 22 Uhr und auch an Sonntagen geöffnet.

Postämter
Mo – Fr 7.00 – 19.00 Uhr, teils über Mittag geschlossen, in kleineren Orten 7.00 – 14.00 Uhr geöffnet.
Sa 7.00 – 13.00 Uhr.
Einige Postämter in Städten und Touristikzentren sind im Sommer bis 21.00 Uhr geöffnet.

Tankstellen
tgl. 7.00 – 17.00 Uhr oder 18.00 Uhr, in der Sommersaison bis 22.00 Uhr. Einige Tankstellen in größeren Städten und entlang der Hauptreiserouten auch rund um die Uhr.

POST UND TELEFON

Auf Postämter wird durch die drei Buchstaben **„PTT"**, was **„posta, telegraf, telefon"** bedeutet, hingewiesen. Außer obigen Diensten, nämlich Briefpost etc., Telefon- und Telegrafenamt, bieten Postämter auch Geldwechsel, Postsparbuchverkehr und Hauptpostämter auch den Service für „postlagernde Sendungen" (poste restante) an. In kleinen Orten weist das Schild „posta" auf das Postamt hin.
Briefmarken sind in allen Postämtern und Zeitungskiosken erhältlich.

Kroatien verfügt über ein modernes, überwiegend digitales **Telefonnetz**. Das Netz wird laufend ausgebaut, nicht zuletzt aufgrund der Zusammenarbeit mit der Deutschen Telekom, die seit Herbst 1999 an der Kroatischen Telekom beteiligt ist.

Das **Telefonieren** ist vom Hotel aus jederzeit möglich, jedoch auch teurer als vom Postamt aus. Am günstigsten ist Telefonieren von einem der zahlreichen **öffentlichen Kartentelefone**, die man an allen wichtigen Plätzen findet.

Für alle öffentlichen Telefonzellen benötigt man eine **Telefonkarte**. Telefonkarten erhält man in allen Postämtern und in vielen Kiosken. Auf Knopfdruck erscheint die Bedienungsanweisung auf den Displays der Kartentelefone auch in deutscher Sprache.

Telefongespräche innerhalb Kroatiens sind übrigens wesentlich günstiger als in Westeuropa. Auslandsgespräche dagegen teurer.

Das **Mobilfunknetz** ist bestens ausgebaut. Wir hatten an keiner Stelle unserer Recherchenreise keinen oder schlechten Empfang. Wenn Sie sichergestellt haben, dass die Karte in Ihrem Handy für internationales Roaming freigeschaltet wird, wird das Telefonieren mit Ihrem Mobiltelefon, ob im D1- oder im D2-Netz, keine Probleme machen. Im E-Netz können Sie nur mit einem Dual-Band- oder GSM-Handy telefonieren.

Die **Vorwahl nach Deutschland** ist **0049**, nach **Österreich 0043** und in die **Schweiz 0041.** Die Null der deutschen Ortskennzahl ist dann wegzulassen.

Die **Vorwahl nach Kroatien** von Deutschland, Österreich und der Schweiz aus ist **00385,** auch hier dann Ortskennzahl ohne Null wählen.

Die **allgemeine Telefonauskunft** erreicht man über die Nummer 981, die **Inlandsauskunft** über 988, die **Auslandsauskunft** über 902.
Notrufnummern siehe unter „Notrufnummern" weiter oben.

197

PRAKTISCHE UND NÜTZLICHE INFORMATIONEN VON A BIS Z

REISEN IM LANDE

MIT DEM AUTO – siehe unter „Mit dem Auto durch Kroatien"

MIT DER BAHN

Die **kroatischen Bahnen** verfügen über ein Schienennetz von 2.726 km. Es verbindet alle größeren Städte, mit Ausnahme von Dubrovnik.

Direktverkehr ins Ausland besteht nach Deutschland, Italien, Frankreich, Österreich, Slowenien, Ungarn, Bosnien-Herzegowina, in die Schweiz und die Slowakei.

Zum Einsatz im kroatischen Bahnverkehr kommen EuroCity-Züge (EC), InterCity-Züge (IC), Expresszüge (EX), Schnellzüge (B) und lokale Züge.

EC ‚Mimara': München – Salzburg – Villach – Ljubljana – Zagreb.

IC ‚Croatia': Wien – Maribor – Zagreb.

IC ‚Kvarner': Budapest – Zagreb – Rijeka.

IC ‚Drava': Budapest – Koprivnica – Zagreb – Ljubljana – Venedig.

Informationen: Tel. 060-33 34 44.
Internationaler Eisenbahnverkehr: Tel. 00385-1-457 32 38. Web: www.hznet.hr.

MIT DEM BUS

Ein wirklich **dichtes Streckennetz** ermöglicht es auch dem Touristen, in nahezu jeden Winkel des Landes per Bus zu gelangen. Entlang der Adria, zu den Ferienzentren und zwischen den Orten im Binnenland verkehren laufend Busse, zu den Ferienorten und zwischen Städten oft auch Express-Autobusse.

Jede Stadt hat ihren Busbahnhof – meist recht zentrumsnah gelegen – von wo die Express-, Fern- und die meisten regionalen Busse abfahren. Hier bekommt man am bequemsten alle Auskünfte über Fahrpläne und Fahrpreise und kann Platzreservierungen vornehmen, was sich vor allem auf Fernstrecken – möglichst schon einen Tag vor Abreise – sehr empfiehlt.
Informationen: Tel. 060-31 33 33.
Internationaler Busverkehr: Tel. 00385-1-615 79 83. Web: www.akz.hr.

MIT DEM FLUGZEUG

Flugverbindungen mit **Croatia Airlines** und anderen Fluglinien nach **Zagreb**, der wichtigsten Drehscheibe im Flugverkehr mit Kroatien, nach Split, Dubrovnik, Pula, Rijeka, Zadar und Osijek, bestehen ab Berlin, Düsseldorf, Frankfurt, München, Wien und Zürich. Amsterdam, Brüssel, Istanbul, London, Paris, Prag, Rom, Tel Aviv und Manchester.

Der Binnenflugverkehr wird von der nationalen Fluggesellschaft Croatia Airlines durchgeführt. Wichtigster Knotenpunkt ist Zagreb, von dem die meisten Binnenflüge ausgehen nach Brač, Dubrovnik, Lošinj, Pula, Split und Zadar.

Die inländischen Flugzeiten sind aufgrund der relativ geringen Flugentfernungen kurz. So dauert z. B. ein Flug von Zagreb nach Dubrovnik ca. 70 Minuten oder von Zagreb nach Split ca. 50 Minuten.

MIT DEM SCHIFF

Regelmäßige Autofähren mit Personenbeförderung der Gesellschaft „Jadrolinija" verkehren – von Ende Juni bis Ende August täglich, sonst bis viermal wöchentlich – von Rijeka über Brbinj (Insel Dugi Otok), Zadar, Split, Stari Grad (Hvar), Korčula und Sobra (Insel Mljet) nach Dubrovnik.

Die Fahrt von Rijeka bis Dubrovnik dauert rund 19 Stunden. Man kann Liegesessel, Liegebetten, oder 3 - 4-Bettkabinen mit Waschbecken, 2-3-4-Bettkabinen mit WC, Kabinen mit Dusche und WC oder 2-Bettappartements mit Bad, WC, TV und Bar mieten. Im Passagepreis der Kabinenpassagiere ist das Frühstück eingeschlossen. Es gibt Ermäßigungen auf den Rückfahrtpreis

WÄHRUNG UND DEVISEN

bei gleichzeitiger Buchung der Hin- und Rückfahrt.

Es ist ein lohnendes und erholsames Erlebnis – vor allem für den Autofahrer – einen Teil der Reisestrecke zwischen Rijeka und Dubrovnik mit dem Schiff zurückzulegen und die abwechslungsreiche Küsten- und Inselwelt vom Schiff aus zu genießen.

Jadrolinija, Riva 16, 51000 Rijeka, Tel. 00385 (0)51-666 100, Fax 00385 (0)51-337-110. Web: www.jadrolinija.hr. E-Mail: passdept_d@jadrolinija.hr.

Inselverkehr

Die meisten der Inseln können vom Festland aus mit mehrmals täglich verkehrenden Autofähren der „Jadrolinija" erreicht werden. Einzelne Inseln sind auch untereinander durch Fähren verbunden.

Porozine, Insel Cres – von Brestova und Rijeka aus,
Silo, Insel Krk – von Crikvenica aus,
Baska, Insel Krk – von Lopar (Insel Rab) aus,
Lopar, Insel Rab – von Senj und Baška (Insel Krk) aus,
Misnja, Insel Rab – von Jablanac aus,
Stara Novalja, Insel Pag – von Jablanac und Misnjak (Insel Rab) aus,
Pag, Insel Pag – von Karlobag aus,
Preko, Insel Ugljan – von Zadar aus,
Tkon, Insel Pasman – von Biograd aus,
Rogac, Insel Colta – von Split aus,
Supetar, Insel Brač – von Split aus,
Sumartin, Insel Brač – von Makarska aus,
Vira und **Starigrad, Insel Hvar** – von Split aus,
Sucuraj, Insel Hvar – von Drvenik aus,
Vis, Insel Vis – von Split aus,
Korčula, Insel Korčula – von Split, Hvar und von Orebić (Insel Pelješac) aus,
Vela Luka, Insel Korčula – von Split aus,
Uble, Insel Lastovo – von Split aus,
Trpanj, Insel Pelješac – von Ploče aus,
Sobra, Insel Mljet – von Split und Gruž/Dubrovnik aus.

MIT DEM MIETAUTO

In großen Städten, in Touristikzentren und an Flughäfen können Leihwagen angemietet werden. Ein mindestens 1 Jahr gültiger Führerschein und ein Mindestalter von 21 Jahren sind dazu erforderlich. Alle großen internationalen Autovermietungen wie Hertz, Avis und Budget sind in Kroatien vertreten.

Billiger wird man Autos bei kleineren lokalen Autovermietungen mieten können. Allerdings bieten diese gegenüber den international operierenden Autovermietern in aller Regel keine Einwegmiete des Wagens an. Sie müssen den Wagen dort zurückgeben, wo er angemietet wurde.
Avis: Tel. 01-48 36 006
Budget: Tel. 01-45 54 903
Hertz: Tel. 01-48 36 025

STROMSPANNUNG

Auch auf Campingplätzen und in Hotels 220 Volt Wechselstrom, 50 Hertz. Es empfiehlt sich die Mitnahme eines Europasteckers mit dünneren Steckkontakten.

WÄHRUNG UND DEVISEN

Die **Währungseinheit** ist der **Kuna** (Plural Kune) (HRK oder KN).
1 Kuna = 100 Lipa (lp)
Derzeitiger **Wechselkurs** (Stand Dez. 2002):
1 Kuna = 0,14 EUR
1 EUR = 7,35 HRK
1 EUR = 225 SIT (Slowenische Tolar)

Geldnoten : 5, 10, 20, 50 100, 200, 500 und 1000 Kuna.
Münzen: 1, 2, 5, 10, 20 und 50 Lipa, sowie 1, 2 und 5 Kuna.

Ausländische Zahlungsmittel können von ausländischen Besuchern nach Kroatien unbeschränkt ein- und ausgeführt werden – ob in Bargeld, Reiseschecks, Schecks oder Kreditbriefen.

199

PRAKTISCHE UND NÜTZLICHE INFORMATIONEN VON A BIS Z

Die Einfuhr von **Landeswährung** ist beschränkt auf 2.000 Kuna. Dieselbe Beschränkung gilt bei der Ausfuhr.

Der Geldumtausch ist möglich in Banken natürlich, aber auch in Hotels, bei Campingplätzen und auf Postämtern. In Hotels, Campingplätzen und vielen Geschäften werden teilweise auch EURO oder Dollars zur Zahlung akzeptiert. Deshalb ist die Mitführung von kleinen EURO-Scheinen ratsam.

Internationale Kreditkarten werden in vielen größeren Geschäften, Hotels, Campingplätzen, Restaurants als Zahlungsmittel angenommen.

Geldautomaten sind mittlerweile in fast allen größeren Städten vorhanden. Bargeld lässt sich mit der EC-Karte samt Geheimnummer somit problemlos beschaffen, allerdings verlangen die Hausbanken hierfür eine Gebühr.

WASSERSPORT

Sehr empfehlenswert ist die Broschüre „**Wassersport in Kroatien**", die von der Kroatischen Zentrale für Tourismus in Frankfurt oder München (siehe unter Anschriften) herausgegeben wird und über alle wesentlichen Fakten, Einreise- und Schiffsführerscheinbestimmungen informiert. Zudem erfährt man Angaben zu den Küstenfunkstellen, Wetterberichte, Naturschutzgebiete, Fahrregeln, Seenotdienste und Regeln zum Tauchsport. Eine Liste mit den Telefonnummern aller Hafenämter und genaue Angaben zu allen Marinas vervollständigen die kleine Broschüre.

Falls Sie **mit dem eigenen Boot** in kroatischen Gewässern aufkreuzen, gilt, dass für Boote mit einer Motorleistung ab 3,68 KW ein Führerschein der Klasse B (Küstenfahrt) oder Klasse C (Seefahrt) notwendig ist.

Für die Einreise und Anmeldung benötigen Sie einen Bootsführerschein und einen Registrierungsnachweis bzw. Eigentumsnachweis. Die Anmeldung erfolgt beim örtlichen Hafenamt (Lucka kapetanija).

Seit Januar 1997 wurden mit der Einführung der neuen Tourismusordnung in Kroatien auch die Klassifizierungen der Marinas einheitlich geregelt. Nach dieser Ordnung werden die touristischen Yachthäfen entlang der kroatischen Adriaküste in fünf Hafenarten eingeteilt, und zwar in *Ankerplatz, Liegeplatz, touristischer Hafen, Marina zu Land* und *Marina*.

Marinas wiederum werden in vier Kategorien eingeteilt, die mit zwei bis fünf Sternen symbolisiert werden. Die einfachste Kategorie ist die vierte Kategorie, eine Marina mit zwei Sternen, die höchste, erste Kategorie ist die Marina mit fünf Sternen.

WICHTIGE RUFNUMMERN

Einheitliche **Notrufnummern** für ganz Kroatien:
Polizei: Tel. 92
Feuerwehr: Tel. 93
Rettungsdienst: Tel. 94
Pannenhilfe 987,
ADAC München, 24-Stunden-Dienst: Tel. 0049-89-222222

Sonstige wichtige Telefonnummern:
Allgemeine Auskunft: 981
Inlandsauskunft: 988
Auslandsauskunft: 902
Wetterprognosen und Verkehrsservice: 060-520 520
Kroatischer Autoklub (HAK): 01-4640 800, Web: www.hak.hr.

ZEITUNTERSCHIED

In Kroatien gilt die **Mitteleuropäische Zeit (MEZ).** D. h. es besteht kein Zeitunterschied zwischen Deutschland, Österreich und der Schweiz und Kroatien.

ZEICHENERKLÄRUNG

Durch die nachstehenden Symbole und Angaben, zusammen mit der Kartenskizze vor jeder Teilstrecke, haben Sie die wichtigsten Informationen über die jeweilige Etappe auf einen Blick zusammen. Sie können – ohne die ganze Etappe durchblättern zu müssen – abschätzen, was Sie auf dieser Strecke erwartet.

Beispiel:

⊙ **Entfernung:** Rund .... km.
→ **Strecke:** Straße 3 über **Žminj** bis **Pazin** .....
⌚ **Reisedauer:** Mindestens ein Tag.
⌘ **Höhepunkte:** Wandern im NP Paklenica ** – die Kirche Sv. Donat * – Trogirs Stadtbild ** ....

Mit folgender **Hervorhebung im Text,** beginnend mit einem Pfeil und endend mit einem Punkt

→ **Route:** Weiterreise nach ..... ●

soll die eigentliche Route/Fahrstrecke von den Beschreibungen der Städte, Landschaften und Sehenswürdigkeiten optisch unterschieden und der Wiedereinstieg in die Route bei der Weiterfahrt erleichtert werden.

☑ *Mein Tipp!* – Dieser Hinweis ist eine subjektive Einschätzung durch den Autor. Damit sind Sehenswürdigkeiten, Hotels, Restaurants, Ausflüge o. ä. gekennzeichnet, die während der Recherchenreisen einen besonders starken und positiven Eindruck hinterlassen haben. Oder es werden damit wichtige Reisetipps markiert.

Piktogramme am Seitenrand:

die Route	„Mein Tipp"	Wandermöglichkeit
Umweg, Alternativroute	Stadtrundgang	Information
Abstecher, Ausflug	Schloß, histor. Gebäude	Restaurant
Sehenswürdigkeit	Campingplatz	Hotels
archäol. Sehenswürdigkeit		

Wichtige, am Rande vermerkte Sehenswürdigkeiten sind ihrer Bedeutung entsprechend mit ein, zwei oder drei Sternchen versehen:

* = sehenswert
** = sehr sehenswert
*** = ein „Muss" auf der Reise

REGISTER

Der Eintrag „Praktische Hinweise" weist auf den jeweiligen Info-Block mit Touristenbüros, Restaurants, Hotels und Campingplätzen hin!

Namen in kursiver Schrift!

A
Adelsberger Grotte. Siehe Postojnske jama/ Slowenien
Anreisewege 18
Autofähren 21

B
Babino Polje 132
Bakar 167
Bale 55
Banjol 92
Baredine, Tropfsteinhöhle 35
Baška 82, 87
Beli 73
Beram 53
Biograd na Moru 102
Biserujka-Höhle 86
Biševo, Insel 120
Blaue Grotte 120
Bled/Slowenien 24
Bohinj/Slowenien 25
Bol 154
Bošković, Ruđer 16
Brač, Insel 153
Brela 156
Brestova 68
Brijuni-Inseln 63
Buje 34

C
Cavtat 149
Cetina-Tal 157
Cres, Insel 73
Cres, Stadt 75

D
Diokletianpalast. Siehe Split
Drvenik 125, 152
Držić, Marin 16
Dubrovnik 135
  Praktische Hinweise 147
  Sergius-Berg 148
  Stadtrundgang 139
Dvigrad 52

G
Gedići 35
Generalić, Ivan 16
Gladiatorenspiele 58
Glagoljica, Schrift 85
Gradina 95
Grižane 166
Grožnjan 34
Gundulić, Ivan 16

H
Hvar, Insel 122
  Praktische Hinweise 124
Hvar, Stadt 122

I
Ičići 69
Igrane 152
Ilonik, Insel 81
Istrien 31

J
Jablanac 92
Janjina 132
Jelsa 123
Jezera 104
Joyce, James 56

K
Kanfanar 52
Karlovac 169
Kaštela-Städtchen 116
Klenovica 166
Klis 159
Klović, Julije 16, 166
Knin 159
Kočep, Insel 134
Korčula, Insel 125
Korčula, Stadt 126
  Praktische Hinweise 129
Kornati-Archipel 104
Koromačno 68
Košljun, Insel 86
Kraljevica 87, 166
Kranj/Slowenien 26
Krapina 176
Krk, Insel 82
Krk, Stadt 83
  Praktische Hinweise 84
Krka-Wasserfälle 106
Krleža, Miroslav 16
Kroatisch Zagorien 176
Kumrovec 177
Kvarner Bucht 73

L
Labin 66

Lanterna 42
Lapad, Halbinsel 146
Ljubljana/Slowenien 26
Lokrum, Insel 148
Lopar 82, 88
Lopud, Inseln 134
Lošinj, Insel 78
Lovran 69
Lubenice 76
Lupis, Ivan 16

M
Makarska 152
Mala Paklenica 94
Mali Lošinj 79
Marco Polo. Siehe Polo, Marco
Marin, Heiliger 87
Marina 112
Martinšćica 77
Medvedgrad 175
Medveja 69
Merag 82
Meštrović, Ivan 16
Mišnjak 92
Mlini 148
Mljet, Insel 130
Modar špilja. Siehe Blaue Grotte
Mošćenicka Draga 68
Motovun 35
Murter, Insel 104

N
Nationalpark Kornati 104
Nationalpark Krka. Siehe Krka-Wasserfällen
Nationalpark Mljet 130
Nationalpark Nördlicher Velebit 93
Nationalpark Paklenica 94
Nationalpark Plitvicer Seen 160
  Praktische Hinweise 163
Nationalpark Risnjak 72, 168
Nerezine 78
Nesactium 64
Nin 101
Njivice 84
Nördlicher Velebit. Siehe Nationalpark Nördlicher Velebit
Nova Vas 35
Novalja 96
Novi Vinodolski 165
Novigrad 33

REGISTER

O
Omiš 156
Omišalj 85
Opatija 70
Opuzen 151
Orebić 129
Orošac 134
Osor 77

P
Pag, Insel 95
Pag, Stadt 96
Paklenica. *Siehe* Nationalpark Paklenica
Pakoštane 103
Pazin 53
Pelješac, Halbinsel 129
Penkala, Slavoljub 16
Piran/Slowenien 30
Pirovac 103
Plitvicer Seen. *Siehe* Nationalpark Plitvicer Seen
Plitvička jezera. *Siehe* Nationalpark Plitvicer Seen
Ploče 130, 151
Polo, Marco 16, 128
Poreč 36
   Euphrasius-Basilika 38
   Praktische Hinweise 41
Porozina 73
Portoroz 30
Postojnske jama/ Slowenien 28
Prelog, Vladimir 17
Primošten 111
Pula 55
   Amphitheater 56
   Praktische Hinweise 61
Punat 86
Punta Križa 78

R
Rab, Insel 88
Rab, Stadt 88
   Praktische Hinweise 91
Rabac 68
Radić, Stjepan 17
Ragusa. *Siehe* Dubrovnik
Rijeka 167
Risnjak. *Siehe* Nationalpark Risnjak
Roski slap 107
Rovinj 46
   Kathedrale Sveta Eufemija 47
   Praktische Hinweise 49

Rudine 86
Ružička, Lavoslov 17

S
Salona 116
San Marino 88
Savudrija 32
Schwartz, David 17
Seget Donji 115
Selce 166
Senj 165
Šibenik 108
   Kath. Sveti Jakova 108
   Praktische Hinweise 110
Šilo 86
Šimuni 96
Sinj 159
Šipan, Insel 134
Sisak 176
Skradin 107
Slano 133
Slowenien 24
Solin 116
Špilja Biserujka. *Siehe* Biserujka-Höhle
Split 117
   Praktische Hinweise 119
Starčević, Ante 17
Stari Grad 123
Stepinac, Alojije 17
Ston 132
Strabo, Geograph 55
Sućuraj 124, 152
Sukošan 102
Sumartin 153
Supetar 154
Susak, Insel 81
Sv. Filip i Jakov 102
Sveti Martin 158
Sveti Petar u. Šumi 52
Svetvinčenat 54

T
Televrina, Berg 79
Tesla, Nikola 17
Tisno 104
Tito, Josip Broz 17, 177
Tkon 103
Trakošćan 177
Tribunj 105
Triglav, Nationalpark 24
Trogir 112
   Praktische Hinweise 115
Trpanj 130, 151
Trsteno 133
Tudjman, Franjo 17

U
Umag 31
   Praktische Hinweise 31
Unije, Insel 81

V
Vaganjski vrh 94
Valbiska 82
Valtura 64
Valun 76
Varaždin 178
Vela Luka 129
Velebit-Gebirgskamm 93
Veli Lošinj 79
Velika Paklenica 94
Veliki Ston. *Siehe* Ston
Veliki Tabor 176
Verne, Jules 54
Viganj 130
Vis, Insel 120
Visovac 107
Vodice 105
Vodnjan 55
Vrana 76
Vrančić, Faust 17, 108
Vranjica 115
Vransko jezero 76
Vrbnik 85
Vrboska 124
Vrsar 43
   Praktische Hinweise 45
Vučetić, Ivan 17, 122

Z
Zablaće 110
Zadar 97
   Kirche Sveti Donat 98
   Praktische Hinweise 100
Zagreb 170
   Maksimir 175
   Oberstadt 170
   Praktische Hinweise 174
   Unterstadt 173
Zaostrog 151
Žigljen 95
Živogošće 152
Zlatna rat, Strand 154
Žminj 52
Zvončari 72

RAU'S REISEBÜCHER

MOBIL REISEN

Praktische Führer für erlebnisreiches Reisen auf eigene Faust.

Freude am Touring mit Auto, Motorrad, Caravan oder Wohnmobil.

Unsere praktischen Touring-Guides gibt es außerdem über:

**BRETAGNE - DURCH DAS LOIRE-TAL
DÄNEMARK
GRIECHENLAND
IRLAND MIT NORDIRLAND
MAROKKO
NAMIBIA
NEUENGLAND
NORWEGEN
PORTUGAL
SCHOTTLAND
SCHWEDEN
SKANDINAVIEN
SPANIEN NORD
SPANIEN SÜD
TOSKANA & UMBRIEN
WESTKANADA**

Weitere Titel sind in Vorbereitung!

Fragen Sie im Buchhandel nach unseren aktuellen Neuerscheinungen.
Oder besuchen Sie uns im Internet:

http://www.rau-verlag.de

WERNER RAU VERLAG, Feldbergstraße 54, D - 70569 Stuttgart
e-mail: RauVerlag@aol.com

Mobil Reisen: KROATIEN
© Werner Rau, Stuttgart, 2003.
Vorliegend: 1. Auflage 2003/04